价值论与伦理学研究

（2018下半年卷）

AXIOLOGY AND ETHICS
(2018 Volume II)

湖北大学哲学学院
中华文化发展湖北省协同创新中心　编
国际价值研究学会（ISVI）

江　畅　戴茂堂
G. John M. Abbarno　主编
Thomas Magnell

徐　瑾　执行主编

社会科学文献出版社
SOCIAL SCIENCES ACADEMIC PRESS (CHINA)

编辑委员会

主　编

江　畅　戴茂堂　　G. John M. Abbarno（阿尔巴诺）
Thomas Magnell（麦格勒尔）

执行主编

徐　瑾

编　委

万俊人　马俊峰　王小锡　王海明　王泽应
文　兵　邓安庆　冯　平　冯　军　甘绍平
卢　风　孙伟平　周海春　李德顺　李建华
李家莲　张怀承　阮　航　陈新汉　陈江进
陈道德　陈　俊　余　涌　余卫东　吴成国
高兆明　高乐田　强以华　夏伟东　舒红跃
葛晨虹　龚　群　韩东屏　韩　震　焦国成
姚才刚　廖申白　翟振明　储昭华　樊和平
Thomas Magnell（麦格勒尔）　　G. John M. Abbarno（阿尔巴诺）
Joseph Margolis（马格利斯）　　George Sher（舍尔）

卷首语

　　徒善不足以为政，徒法不足以自行。道德与法律问题一直是古往今来人们探讨的重要问题。本期为此专门开设了"德治与法治"专题，以对这一老而弥新的话题展开具有创新性的有益探索。亚里士多德曾经说过，政治学是伦理学的完成。而政治学中最重要的内容是立法学，换言之，在亚里士多德看来，将伦理道德规范上升为法律是必需的，这是实现社会安定和谐有序的必经之途。只是随着社会的发展，古希腊城邦式的单纯生活逐渐被打破。人口的急剧增长、生活模式的巨大改变，尤其是进入近代市场经济以来，道德与法律的作用都发生了翻天覆地的变化。于是法治成为社会治理的主流模式，而道德则退居其次，乃至亚里士多德所主张的（传统中国也是这样主张的）"伦理法"模式逐渐衰落。

　　那么，伦理道德规范能否成为法律？显然，无论从历史实践还是从逻辑分析来看，具有广泛认同的道德规范是法律的根基。而随之而来的问题是，什么是"被广泛认同的"道德规范？从传统中国哲学的主流观点来看，被广泛认同的道德规范就是"圣人之言"，因为是圣人所说且被统治者加以宣贯，所以人们应当遵守，不遵守的后果是受到刑法的处置。从西方哲学的主流观点来看，被广泛认同的道德规范是符合逻各斯（理性）的规范。因为这是符合理性的规范，所以具有理性的人自然应当遵从。实在法也应当遵从理性自然法的指引。人们的权益受到民法的保护，同时承担相关责任及行为后果。

　　无论从传统中国还是从西方来说，法律都是一种他律，而道德是自律。要想实现自律，传统中国付诸儒、释、道三教信仰，西方则付诸基督宗教信仰。于是这便又产生了一个牵涉广泛的重大话题，即道德、法律与宗教的关系。对此的回答从而又衍生出更多的伦理学流派。

如果从多元化的角度来说，我们赞同哲学无定论。如果从"人同此心、心同此理"的角度来说，我们认为哲学应当有定论，而这种定论就是符合"理"，即通过理性（努斯）实现对实践事务的正确认知，做出合理行动，从而获得人生的完满幸福。如果所有人都具有理性，遵从理性行动，养成伦理德性，那么社会将更加和谐！

德治与法治专题研究

德治与法治关系探微 ………………………… 戴茂堂 葛梦喆 / 003
关于德法关系的义理诠释 ……………………… 强以华 王晓烜 / 012
谈谈康德哲学中德与法的关系 ………………………… 杨云飞 / 023
关怀伦理学视角下的道德与法律之争 ………………… 陈 欢 / 033
"环境治理"中的德治与法治 ………………………… 赵红梅 / 043

传统价值与伦理

中国儒家的"德福一致"思想及其价值观念探析
　　——基于中国传统文化的道德与幸福一致思想视角 ……… 王鲁宁 / 053
论先秦儒家情理关系的特征 …………………… 萧 平 曾 嵘 / 066
试从《读通鉴论》看王夫之的历史理性 ………………… 刘 荣 / 080
"兴"义探赜 …………………………………………… 曹元甲 / 092

西方价值与伦理

基于生物电信号技术对道德心理研究新方法的探索
　　——兼论伦理学研究方法创新的可能方向 ………… 李怡轩 / 107
公平交换初探 ………………………………………… 肖劲草 / 122
善的分析 ……………………………………… 徐 弢 顾 卿 / 135
"应当给予"和"可以要求"的美德 …………… 周海春 蔡赟玥 / 144

效用与情感
　　——休谟与斯密美学观之比较 …………………… 李家莲　雷云峰 / 158
从马里坦位格思想反思康德"理性存在者"之缺陷 … 徐　瑾　马雪莲 / 169

理论探讨

传统价值观现代转换初期的困境及其超越
　　——从马克思主义早期传播视角分析 …………… 陈翠芳　肖　勇 / 181
高校法学人才培养中伦理教育的实践探索 ………… 邱　秋　李紫玲 / 200
关于进一步推进湖北生态文明建设的调研报告 …… 林季杉　徐菲菲 / 209

书评与综述

哲学、语言与意义
　　——读陈嘉映的《简明语言哲学》 …………………………… 李文倩 / 221
"改革开放四十年与中国当代哲学发展"高端论坛学者发言辑录 …… / 231

《价值论与伦理学研究》稿约 ………………………………………… 255

Contents

Thematic Study on Rule of Virtue and Rule of Law

On the Relation between Rule of Virtue and
    Rule of Law ················· *Dai Maotang, Ge Mengzhe* / 003
A Theoretical Interpretation of the Relationship
    between Morality and Law ············ *Qiang Yihua, Wang Xiaoxuan* / 012
The Relationship between Morality and Law in Kant's
    Philosophy ················· *Yang Yunfei* / 023
Moral and Legal Disputes from the Perspective of
    Caring Ethics ················· *Chen Huan* / 033
Morality and Law in "Environmental Governance" ······ *Zhao Hongmei* / 043

Traditional Value & Ethics

An Analysis of Confucianism's Idea of "Harmony of
    Virtue and Fortune" and Its Values
    —The Ideological Perspective of Consistency of Morality and
    Happiness Based on Chinese Traditional Culture ······ *Wang Luning* / 053
On the Characteristics of the Relationship between Emotion and
    Reason in Pre-Qin Confucianism ············ *Xiao Ping, Zeng Rong* / 066

A Preliminary Investigation into Wang Fuzhi's Historical Reason from His
   Book of *Dutongjianlun* ··· *Liu Rong* / 080
Study on the Meaning of "Xing" ··························· *Cao Yuanjia* / 092

Western Value & Ethics

Exploration of New Methods of Moral Psychology Research Based on
   Bioelectrical Signal Technology
   ——And Discussion on the Possibility of Innovation of
      Research Methods on Ethics ······················· *Li Yixuan* / 107
An Enquiry on Fairness of Exchange ···················· *Xiao Jincao* / 122
The Analysis of Good ···························· *Xu Tao*, *Gu Qing* / 135
The Virtues of "Should Be Given" and
   "Can Be Requested" ·············· *Zhou Haichun*, *Cai Yunyue* / 144
Utility and Emotion
   ——A Comparison of Hume and Smith's
      Aesthetics ························ *Li Jialian*, *Lei Yunfeng* / 158
On Defect of Rational Being of Kant from Maritain's
   Ideology of Person ····················· *Xu Jin*, *Ma Xuelian* / 169

Theoretical Research

The Dilemma of the Modern Transformation of Traditional Values at
   Initial Stage and Its Transcendence
   ——An Analysis from the Perspective of Early
      Dissemination of Marxism ············ *Chen Cuifang*, *Xiao Yong* / 181
Practical Exploration of Ethical Education in the Cultivation of
   Law Talents in Colleges ················ *Qiu Qiu*, *Li Ziling* / 200
Investigation Report on Further Promoting the Construction of
   Ecological Civilization in Hubei Province ······ *Lin Jishan*, *Xu Feifei* / 209

Book Review & Summary

Philosophy, Language and Meaning
　—Reading Chen Jiaying's *Concise Philosophy of Language*
　.. Li Wenqian / 221
A Series of High-End Forum Scholars' Speeches on "40 Years of
　Reform and Opening Up and the Development of
　Contemporary Chinese Philosophy" .... / 231

Notice to Contributors of *Axiology and Ethics* .... / 255

德治与法治专题研究

编者按：如何看待德治与法治的关系，是关涉社会主义法治社会建设的重要课题。为此，湖北大学戴茂堂教授以2017年国家社会科学基金重点项目"国家治理现代化框架下协同推进德治与法治研究"（17AZX015）为契机，邀请相关专家学者就此进行了深入探讨，并形成了本专题的系列稿件。

德治与法治关系探微[*]

戴茂堂　葛梦喆[**]

【摘　要】 在当前坚持依法治国和以德治国相结合的社会环境中，深入探析德治与法治的关系具有重要意义。德治与法治的关系涉及自然律、道德律与法律三者之间复杂而多元的张力关系，更涉及法治与德治在价值上谁更优先这个核心话题。如果说法治主要是从实用性上做出的考量，更多地基于"事实"，那么德治则是从理想性上做出的考量，更多地基于"价值"。从理想性角度看，成为守法的公民是实然性所需，成为道德崇高的人则是应然性所需。国无德不兴，人无德不立。在强调依法治国的根本前提下，对德治的强调是提升社会道德文明水平的必然要求。

【关键词】 德治　法治　价值优先

习近平总书记指出："坚持依法治国和以德治国相结合，就要重视发挥道德的教化作用，提高全社会文明程度，为全面依法治国创造良好人文环境。"[①] 党的十九大肯定了近五年来我国在法治建设领域所取得的成绩，进一步强调了将依法治国和以德治国理论相结合的重要性。从哲学的维度来

---

[*] 本文系2017年国家社会科学基金重点项目"国家治理现代化框架下协同推进德治与法治研究"（17AZX015）之阶段性成果。
[**] 戴茂堂，湖北江陵人，湖北大学哲学学院教授、博士生导师，湖北大学高等人文研究院、湖北省道德与文明研究中心研究员；葛梦喆，女，山西阳泉人，湖北大学2016级伦理学专业硕士研究生。
① 《习近平谈治国理政》第二卷，外文出版社，2017，第134页。

考察，法治与德治的关系问题涉及自然律、道德律与法律三者之间复杂而多元的张力关系，更涉及法治与德治在价值上谁更优先这个核心话题。如果说法律是准绳，任何时候都必须遵循，那么道德是基石，任何时候都不可忽视。如果说法律是成文的道德，那么道德则是内心的法律。可以说，法治与德治是规范社会行为、调节社会关系、维护社会秩序的两种基本手段，在国家治理中都有重要地位和功能。

一

从哲学的角度来看，关于世界的规律不外乎三条，即自然律、道德律和法律。三条律则有的来自自然，有的来自人为。来自自然的规则，即"自然律"。来自人为的规则共有两种，即"道德律"和"法律"。自然律是自然界固有的、本质的、必然的、稳定的因果联系。人作为肉体的、感性的存在物，"是自然界的一部分"①。自然律作为一种完全异己的、有无限威力的和不可制服的力量，必然与作为肉体的、感性的人产生"对立"。②但是，人又不仅是肉体的、感性的存在物，而且是超感性的自由的生命。人作为向往自由的生命，总是期望走出与自然律的对立状态。历史显示，自从有了人，人就总是与自然律保持着一种张力。一方面，人被动地服从、接受自然律；另一方面，人又主动地创造、构建人自身的社会生活，从而与自然界划清界限。人在创造、建构自己的社会生活的过程中，尤其是在与自然界划清界限的过程中，经常会做出违法或不道德的行为。于是，为了确认人与自然界之间的合理边界以及人与人之间的合理边界，人凭借自由的力量，创造出道德律和法律来规范自己的行为。自然律与道德律、法律的界限相对明晰，自然律源于自然，是"实然世界"的律则，虽无好坏之分，但对人有约束力；而道德律和法律源于人自身，是人基于人性而建立的，是"应然世界"的律则，虽有善恶之别，但对自然没有效力。道德律与法律的界限则要复杂得多。尽管道德律和法律遵循的都是自由因果律，但前者遵循的是自由的内在规定，行为体现的自由是内在的理性法则的意

---

① 《马克思恩格斯选集》第 1 卷，人民出版社，1995，第 45 页。
② 《马克思恩格斯选集》第 1 卷，人民出版社，1995，第 81 页。

志自由；后者遵循的是自由的外在规定，只涉及外在的行为。

总体而言，在自然律、道德律和法律之间，自然律是自发的，是彻头彻尾的他律。自然律因为是他在的，所以对人形成绝对强制、完全刚性的规范力量。法律作为一种过渡形态，既是自律的又是他律的。从法律是自由的因果律这个意义上可以说法律具有自律性，从法律是自由的外在规定这个意义上又可以说法律是他律的。法律通过自律联结着道德律，通过他律联结着自然律，所以法律处于自然律与道德律之间。如果说，自然律产生的规范力对人的自由形成了最明显的对抗、最激烈的冲突，那么，法律产生的规范力对人的自由则形成了外在的紧张、消极的冲突。而道德律产生的规范力对人的自由形成的则是积极的力量。这是因为道德律本身就建立在自由意志之上，是完全的自律，道德律产生的规范力本身作为自由的内在要素就包含在自由当中。由此可见，从"自然律"到"法律"再到"道德律"，呈现出来的是人类对规范的不断超越、对自由的不断接近，是一个外在的规范力不断减弱的过程，也是一个内在的自由不断加强的过程。这是一个不断走向善治的过程。实现善治经历了两次跨越。第一次跨越表现为人类力图通过认识自然律，进而建立区分于自然律的属于自己的道德律和法律，来竭力把自己与自然区分开来，努力使自己从自然当中抽离出来，逐步摆脱自然律的束缚。这一次跨越为人类迈向自由提供了可能和准备。第二次跨越则表现为人类通过认识道德律和法律，进而区分道德律与法律，竭力把自己与他人相区分，努力使自己从他人当中抽离出来，逐步实现从消极自由到积极自由的提升。

由于自然律源于自然而非人为，人也不可能操纵自然律来规范人的生活世界，追求并赢得治理之效，因此，人的生活世界的治理方式就只能是德治与法治两种形式。德治与法治相互关联，但又有显著的差异。法治的基本特征是以合法和违法为基本范畴，以国家机关制定、认可和解释的法律为依据，借助国家强制力来进行治理。与此不同，德治的基本特征是以善和恶、正当与不正当为基本范畴，以建立在自由意志基础上的道德律为依据，借助社会舆论、个人良心等非强制性力量来进行治理。法治是一种刚性的规范，因为法治强调每个人都要接受法律的约束，遵守法律的规定行使权利履行义务，"非得如此"，"必须那样"，没有丝毫例外。法治不允许对法律的命令有任何相反的异议。在法治中，法律的命令具有绝对性，不允许提出疑问。博登海默指出:"规范性制度的存在以及对该规范性制度的严格遵守,乃是在社会中推行法治所必须依凭的一个不可或缺的前提条件。"① 与此不同,德治是一种柔性的规范,因为德治强调每个人都要自律,即自己规定自己、自己要求自己、自己命令自己去承担道德责任,履行伦理义务,不存在硬性的制裁,没有任何的强迫和强制,只有充分的自由与自愿。卢梭指出:"取消了自己意志的一切自由,也就是取消了自己行为的一切道德性。"② 这也正如康德所说:"自由是道德法则的存在理由,道德法则是自由的认识理由。因为假使道德法则不是预先在自己的理性中明确地思维到的,那我们便不应当认为自己有理由来假设'自由'这种东西。……但是如果没有自由,那我们就不可能在自身发现道德法则。"③ 尽管道德律对理性者也表现为一种遵循规范的"绝对命令",但道德律作为自律由于是一种自我强制,这"绝对命令"也就不等同于"非得如此"。简言之,法治引出的是"必须",德治引出的是"应该"。这是德治与法治的根本差异。

二

党的十一届三中全会以来,依法治国被确立为治国理政的基本方略,始终把法治放在工作大局中来考虑、来谋划、来推进。党的十八届四中全会专题研究依法治国问题,并做出党的历史上第一个关于加强法治建设的专门决定,积极建设社会主义法治国家,开启了全面推进依法治国的伟大工程,开启了中国法治新时代。而西方在理性精神的推动下,很早就形成了在法律之下治理国家的法律至上的理念与实践。

有学者主张,法治是比德治更有效的治理方略与制约机制,道德应该法律化。在西方,法治思想的源头可追溯到古希腊。作为城邦国家的雅典就是主权在民的直接民主制的典范。早在伯里克利时代,雅典城邦就有较为健全的法制系统,并提倡为法律而战。雅典著名的立法家梭伦认为,法

---

① 〔美〕博登海默:《法理学、法律哲学与法律方法》,邓正来译,中国政法大学出版社,1999,第239页。
② 〔法〕卢梭:《社会契约论》,何兆武译,商务印书馆,1980,第25页。
③ 〔德〕康德:《实践理性批判》,韩水法译,商务印书馆,1999,第1~2页。

律是城邦最大的需要。毕达哥拉斯则认为:"服从法律是最高的善,而法律本身('好的法律')则是最大的价值。"① 苏格拉底认为,凡是合乎法律的就是正义的,"守法与正义是同一回事"②。近代,霍布斯认为,法规高于道德,基于自然法而订立的契约拥有至高无上的绝对权威,人们必须绝对服从,否则就是不正义的。爱尔维修明确指出,"人们善良乃是法律的产物","一个民族的美德和幸福并非其宗教神圣的结果,而是其法律明智的结果……法律造成一切"。③ 斯宾诺莎说:"法律有约束一切的力量,只有如此,一个国家才能存在。若是一个国家的所有分子忽视法律,就足以使国家解体与毁灭。"④ 在当今中国,也有学者认为,国家强制力量维护着法律的尊严并赋予法律以威慑力,从而使法律的维持与实施有了可靠的、强有力的保障,使得法律规范比其他类型的规范更能有效地调整人的行为,法治应该成为治国理政的根本方略。⑤ 从社会功能来说,法治的社会功能是维护社会的公正和秩序。法治以其权威性和强制手段来规范社会成员的行为,应该成为治国的根本方略。国家在多种手段面前,应该选择以法律为主的社会控制手段。⑥ 有的学者认为:"在现代法治社会,法律是国家治理的首选手段。"⑦ 有的学者则提出了道德法律化的主张:"基于中国转型期的特殊背景,道德重建在很大程度上须借助于法律的支持,道德在一定程度上要'法律化',这对于转型期的经济秩序和社会秩序有着重要的意义。"⑧

究竟该如何衡定法律的价值呢?究竟该在什么意义上来确认法治的首选地位呢?人不能无法无天,法律既是合格底线,也是违规红线,因此法律表达了做人的最低要求、基本要求。如果违反了这一最低要求、基本要

---

① 转引自〔苏〕涅尔谢相茨《古希腊政治学说》,蔡拓译,商务印书馆,1991,第33~34页。
② 〔古希腊〕色诺芬:《回忆苏格拉底》,吴永泉译,商务印书馆,1984,第164页。
③ 北京大学哲学系外国哲学史教研室编译《十八世纪法国哲学》,商务印书馆,1963,第525、524、537~538页。
④ 〔荷兰〕斯宾诺莎:《神学政治论》,温锡增译,商务印书馆,2013,第54~55页。
⑤ 曲谏:《法律与道德的一致性和互补性是德治法治并举的理论基础》,《河北法学》2003年第1期。
⑥ 许思义、李婷:《"依法治国"与"以德治国"的关系——兼论坚持依法治国的根本治国方式》,《江淮论坛》2005年第6期。
⑦ 江畅等:《当代中国主流价值文化及其构建》,科学出版社,2017,第354页。
⑧ 陈安金:《法律道德化:意义及其限度》,《浙江学刊》2004年第4期。

求,那么后果将是极其恶劣和严重的。也就是说,从后果来看,不守法的代价是极其巨大的。正因为守法是最低要求、基本要求,正因为不守法的后果极其恶劣和严重,所以,守法的"应该"程度或强度就是最高的。因此,以实用主义的态度看,一个人如果连守法都做不到,那就不可接受、不可原谅。这就是通常所强调的,法权义务是每个人必须严格履行的,是底线要求,如果违反,就可以用强制性的外在法律加以惩罚。在这个意义上,保持国家稳定和社会安宁,法治具有基础性意义,非常重要。俗话说:"法律是治国之重器,良法是善治之前提。"在这里,强调法治的优先地位与重大价值是从实用性上即底线要求上做出的考量与判定。

一方面,我们承认,在法律是道德的底线这个意义上,法治具有特别重要的价值和地位。另一方面,我们也必须承认,在法律是道德的底线这个意义上,法治虽然能守住道德底线,让人做到遵纪守法,但很难引导社会道德风尚的不断提升。为什么有了法律制度,依然还有人违法乱纪、无法无天?更严重、更恶劣的情况是,有人甚至还知法犯法、执法犯法。这就要求我们要考量德治的作用。如果说法治重要是从实用性上做出的考量,更多基于"事实",那么强调德治则是从理想性上做出的考量,更多基于"价值"。

三

建设法治国家是大势所趋,我们之所以强调法治在国家治理上的至关重要性,是因为法治有自己不可替代的作用。相比于德治,法治的作用至少有两条是独特的。一条是威慑力。法治是一种强制性的约束,具有威慑力,人必须把自己严格置于法治的约束范围之内来行使权利与履行义务。法治的威慑力警示每个人都必须严格遵循法律制度,而不要去做违法乱纪的事情。也就是说,法治在某种程度上可以以其独有的威慑力阻碍违法乱纪的事情发生。法律的刚性既意味着法治在硬度上很刚强,也意味着法治在强度上很威严。法治正因为刚强与威严才具有威慑力。另一条是惩处力。对于违法乱纪的行为,法律都会给予必要的、硬性的制裁与惩处。也就是说,法治在某种程度上可以确保违法乱纪者及时、有效地得到惩处,让违法乱纪者付出沉重的代价。

  不过，法治的作用在实际执行中并非尽善尽美的，法治可以提供社会安定的根基，但是很难保证社会具有高度的道德文明水平。换言之，法律可以让人们成为守法的公民，但难以让人们成为道德君子（圣贤）。而且在现实中，法治的威慑力和惩处力也存在一定不足。其一，在现实中法治的威慑力是有限的。只要世界上还有违法乱纪的事情发生，那就说明法治的威慑力对于那些违法乱纪的人来说并没有产生效果。法治的威慑力对部分人有效，但并不对所有人有效。就此而言，法治并不能依凭其威慑力彻底地阻止违法乱纪事情的发生。所以，亚里士多德说："我们应该注意到邦国虽有良法，要是人民不能全都遵循，仍然不能实现法治。法治应包含两重意义：已成立的法律获得普遍的服从，而大家所服从的法律又应该本身是制定得良好的法律。"① 其二，在现实中法治的惩处力也是有限的。很多人受过惩处之后会有悔改之心，但也有不少人受过惩处之后，依然顽固不化、不思悔改、我行我素、一意孤行，甚至继续违法乱纪，成为惯犯或重犯。即使惩处了违法乱纪的人，违法乱纪造成的损失也不能被挽回。这些都是法治面临的困境。

  为了完善法治，我们需要德治给予法治必要的辅助。对于法治面临的困境，德治展现出其特有的价值优势。其一，德治的内在感召力是巨大的。德治无须通过强制性的方式和手段来为自己开辟道路，而主要通过唤起人的内心和良知来推行。讲良心是道德自律性的集中表达和典型表现。德治强调的是内在的德性而不是外在的施压。换言之，法律只能以其自身的强制力给外在行动提供规范，但难以解决内在自由的问题。如果说法治的外在的制度要求和强行制裁往往显示出被动性、消极性，那么自由自律的德性往往具有蓬勃的生命力和巨大的感召力。其二，德治的价值追求是高位的。法治的价值要求是让全体公民在社会交往和公共生活中遵循基本的行为准则。法治的价值目标定位在底线要求上。对于每个人而言，遵纪守法都是做人的最低要求。郭齐勇说过："法律只能提供社会稳定的最低条件，可以但不能最终解决社会公正、社会正义的问题，不能维系世道人心，尤

---

① 〔古希腊〕亚里士多德：《政治学》，吴寿彭译，商务印书馆，1981，第199页。

其不能使人安身立命。"① 如果说，法律是做人的底线，那么道德是做人的上位，是更高的做人规范和要求，具有更高的价值位次。美国新自然法学派法学家富勒在《法律的道德性》中非常有创意地在"愿望的道德"和"义务的道德"之间做出了区分。他认为，"义务的道德"是法律的"表亲"，确认的是一个有序社会的最低限度和基本规则；而"愿望的道德"则以人类所能达至的最高境界作为出发点。可见，德治的价值要求是上线要求。道德的命令在价值判断上显示为"应该"，道德是崇高的、至善的、完满的，具有理想性。道德确保法律自身的内在善性，在逻辑上优先于法律。当然，法治并不是没有意义和价值的。法律可以唤醒人心中的道德律，启发人的道德意识，让人越来越有崇高的道德信念，具有更高的精神层次。②

其三，德治的引导力是先行的。法治惩处违法乱纪，无论多么及时有效，违法乱纪毕竟已经发生了，造成的恶果已经无可挽回。所以法治的惩处在时间上显现为"事后性"。与此不同，德治的着力点在于事前的动机。德治重在教化，重在范导。德治的优势在于它自始至终都着眼于价值引导和灵魂净化。德治的重心不在于事后惩处，而在于事先感化。道德的感化之功在于，从内心深处着眼，使人养成羞耻之心、责任之心和道德义务感，从而从动机上远离违法犯罪。惩处或许可以使人迫于压力而循规蹈矩，但问题的关键在于，迫于法律的威严、出于制裁的恐惧而循规蹈矩的人可以是法律意义上的好公民，却不能算是道德意义上具有自由意志的善人。如果人不能在道德上被感化，遵纪守法也可能只是表面的，一旦"有机会""有条件"，就会违法乱纪。知法犯法、执法犯法的情况都是例证。③

正是基于上面的理解，我们认为，在建设社会主义法治国家的过程中，应当坚持依法治国和以德治国的有机结合。法安天下，德润人心。法治和德治不可分离、不可偏废，必须一手抓法治，一手抓德治。要强化道德对法治的支撑作用，把道德要求贯彻到法治建设中，实现法律和道德相辅相成、法治和德治相得益彰。

---

① 郭齐勇：《守先待后：文化与人生随笔》，北京师范大学出版社，2011，第55页。
② 参见戴茂堂、李家莲《哲学引论》，人民出版社，2014，第170~171页；邓晓芒《康德哲学讲演录》，广西师范大学出版社，2005，第139~140页。
③ 戴茂堂、左辉：《法律道德化，抑或道德法律化》，《道德与文明》2016年第2期。

On the Relation between Rule of Virtue and Rule of Law

Dai Maotang, Ge Mengzhe

Abstract: In the current social environment of adhering to the combination of rule by law and rule by virtue, it is of great significance to deeply explore the relationship between rule by virtue and rule by law. The relationship between rule of virtue and rule of law involves the complex and pluralistic tension relationship among natural law, moral law and law, and also involves the core topic of who gives priority to rule of law or rule of virtue in the ideal value. If the rule of law is mainly based on practicality and more on "facts", then the rule of virtue is based on ideality and more on "value". From the perspective of ideality, it is necessary to be a law-abiding citizen, and it is necessary to be a moral person. No country needs virtue to be better, and man also needs virtue to be better. On the premise of emphasizing the rule of law, the emphasis on the rule of virtue is an inevitable requirement to improve the level of social moral civilization.

Keywords: rule of virtue; rule of law; value priority

关于德法关系的义理诠释*

强以华　王晓烜**

【摘　要】 从深层次上说，法律作为道德的底线其实就是底线的道德，它是道德的一种特殊形式，所以，法治和德治归根结底都是道德治理。但是，法律是一种特殊的道德，法治因而也是一种特殊的治理。在逻辑上，我们不能绝对地说应该法治优先还是德治优先，因为这可能导出违背历史事实的结论。若要分析法治优先还是德治优先，必须把相关分析置于具体的历史之中。但是，在逻辑上分析法治和德治各自的特征和优势，是我们进行历史考察的基础，当我们把逻辑分析的结果置于特定社会的历史文化背景和具体道德环境之中进行考察时，我们或许就能相对合理地得出法治优先还是德治优先的结论。

【关键词】 法治　德治　优先　逻辑　历史

在国家的治理中，我们究竟应该把以法治国（法治）作为优先选项还是应该把以德治国（德治）作为优先选项呢？我们认为，为了解决这个问题，应该在厘清法律与道德之深层关系的基础上把关于法治和德治相互关

---

* 本文系 2017 年国家社会科学基金重点项目"国家治理现代化框架下协同推进德治与法治研究"（17AZX015）之阶段性成果。

** 强以华，湖北大学哲学学院教授，博士生导师，湖北大学高等人文研究院研究员，主要从事伦理学与西方哲学研究；王晓烜，湖北大学伦理学专业硕士研究生。

系的逻辑分析和历史分析区分开来，先从逻辑上分析法治与德治的差别，然后再将逻辑分析的结果带入具体的历史情景之中。若这样做了，我们就会发现，在当前的中国社会中，法治应该优先于德治。

一　法律与道德的深层关系

我们认为，法律归根到底不过是道德的一种特殊表现形式，在此意义上，我们可以说"法律就是道德"。"法律就是道德"这一命题应该包含两层含义。其一，法律可以等同于道德。在此含义上，我们可以说在讨论法律与道德的关系时，我们实际上所面对的只是道德内部的关系。我们知道，任何法律的制定都会参照诸多的标准，基于诸多的考量，但是，在这诸多的标准和考量中，法律的制定者们都会有一个共同的标准和考量，那就是伦理的精神，这一伦理的精神内在地决定着法律精神，并进一步决定着各种法律的规范和具体的条款。这就是说，道德精神最终决定着法律规范和具体条款的合道德性，从而使法律规范和具体条款本质上都是道德（合乎道德）的规范和条款。正是因为如此，尽管在现实社会中因立法者的邪恶也会出现"恶法"的现象，但是，任何社会的法律作为整体都不可能公然违背道德。其二，尽管我们可以把法律等同于道德，但是，法律毕竟只是一种特殊意义上的道德。法律作为道德的特殊性就在于它是一种底线的道德。人们在谈到法律和道德的区别时常会指出"法律是道德的底线"。这时人们的意思是：当一个社会的道德要求已不能维护通常的社会秩序时，也就是说，当人们有可能突破道德的底线时，社会就必须通过法律来进行治理，通过法律的强制性来维护社会秩序。毫无疑问，这种理解并不错，但是，这并不意味着它否认法律也是道德的事实，也就是说，法律本身乃是一种底线道德的事实。其实，法律本身就是道德，只不过它是一种底线的道德。对此，我们可以这样理解：不同的道德规范有不同程度的道德要求，有些道德规范对道德行为人的要求较高，对它的违背不会对社会秩序产生任何伤害；有些道德规范（例如不伤害他人）对道德行为人的要求较低，对它的违背则会对社会秩序产生伤害，甚至会引起社会混乱。那些最低层次的道德就是底线道德，它属于要求最低且违背它就会引起社会混乱的道德。由于它的要求最低,所以,社会中的大多数成员能够做到遵循它;由于对它的违背可能会引起社会混乱,所以,社会不能容忍社会成员违背它。因此,社会就把这些底线道德变成强制社会成员遵循的道德,正是这种强制性,使它成了法律。因此,法律作为道德的底线意味着它不过是不允许社会成员违背的底线道德,它既属于道德又仅仅是道德中的一种特殊形式,亦即以底线形式表现出来的道德。

法律归根到底只是道德的一种特殊形式的观点是从人类历史上抽象出来的观点,是一种基于历史事实的观点。在人类历史上,道德先于法律而产生。道德和法律属于社会意识的不同形态。根据马克思主义的观点,观念和意识不过是人们的物质活动和物质交往的产物,同样,人们的社会意识形态也应该是人们的物质活动和物质交往的产物。当原始人在其物质生产活动中进一步加强物质交往时,他们就会组织起来形成最初的社会,为此,他们必须借助于某些共同的规范来协调人们物质交往和社会交往中的相互关系以便使社会具有维护其存在所必需的社会秩序。这时,社会尚无任何明文的社会规范,它用以协调人们物质交往和社会交往的"规范"通常只是人们的原始的宗教信念和日常生活中的风俗习惯。当然,这时的相对简单的人际交往关系只需要这些宗教信念和风俗习惯的调节就能得到维护。随着物质生产的发展和社会范围的扩大,人际交往关系更为复杂,原始的宗教信念和日常生活中的风俗习惯已经不能有效地维护更为复杂的人际交往关系,于是在这些宗教信念和风俗习惯的基础上终于形成了道德,也就是说,道德正是在这些宗教信念和风俗习惯的基础上自觉或不自觉地形成的,它是把这些宗教信念和风俗习惯最终明确化、规范化的结果,它通过社会舆论的方式来提升这些规范的力量,从而达到有效调节更为复杂的人际交往关系的目的。随着人类物质生产的进一步发展以及与其相关的社会形式的进一步复杂化,特别是随着私有制的出现和发展,以及由其导致的人们贫富差距的扩大和人们物质利益冲突的增加,单纯的道德规范已经不能够满足人们相互之间更为复杂并且更有冲突性的人际交往关系,社会需要一种具有强制性的手段来调节有可能导致社会混乱的人际交往关系,这种强制性的手段就是法律,它的核心是底线道德规范。因此,从人类历史发展的角度看,法律不过是因补充道德调节社会人际关系之不足而出现的把底线的道德规范加以法律化的结果，它本质上根源于道德，并以一种特殊的道德形式亦即具有强制性的形式表现出来。

法律与道德的深层关系为我们进一步分析德治与法治的具体关系奠定了基础，也就是说，它把我们关于德治与法治之具体关系的分析正确地置于法律归根结底是道德的一种特殊形式的基础之上。

二　法治与德治的各自特征与优势

为了分析在社会的治理中究竟应该法治优先还是应该德治优先，在法律归根到底是道德的一种特殊形式的理解的基础上，我们先来分析法治与德治的各种特征与优势，以便为我们进一步的分析找到参照的依据。

第一，法治的特征和优势。法治的特征和优势其实是相对于德治的特征和劣势而言的。法治的特征源自法律的特征。法律的特征包括唯一性、公共性、强制性，相比之下，道德则缺乏唯一性、公共性、强制性。

唯一性是指任何一个特定的社会中只能存在一套法律体系，它不允许存在两套或多套法律体系。法律的唯一性决定了法治相对于德治的第一个优势，即在法治的背景下，法律是明晰的规定，它使社会成员明确地知道什么能做、什么不能做，也就是说，他们明确地知道自己在社会中该怎样去做。相比之下，在德治的背景下，社会成员应该如何去做并不像在法治的背景下那么"明确"，它具有某种模糊性，造成这种状况的原因就是道德在任何特定的社会中都不具有唯一性。在任何特定的社会中，尽管可能存在某种主流的道德体系，但是，它一定还存在其他道德体系，造成这种现象的原因在于：道德作为不全是统治者及其代理人明文制定出来的非强制性的规范，它不可能因主流道德的存在而完全排挤掉非主流道德的存在，在任何一个特定的社会中，除了主流道德之外，还一定或多或少存在源自其他社会（国家、民族）的道德，并且在一定程度上存在历史上遗留下来的道德。在特定的现实社会中存在的这种主流道德与异域道德和传统道德并存甚至相互矛盾的复杂现象，使得德治所要求的道德规定不像法治所要求的法律规定那样明晰，它导致人们在德治要求下选择困难。

公共性是指任何一个社会中的法律都是对该社会中所有社会成员都有

效的规范和条款，它适用于社会的公共领域而非私人领域。就此而言，它要求立法者、执法者乃至社会大众以理性的态度来对待人与人之间的关系，把人与人之间的关系看成权利与义务无偏差的对等关系，从而要求所有的社会成员在法律面前人人平等，实现社会公正（正义）。这样，法律的公共性决定了法治相对于德治的第二个优势，即在法治的背景下，法律的立法者和执行者乃至一切坚守法律精神的人都能基于"理性""公正"地对待每一个社会成员从而实现社会正义。与此不同的是，在德治的背景下，有时则有可能失去"公正"。除了一些具有较高普遍性的道德规范（例如不能说谎）也具有公共性特征外，还有一些道德规范只适用于特定的群体（例如家庭、朋友）内部即私人领域。这些只适用于私人领域的道德规范的基础常常奠基于（感性）情感之上，它们不重视人与人之间的权利与义务的无偏差的对等性并且容忍甚至鼓励人与人之间权利与义务的不对等性，例如家长对子女的无私奉献的爱。由于偏爱本身就有排斥偏爱对象之外的人的可能，所以这种不对等性也常常包含对偏爱之外的人的排斥。休谟曾明确指出情感的偏私性质，他说："我们最初的、最自然的道德感既然建立在我们的情感本性上，并且使我们先照顾到自己和亲友，然后顾到生人……"①因此，基于（感性）情感的道德在处理人与人之间的关系时常常会违背"公正"或"正义"。尽管良好的道德情感的积极方面（例如爱的情感）所造成的良好社会风气应该是德治的重要内容之一，但是，德治作为一种社会治理，它更应该关注的是道德在公共生活中的作用。亚里士多德之所以在社会治理中更为推崇法治，乃是因为在他看来，法律是"没有感情的智慧"。他说："人治中的'人'，尽管聪明睿智，然而他有感情，因之即会产生不公道、不平等，而使政治腐化。"②

强制性指的是法治在让人遵守法律的问题上具有强制性，它可以通过暴力来惩罚违背法律的人以督促社会成员去遵守法律从而维护良好的社会秩序。法律的强制性和法治的强制性相互统一。政府之所以要把法律变成强制性的规范并用这种强制性来治理社会，原因在于它既有必要性也有可

---

① 〔英〕大卫·休谟：《人性论》，关文运译，商务印书馆，1983，第531页。
② 吴恩裕：《论亚里士多德的政治学》，载〔古希腊〕亚里士多德《政治学》，吴寿彭译，商务印书馆，1983，中文版序言。

能性。它的必要性在于，由于法律是道德的底线或底线的道德，违法特别是大面积地违背法律就会造成社会混乱；它的可能性则在于，由于法律是道德的底线或底线的道德，相比于更高的道德要求来说，它的要求相对较低，所以，绝大多数社会成员能做到遵守法律。法律或说法治的强制性决定了法治相对于德治的第三个优势，即法治能确保社会的底线秩序，避免社会混乱。在德治的背景下，由于道德作为以社会舆论来调节人际关系的规范并不具有强制性，所以，若是违背道德的人普遍存在，并且有很多违背道德的人在突破道德的底线或底线的道德，那么，社会就有可能出现混乱。

第二，德治的特征和优势。正如法治的特征源自法律的特征一样，德治的特征也源自道德的特征。道德的特征主要是渗透性与提升性，相比较而言，法律则缺乏道德在规范人的行为时所具有的渗透性与提升性。

渗透性指的是道德能够广泛地渗透到所有人的内心之中，调节人的心灵，并通过调节人的心灵来调节人的行为。道德的这种特征造成了德治的渗透性特征，并且直接决定了德治相对于法治的第一个优势，即德治能够通过广泛的渗透性渗透到人的内心之中，通过调节人的心灵广泛地调节人的行为。道德的最后根据应该是"良心"。我们认为，"良心"普遍地存在于人们的心中，违背良心不能等同于没有良心，它不过是人的良心无法抵御外在的利益诱惑或其他外在压力（例如养家糊口）的结果。既然良心普遍地存在于人们的心中，那么，它就可以不受任何外在条件限制而"主动地"调节人的行为，从而渗透到人的一切道德动机和行为之中并广泛地起作用。相反，法治作为一种根据法律的规范和条款对人之行为的外在强制，除了那些愿意"主动地"守法的人之外，它还强迫那些不愿主动守法的人也去"被动地"守法。但是，任何社会的法律规范和条款都不可能囊括所有的社会事件，从而详细到能够规范和制约人的所有各种不同的行为的程度。若是一个人遵守法律是因为"被动地"迫于法律强制性的威慑的话，那么，在法律规范和条款没有规定到的地方或他做违法的事可以不被他人发现（他自认为）的时候，他便会做违法的事。若想人们在以上情形下依然不做违法的事，除非是他不愿意违背良心。只有良心的作用才能渗透到那些法律规范和条款未能规定到的地方。亚里士多德在谈到公正与公平的关系时曾说:"公平是种优于公正的公平,虽然它优于公正,但并不是另一个不同的种,公正和公平实际上是一回事情。虽然公平更有力些,但两者都是好事情。问题的困难在于,公平虽然就是公正,但并不是法律上的公正,而是对法律的矫正。"① 这就是说,尽管公正和公平其实是一回事情,但是,公正是法律上的公正,公平是人的内心感受,法律作为外在的规范和条款,它的渗透性有限,因此,只有公平才能具有广泛的渗透性,从而矫正法律的局限。由此可见,若是社会能够通过德治提升人的道德水平,让更多的人坚守自己的良心,那么,德治就能凭借自己广泛的渗透性纠正法治的局限,让人更为主动地守法,并遵守道德规范。

道德的提升性指的是道德除了底线道德规范外还有要求更高的道德规范,除了对行为效果的要求外还有更高的对行为动机的要求,后者将会提升整体社会的平均道德水平。道德的这种特征决定了德治的提升性特征,并且决定了德治的第二个优势,即德治能够更好地提升整体社会的道德水平。我们曾经指出法律属于道德但仅仅是道德中的一种特殊形式,亦即以底线形式表现出来的道德。并且,我们所说的法律和法治的三种特征其实都与法律的底线形式密切相关,正是因为法律是道德的底线形式,社会成员大都能够做到遵守这一底线,它才可能作为唯一的形式被制定出来(唯一性),并能够有效地针对所有社会成员(公共性),最终还能以强制的形式迫使社会成员遵守它(强制性)。然而,正是由于法律仅仅是道德的底线形式,所以,社会并不能保证那些迫于法律之强制力威慑才遵守法律的社会成员在"有机可乘"的时候遵守法律,维护法治。但是,社会若是能够通过德治提升整体社会的道德水平,让更多的人坚守良心,那么,人们就能做到在巨大的利益诱惑面前或巨大的外在压力面前不乘机违背法律,破坏法治。因此,通过德治提升人们的道德水平,让更多的人坚守良心,能够弥补法治的局限,促进社会得到更好的治理。

---

① 〔古希腊〕亚里士多德:《尼各马科伦理学》,苗力田译,中国人民大学出版社,2003,第114~115页。

三 进入历史：法治与德治优先性的考量

我们在第二部分中其实只是在逻辑上分析了法治和德治各自的特征以及各自的优势，并没有分析在社会的治理中究竟应该法治优先还是德治优先的问题。我们认为，从逻辑上说，我们不能在绝对的意义上说法治优先好还是德治优先好，抑或法治和德治不偏不倚好，因为在历史上既有法治优先从而使得社会治理得很好的案例，也有德治优先从而使得社会治理得很好的案例。我们认为，在法治和德治的相互关系中，究竟哪一种治理方式更好应该是具体历史条件下的具体选择。因此，若要指出在社会治理中究竟应该法治优先还是德治优先，那就应该超越逻辑分析，把逻辑分析的结果运用到现实的社会历史中去，根据现实的社会历史的具体情况确定在社会的治理中究竟应该法治优先还是德治优先。我们进一步认为，当我们把法治与德治各自特征以及优势的逻辑分析运用到现实社会历史中去时，有两个因素尤其值得关注。其一，社会的历史文化背景。任何一个特定的社会例如国家、民族都有自己的历史文化背景，并且，这种历史文化背景在他们生活的现实社会中一定仍起着或大或小的作用。法治和德治的传统乃是这种历史文化背景中的一个重要因素，因此，任何一种特定的法治和德治的传统都会在该社会的现实生活中起不同的作用。通常来说，若是一个特定社会的历史文化背景过分注重法治而轻视德治，那么，这个社会就应该进一步加强德治；反之，若是一个特定社会的历史文化背景过分注重德治而轻视法治，那么，这个社会就应该进一步加强法治。其二，现实社会的具体道德环境。由于法治对应的是道德的底线或底线的道德，而德治具有在法治的基础上进一步提升道德水平的特征，所以，若是一个特定的社会（国家、民族）在某个特定的历史发展阶段的具体道德环境相对较好，那么，这个社会就应该加强德治以进一步提升整体社会的道德水平；若是一个特定的社会（国家、民族）在某个特定的历史发展阶段的具体道德环境相对不那么好，那么，这个社会就应该加强法治以保证良好的社会秩序。

根据我们以上提出的确定法治和德治之优先性的两个尤其值得关注的因素，我们认为，就当前中国社会来说，应该采用法治优先的策略。

其一，从现实社会的历史文化背景看，中国社会有重德治轻法治的历史文化传统。就历史的发源来说，中国社会源于古典农业社会，这种社会把家庭视为最为适宜的生产单位，家庭作为基本的生产单位提升了家庭在社会中的地位，统治者以家国同构的形式把家庭的治理方式移植到国家的治理方式之中。尽管家庭也是基本生产单位乃至社会的基本细胞，但是，它首先是一个血缘单位。作为血缘单位，它的治理方式主要是一种伦理的治理方式（孝、慈等），当国家移植家庭的治理方式时，它也会采用伦理的治理方式，从而使得德治成为主要的社会治理方式，并以人治的形式表现出来。中国社会以德治为主的社会治理方式一直贯穿于全部封建社会之中，并且延续到半殖民地半封建的近代社会。就治理的实际来说，在中国以德治为主的封建社会乃至半殖民地半封建社会中一直缺乏真正的法治。在传统社会中，尽管国家的治理方式移植了家庭的治理方式，但是，国家的治理毕竟是一种政治的治理，它在移植家庭治理方式时也把这种方式政治化了。因此，在国家治理中，法治始终是德治的重要补充。然而，由于真正的法治是在法律面前人人平等的法治，而在中国封建社会中王权始终凌驾在法权之上且法律规定和条款也直接包含了人与人之间不平等（例如刑不上大夫）的内容，所以，中国封建社会始终缺乏真正意义上的法治。这种现象进一步巩固了整个封建社会重德治轻法治的传统。中国社会之重德治轻法治的传统源远流长，这种历史文化背景深深地影响着中国人的心理。尽管以农业社会为基础的封建社会已经成为过去，但是，社会意识形式的相对独立性使得中国历史传统中的重德治轻法治的现象依然或多或少地在现实社会中起着作用，这种作用不仅会自觉或者不自觉地影响某些社会治理的指导思想，也会自觉或不自觉地影响广大社会成员接受社会治理的观念，构成他们看待、接受和评价社会治理的重要的价值取向。因此，在这样的历史文化背景下，当前中国社会的治理应该更为注重法治。

其二，从现实社会的具体道德环境看，尽管中国有几千年的文明历史，并且这一漫长的文明历史依然影响着当前中国社会并使之拥有十分良好的道德环境，但是，近几十年来中国社会的转型以及市场经济的冲击对中国社会道德环境的负面影响也不可小觑。在此期间，中国社会经历了从农业社会到工业社会的转型，从计划经济到市场经济的转型，从非知识经济社会到知识经济社会的转型等。这些转型都是中国社会根本性的转型，它们不仅极大地改变了中国社会的结构，而且也在冲击着中国社会长期传承的伦理观念，导致各种不同伦理观念之间的冲突。各种不同的伦理观念之间的冲突有时会使人们在道德选择时有某种无所适从之感。这种无所适从之感客观上放任了市场经济条件下人们的逐利本性。市场经济原是秩序经济，但是，由于它鼓励人们逐利，在市场经济不完善并且人们在进行道德选择时有时又会无所适从的情况下，人们的逐利本性就有可能不时地超越道德的底线。中国现实社会中有些企业在产品的生产、交易、销售、信息发布等方面的行为就经常出现超越道德底线的情形。由于法治是维护道德底线的社会治理方式，所以，我们认为，当前中国社会应该法治优先，并在以德治为辅的同时把德治视为长远目标，也就是说，力图在通过法治把遵纪守法变成人们普遍习惯的基础之上，把这种习惯变成一种道德自觉，进一步通过德治从更高的水平上提升整体社会的道德水平，让未来更加美好。

A Theoretical Interpretation of the Relationship between Morality and Law

Qiang Yihua, Wang Xiaoxuan

Abstract: In the deeper sense, law as the bottom line of morality is actually the morality of the bottom line. It is a special form of morality. Therefore, both the rule of law and the rule of virtue are moral governance. However, the law is a special kind of morality, and the rule of law is also a special kind of governance. Logically, we cannot say absolutely whether the rule of law should be priority or the rule of virtue, because this may lead to conclusions that are contrary to historical facts. To analyze whether rule of law should be priority or the rule of virtue, the logic analysis must be placed in a specific history. However, the logical analysis of the characteristics and advantages of the rule of law and the rule of virtue is the basis for our historical investigation. When we place logic analysis in the historical cultural context and the specific moral environment of a particular society, we may be able to draw a relatively reasonable conclusion of priority about the rule of law or the rule of virtue.

Keywords: rule of law; rule of virtue; priority; logic; history

谈谈康德哲学中德与法的关系[*]

杨云飞[**]

【摘　要】 从理论建构方式上看，康德的法权哲学具有形而上学和道德的基础。康德的基本思路是：通过理论论证确保先验自由的可能性，并从道德原则的效力推证实践的自由具有实在性；再由此出发确立天赋的自由法权；最后在天赋自由基础上建构私人和公共法权的体系。这种从自由和道德出发建立法权体系的论证结构，表明了康德理论的道德主义和基础主义的立场。对于法权体制的确立和德行的完善何者优先的问题，康德给出了一种富有张力的解答：从操作意义上看，法权的实现优先于内心的道德完善；从最终的价值追求来看，道德完善优先于法权的实现。法权体制之确立最终要服务于道德完善这个终极目的。康德式的理论建构，适合于确立法权的道德基础，捍卫普遍的基本权利，从而建立不同社群和谐相处的共同底线。鉴于此，当代的哲学工作者仍有充分的理由认真对待康德关于德与法的关系之论述。

【关键词】 康德　自由　道德　法权　优先性

德与法的关系是个极为重要和艰难的问题，值得深入研讨。就西方哲学而言，康德的相关思考为我们解答这个难题提供了一个很好的参照系。我个

---

[*] 本文系武汉大学人文社科青年学者学术团队"德国古典哲学及其现代效应"、武汉大学人文社科自主科研项目"康德政治哲学研究"和武汉大学研究生精品课程项目"德国古典哲学原著选读"的研究成果。

[**] 杨云飞（1977～　），浙江湖州人，武汉大学哲学学院副教授，德国哲学研究所所长。

人总体上较为认同康德的理论构想，虽然在某些论证方式和具体观点上我跟他有一定的差别。我有几篇文章讨论过康德的相关观点[①]，在此，针对我们会议的主题，我把里面比较主干的两个内容拿出来讲一下。首先，我将在统一性论题下谈谈康德以道德法则为法权奠基的理论进路。其次，我会论述康德关于法权与德行之间优先性关系的微妙观点。这两点是本文的主题。最后，我会在总结康德观点的基础上，简要说明这种观点的当代意义。本文的内容主要是叙述和介绍康德的观点，并非批判性的反思，目的是提供进一步思考的契机。

一

总体来说，关于康德的道德哲学与其法权哲学和政治哲学的关系，在国际和国内的学术界大概有两种提法。一种是统一性论题，一种是分离性论题。前者是较为传统和主流的观点，也是我本人持有的观点。其主要观点是：康德关于法律、政治、权利的论述，是建立在其自由意志学说和道德哲学等形而上学基础上的，它们之间是不能脱钩的。道德基础与法权理论之间，类似于盖房子一样，是从作为基础的地基开始，再往上垒建筑材料的关系。可以说，主流的思路持有一种基础主义的立场。这也是罗尔斯对康德理论的解读，并将之称为"整全的自由主义"（comprehensive liberalism）。[②] 但也有一些当代的主流学者，包括一些广义的康德主义者，如罗尔斯的学生托马斯·博格，提出一种分离性论题（Unabhängigkeitthese, independence thesis），将康德的政治哲学或其法权哲学跟他的形而上学和道德哲学脱钩。[③] 这种观点认为，康德关于法和权利的论述是独立的，不需要任何形而上学或者道德基础。当然，分离性论题也可以得到一些康德文本上的支持。康德确实有某些霍布斯式的论述，比如说，康德提到过，建立一种

[①] 参见杨云飞《康德法权论的道德基础——托马斯·博格的康德法权论独立性论题献疑》，《山东社会科学》2015年第10期，第13～20页；《康德道德哲学中正当优先于善的三种形式》，载《哲学评论》（第18辑），中国社会科学出版社，2016，第88～110页；另有即将刊发的《天赋自由法权的内容与功能——探究康德政治哲学中的一个核心论题》一文。

[②] 参见 John Rawls 的 *Political Liberalism*（expanded version, Columbia University Press, 2005）。

[③] Thomas W. Pogge, "Is Kant's *Rechtslehre* a 'Comprehensive Liberalism'?" in *Kant's Metaphysics of Morals: Interpretative Essays*, ed. by Mark Timmons, Oxford University Press, 2002, pp. 134–158.

公民宪政的任务是一个恶魔般的民族也可以完成的，它不需要人心中有善意，只需要懂得利害计算，具备一般理性就好了。这是一个学术性的背景。

我本人对康德的解读是比较传统的。我赞同统一性论题这种立场，主张康德关于法权的论述需要一个形而上学的、道德的基础。当然，按照我的梳理，康德的整个理论链条是非常复杂甚至冗长的。这是因为康德哲学所面对的是现代自然科学这样一种量化的、机械的世界观，这种世界观对整个人类的规范性的价值建构造成了一定的挑战。这种挑战主要体现在：如果可以用科学的、经验性的、量化的方式解释一切，那么像自由、道德乃至于法权等论题，也许都可以用自然科学的方式来处理，由此，是否还有必要保留超越科学世界观的规范、价值和信仰的领域，是存疑的。康德的主要工作目标是为价值领域留下一定的空间，也即所谓的"扬弃知识，为信仰留下地盘"。为此，康德的整个论证链条很长①：他从理论论证层面上人们无法确证或否证先验自由开始，为自由议题留下一定的空间；然后，在给定道德法则内容之基础上，通过人们在生活当中对道德法则的强制力或效力是有所意识的这一点（这被康德直接当作一种"理性的事实"），来反推我们具有实践意义上的自由，这种实践自由构成了法权与德行（义务）的基础；最后，在这样一个道德法则和自由的基底之上，康德才正式给出他关于法律、权利的界定与区分。

我相信，我们可以把康德关于法权的观念看成他的道德原则的一种外化。康德将道德原则或道德命令的核心要求表述为我们行动的准则可以普遍化，或跟他人行动的准则是可以相容的。如果换另外一种表述，就是要

---

① 康德的相关论证，散见于《纯粹理性批判》《实践理性批判》等文本中［按国际康德研究的惯例，凡引康德的著作，除《纯粹理性批判》标注 A、B 版标准页码外，我均在书名后标注科学院标准版，即 Kant's gesammelte Schriften. Königlich Preußische Akademie der Wissenschaften (Hrsg.). Reimer, später de Gruyter. Berlin, später Berlin und New York 1900 ff. （以下简写为"AK"）的卷数和页码］。读者可参看《纯粹理性批判》关于第三个二律背反之讨论（A444 - 451 = B473 - 479）、《实践理性批判》关于理性的事实之讨论（AK5：29 - 33）、《道德形而上学》的"导论"部分（AK6：213 - 214；AK6：218 - 221）和《道德形而上学·法权论》的"导言"与"划分"部分（AK6：229 - 231；AK6：236 - 239）的相关论述。除《道德形而上学奠基》采用我自己的译本（杨云飞译、邓晓芒校，人民出版社，2013）外，康德的其他著作，参看了邓晓芒和李秋零先生的中译本，谨此致谢，不再一一注明。

求我们相互尊重彼此"人格中的人性",简单地说,就是要尊重人。① 康德界定法权的着眼点就是,这种相互尊重或自由之间的相容,如何在外在行为上体现出来。康德将人们彼此的自由在任意一个普遍法则之下得以共存的条件叫作法权。② 康德还进一步提出,法权的初始概念或人的自然法权(Naturrecht),乃是天赋的自由法权(das angeborene Recht)。这构成了其余诸种获得的法权(das erworbene Recht)乃至于各种实证法权的基础。众所周知,天赋人权是近代以来自然法和自然权利学说的核心思想。应该说,康德的法权理论接受了这种基本思想。他把天赋的自由法权解释为人的内在的权利。这是他后续的所有权利学说的出发点。

值得指出的是,康德与通行理论之间也有较为显著的差异。洛克的政治哲学和早期现代的一些政治文本,如《独立宣言》和《人权宣言》等,都表达了这样的思想,即人生而具有某些基本的自由权利。这些权利从内容上看或许稍有差别。比如,在《独立宣言》中主要是生命、自由和追求幸福的权利,而在洛克那里,还包括财产权等。在这些主流论述中,天赋自由权似乎是以复数的形式出现的。与之相比,康德则明确提出,天赋自由法权只有"唯一的"一种,即对于他人强制的"独立性"。③ 这是康德的独特之处。有趣的是,若是只从表面上看,康德的论述似乎还有些自相矛盾。他在提出天赋自由法权是唯一的源始的权利之后,马上讲到这种权利从内容上可以分解成不同的环节,即交互赋予责任的对等性(平等)、做自己的主人的品质(自主)、良心自由和言论自由。如果我们考虑到这些环节无非是独立性这同一事物的不同表现而已,则康德的表述还是自洽的。以上是他对天赋自由法权的论述。

由此,我们注意到,康德法权理论的初始基础是自由意志和道德法则,进而是天赋自由法权。在此基础上,他进一步提出,人们还具有各种获得的法权,一方面是私人的法权(康德也称之为 natürliche Recht,即"自然的法权"),另一方面是公共的法权。康德主张,私人的法权包括物权(财

---

① 〔德〕康德:《道德形而上学奠基》,AK4:421-429。
② 〔德〕康德:《道德形而上学》,AK6:230;亦可参见 *Metaphysische Angangsgründe der Rechtslehre*, Heausgegeben von Bernd Ludwig, Felix Meiner Verlag, 1998, s. 38。
③ 〔德〕康德:《道德形而上学》,AK6:237。

产权)、人格权（契约权）以及以物的方式体现出来的人格权（如体现在家庭婚姻关系中的权利）；而公共的法权，则涉及国家法权、国际法权乃至于世界公民法权这三个层次。就国家法权而言，康德认同的是公民宪制或共和宪制，强调通过分权的制度实现人民主权；就国际法权而言，康德提出了著名的由共和制国家建立国际联盟（以促进永久和平）的设想；就世界公民法权而言，康德强调不同的人民之间应有彼此拜访的权利，人们具有在其他国家和地区得到友好对待的权利。这些后续的权利，被康德看作天赋自由法权的延伸或者说具体体现。尤其是后面几项——国家层面的人民主权、世界公民层面的拜访和友好交往权利等，还构成了实现人的自由的保障条件。如果我们最终想使天赋自由权利确立起来，必定需要这些外在条件。同样值得指出的是，康德的分类与一般的自然权利学说也有所不同。比如，康德将平等、自主、良心自由列为最基本的天赋自由法权，将财产权列为私人法权，而把政治参与列为国家法权，在不同权利之间明确区分出层次和次序，其权利体系结构体现出一种层次感；与之相对，洛克和罗尔斯等人，则往往把自主、良心自由、财产权和政治参与等平行地列为基本的自由权利，其理论相对平面化。

这是我要讲的第一个主题。我想说明的是，康德哲学中有个复杂的链条：从最初的理论框架的设定到道德原则的确定，然后到天赋自由法权，再到私人的法权和公共的法权。其基本思路是从形而上层次的道德基础出发确立法权体系。按照这样一种秩序，康德的理论体现出一种基础主义的立场。在这里，我们可以看到形而上学和道德的理论要先于法律或政治的规定。当代人喜欢把这种学说叫作"整全的自由主义"。之所以说它是整全的，是因为这种权利学说跟形而上学理论是不脱钩的，是建立在道德的基础之上的。

二

在康德看来，各种法权，不管是私人的还是公共的法权，不管是财产权、人格权、契约权、共和的制度等，如果能实现，当然是非常理想的境况。这可以确保人们进入一种公民体制，甚至建立一种永久和平的状态。

但是，康德又提出，仅仅实现法权是不够的，人的最终目的还是道德完善。确立一种合乎法权的体制，从根本上说，还是要为人在道德意义上的自我实现提供一些条件，或者说创建一种外在环境。这里涉及法权体制的确立和德行的完善何者优先的问题。康德给出的解答并不是非黑即白的，而是较为复杂和富有张力的。康德的立场由两个命题构成：一个是从操作的意义或工具的意义上看，法权的实现优先于内心道德的完善；一个是从最终的价值目标来讲，从作为一个自由人的道德本性来讲，工具意义上法权的实现，仅仅是一个外在条件，只是为道德的完善提供一个助力，创造一个外在环境，德行之完善才是最终的目标。简言之，德与法二者的优先关系是这样的：从操作的意义上看，法权是优先的；但从终极价值上看，道德是优先的。

在此，我想稍微解释一下为什么在操作意义上法权具有优先性。按照康德的说法，法权给我们规定的义务都是严格的，这种严格性主要体现在它是规定外在行为的，具有强制性，并且一旦违法就要受到等量的处罚，等等。这不同于良心的不安和外在舆论谴责等道德约束。道德的约束并非硬性的。它给我们的约束力更多地体现在人们的内心认同上，人们必须自觉自愿地这样做，才可被视为道德的。法权的约束则主要针对外在行为，哪怕当事人内心不认同法律的正义性，只是出于害怕受处罚而守法，也不妨碍其成为守法公民甚至好公民。跟法权责任相比，道德责任也没办法量化。康德特别强调，我们在谈道德修养的时候，不能像对待法权问题一样，做量化的规定，否则，它可能会变成一种道德绑架。在现实生活中经常会出现这种情况，比如说，遇到某些自然灾难时，网上就会出现一些声音，针对富豪或明星们的捐赠未达到某个数额而进行谴责和逼捐。其实就履行道德义务来说，这种要求恐怕是过分的。道德之为道德，关键还是要诉诸每个人的自觉自愿，不应做出硬性规定。如康德所说，履行慈善义务时，当事人是有一个活动空间的。[①] 此外，道德作为一种不严格的责任还体现在，当一个人没有做合乎道德要求的事情时，未必就是恶人；只有蓄意作恶，即故意违背道德原则而如此作为时，才是真正的恶人。对人性的软弱，

---

① 〔德〕康德：《道德形而上学》，AK6：393。

康德有深刻的洞察。适当谅解人的软弱，似乎是必要的。相比之下，法权带给我们的责任要求都是硬性的。违背法权义务的要求（违法或侵权），是一种更严重的过错。所以，在操作意义上，我们要优先满足法权的要求。

在康德那里，优先满足法权的要求，有两层含义。第一层含义是说，从个体的角度讲，做一个合格的公民，不违法、按照法律去行动，比做一个道德的人更有优先性，甚至从操作的意义上讲也更重要。对此，我们可以理解为，做一个守法公民，是一个更为底线的要求。第二层含义则是从公共制度的角度讲，建立公民宪政，或建设合乎法权要求的体制，比建立一个道德意义上善的共同体，在操作上也更有优先性。鉴于后者的影响更为深刻而全面（类似于罗尔斯所揭示的，基本社会制度对人的塑造是深刻而持久的），我想主要谈第二个方面的内容。制度建设完备了，不仅可以保障人民权利，还可以为人在道德上改恶向善提供条件和创造环境。在丛林法则盛行的社会中，在法律不完善的社会中，在不按法权原则办事、选择性执法等情况屡见不鲜的社会中，做一个善人的代价往往非常大。如果一个社会由拳头说了算，而不是让法权的规则做主，如果人们经常只能靠内心的操守和意志的坚忍来抵御暴行的袭扰，而无法依赖于法制的保护，想做个好人将非常困难（当然，按照康德主义的设想，真正的道德要求，不会随着外在条件的变化而变化；真正的道德英雄，在沧海横流之际，也能响应德行的召唤；甚至恰恰是艰难险阻的外在环境，更显现出德行的宝贵。但是，我倾向于认为，我们最好不要把人们置于这样恶劣的环境之中，而是要尽可能创造外在条件，为人的道德完善提供更好的环境）。反过来，如果保障权利的体制得以确立，无论是做一个合格的公民，还是做道德意义上的善人，代价都会小得多。这就为建设一个好的共同体创造了良好的环境。

但是必须注意，这样一种个体和公共的法权秩序的建构，只是在操作意义上具有优先性，从最终目的来说，我们还是要以道德完善为鹄的。在讨论道德完善问题时，除了论述个体应履行各种德行义务（如慈善、感恩等）、培育向善的力量之外，康德还特别讨论了伦理共同体的建构。他言之凿凿地提出，哪怕私人的、公共的法权建制都实现了，我们进入了"律法的－公民的（政治的）状态"，在伦理意义上，我们仍然可能处在自然状态中,远未进入"伦理的-公民的(政治的)状态"。① 这是因为,法权义务只限制人的外在行为,守法只具有操作上的优先性,这与道德完善相比,是有质的不同的。哪怕每个人都守法,并建立了公民宪制,人们彼此之间仍可能是充满恶意的,亦即在伦理意义上,人与人之间依旧和狼一样,处在自然状态之中。人们选择守法而不是作恶,可能是害怕惩罚,可能是受条件和能力所限,等等。从人心的角度来讲,这个社会依然是恶的。人类社会最理想的愿景,是进入一种伦理的共同体,即每个人遵从内心的道德约束,真正地、自愿地向善,彼此相亲相爱。这大概是康德最后想要达到的目标。就这个终极目的而言,康德始终念兹在兹的,正是人的道德完善。

这样,就康德总体的理论构思而言,这相当于形成了一个圆满的循环:从形而上学和道德原则这个理论基础出发,为人类权利奠定基础;强调实现法权在操作上优先于完善道德,特别是要优先确立公共的法权体制;最后,我们还是要回到道德的完善上,从根本上说,合乎法权的体制是为道德目标服务的。如果仅就德与法之间何者优先的含义来说,我们可以发现,在康德那里,从理论奠基、操作和最终的理想各方面来说,优先性是不一样的。

三

如果我们要对康德关于德法关系的理论进行一个总结,那么主要就是这样两条:一是康德从哲学层面上建立道德基础,确立道德坐标,甚至把这个基础和坐标作为权利的尺度,这种尺度归根到底在于我们作为自由平等的人的规定和人格尊严的至上性;二是康德清楚地意识到,光谈理想是不够的,重要的还是要把理想落实到制度上,建立一个合乎法权的体制,使社会中各种不作为和乱作为都受到限制,使每一个真心向善的人得到制度的鼓励,而不是相反。简言之,法权的建构应鼓励和保障人们成为一个好人。就现实例子来说,前段日子的昆山龙哥事件,我觉得最后的处理是比较圆满的。如果对正当防卫的认定太过苛刻,将使好人自卫变得特别困

---

① 〔德〕康德:《纯然理性限度内的宗教》,AK6:94-96。

难，不利于公义社会之建立。这个事件既体现出我们的法制建设是富有成效的，也体现出法权思维正在逐步普及开来。这是特别令人高兴的。如果我们能确立一种法权思维，并在操作上，无论是就私人还是就公共法权的体制，把它实现出来，那么我们完全有理由期待一个更加完善美好的社会。

最后，我想提及的是，康德式的从道德到法权的基础主义立场，在当代受到了一些质疑。这些质疑，既来自社群主义和多元主义等康德主义的论敌，甚至也来自康德主义内部。① 康德理论的模式还能否得到充分的辩护？应该说，这是个疑难问题。限于主题和时间关系，我不拟对此进行完备的回应，而仅指出，哪怕康德式理论路径的论证负担较重，我们依然有理由拥抱康德主义。之所以如此，大概是由于康德式理论路径具有不容忽视的优势，即利于捍卫普遍主义的基本人权，确立权利不容侵犯的道德基础，建立任何社群得以和谐共处的共同底线。假如我们考虑到社会和文化差异等因素，则康德的吸引力似乎更为显著。康德所提出的道德规范性基础，具有超越地域和环境差异的普适性，也许可以构成不同社群拥抱基本自由权的公约数。鉴于此，我认为当代的哲学工作者仍有较为充分的理由捍卫康德式法权理论的道德主义与基础主义立场。

The Relationship between Morality and Law in Kant's Philosophy

Yang Yunfei

Abstract: Seen from the way of theoretical construction, Kant's legal philosophy has the basis of metaphysics and morality. The basic idea of Kant is to ensure the possibility of a priori freedom through theoretical argumentation, and to prove that the freedom of practice is real from the validity of moral principles, then to es-

---

① 仅就后者来说，罗尔斯担心康德式整全的自由主义在当代多元社会中不足以解决稳定性问题；哈贝马斯则忧虑康德的理论模式会导致道德吞噬法律，从而使法律被还原为道德的有缺陷的模式，并批评康德整个（实践）哲学规划缺乏互主体性维度（参见哈贝马斯《在事实与规范之间》，童世骏译，三联书店，2003，第607页）。

tablish the free legal right of talent, and finally to construct a system of private and public law which on the basis of natural freedom. This argumentation structure, which establishes the legal power system from the perspective of freedom and morality, demonstrates the moralist and fundamentalist positions of Kant's theory. What is more priority for the establishment of the legal system and the perfection of virtue, Kant gives a solution with tension: from the operational point of view, the realization of the legal power takes precedence over the inner moral perfection, but from the final value pursuit moral improvement takes precedence over the realization of legal rights. The establishment of the legal system ultimately serves the goal of moral perfection. The Kant's theoretical construction is suitable for establishing the moral foundation of the legal power and defending the universal basic rights, thus establishing a common bottom line for the harmonious coexistence of different communities. So contemporary philosophers still have sufficient reasons to take Kant's account of the relationship between Morality and Law.

Keywords: Kant; freedom; moral; right; priority

关怀伦理学视角下的道德与法律之争[*]

陈 欢[**]

【摘　要】"道德与法律何者具有优先性"是一个常论常新的老题,近四十年来的关怀伦理学发展为重新激活这一论题提供了很好的契机。通过强调女性视角、关系伦理和情感主义,关怀伦理学对传统道德理论做出了重要的修正;与此同时,关怀伦理学者从"法律的制定与变更""司法实践""救助方式""法学观念及其理论预设"这四个方面论证了法律的局限性。不难看出,关怀伦理学不仅对当代道德理论和现行法律体系有所增益,还在一定程度上论证了道德何以优先于法律。

【关键词】　关怀伦理学　道德　法律　关系　移情

道德与法律何者具有优先性?这一论题为法理学、政治哲学与伦理学研究者所重视。作为一门方兴未艾的道德理论,关怀伦理学为这一论题的讨论提供了丰富的思想资源。在质疑传统道德理论预设的基础上,关怀伦理学有效地整合了女性主义、关系主义和情感主义,进而形成了别具一格的新型道德理论。值得一提的是,关怀伦理式的"重新定义"并不局限于以往的道德争论,甚至还延伸到了法律领域。在本文中,笔者力图阐释关

---

[*] 本文系2017年国家社会科学基金重点项目"国家治理现代化框架下协同推进德治与法治研究"(17AZX015)之阶段性成果。

[**] 陈欢,武汉大学哲学学院伦理学专业博士生,国家公派美国迈阿密大学留学生,研究方向为西方伦理学。

怀伦理学究竟对道德和法律产生了怎样的影响,以及为什么我们能借助相关讨论进一步确认道德之于法律的优先性。

一 关怀伦理学对传统道德理论的修正

论及当代的规范伦理学,功利主义与义务论可谓绕不开的两个主流理论。尽管功利主义推崇行动后果的利益最大化,而义务论将"道德原则的可普遍化"奉为圭臬,两个流派仍然有许多共通之处。功利主义者认为,评价行为正确与否的标准在于该行为产生的结果。相应的,促成普遍的、整体的善(overall good)——也即考虑个体善与他人善的总和——是每一位功利主义者所追求的目标。衡量行为后果需要动用我们的理性计算能力,而为了便于计算后果,功利主义者会借助"无偏私性"(impartiality)与"主体中立性"(agent-neutrality)[①]的方式对现实生活中的个人进行理论层面的抽象。在他们看来,所有个体的幸福应该被视为同质的和无差别的。义务论在不少方面与功利主义类似。康德的定言命令(categorical imperative)强调,"要只按照你同时也能够愿意它成为一条普遍法则的那个准则去行动"[②],这表明我们行为的好坏取决于该行为是否与道德原则相一致。道德原则是普遍的,为每一位有理性的存在者所接受。在行动的过程中,个体必须将其人格中的人性以及他人人格中的人性视为目的,而非手段。追求普遍性、强调个体权利以及依托理性是功利主义与义务论的重叠之处,而批评上述特征则恰恰是关怀伦理学的出发点。

学界普遍认为,关怀伦理学肇始于吉利根(Carol Gilligan)的《不同的声音:心理理论和妇女的发展》一书。在这本著作中,吉利根对其导师科尔伯格(Lawrence Kohlberg)的道德发展理论进行了严厉的批评。在吉利根看来,科尔伯格设计的心理学实验草率地以男性视角为基准,对女性的道德观念做出了不公正的评价。吉利根指出,当面临道德两难时,男性倾向

[①] Julia. Driver, "The History of Utilitarianism," in *Stanford Encyclopedia of Philosophy*, Zalta E N. (ed.), 2014, https://plato.stanford.edu/entries/utilitarianism-history/.

[②] Immanuel Kant, *Groundwork for the Metaphysics of Morals*, Edited and Translated by Allen W. Wood, New York: Yale University Press, 2002, p. 31.

于借助理性运算和逻辑推理能力,将相关情境整合成一系列抽象的命题与条件,进而从普遍性与合法则性的角度来给出自己的回应;与之相反,女性则更愿意将道德问题置于具体情境之中加以考量,并始终以维护人际关系作为其根本出发点。① 自吉利根之后,女性视角当之无愧地担当了"关怀伦理学的逻辑起点"的角色,与此同时,"语境嵌入"(contextually-embedded)和"关系指向"(relationship-oriented)也成为刻画女性道德经验的两个标志性特征。

一石激起千层浪,《不同的声音:心理理论和妇女的发展》发表两年后,另一本极具代表性的著作《关怀:伦理道德教育的女性化途径》步入大众视野。该书作者诺丁斯(Nel Noddings)进一步反对传统伦理学对自主性、权利和规则等带有男性气质概念的强调,并用全神贯注(engrossment)、包容与责任等相关的女性美德去加以替代。当然,论及关怀伦理最为核心的特质,非"关系"(relationship)莫属。诺丁斯强调,关怀者(one-caring 或 carer)的善意与付出并不是关怀的充分条件。只有当被关怀者(cared-for)确认(recognize)了关怀者的关怀行为时,两者之间方能形成关怀关系,在此基础之上,我们才能讨论关怀行为的道德价值。② 随后,关怀伦理学家凯泰(Eva Feder Kittay)提出"依赖性"(dependency)与"相互依赖性"(interdependency)③的概念,亦是对人际关系的强调,有异曲同工之妙。

以构建、维系和巩固人际关系为己任的女性主义者也非常看重情感在交往中的作用。鲁迪克(Sara Ruddick)于《母性思维:走向和平政治学》中指出,在培育孩子的过程中,母亲对孩子的感受(feeling)构筑了两者之

---

① Carol Gilligan, *In a Different Voice: Psychological Theory and Women's Development*, Cambridge, Massachusetts: Harvard University Press, 1982(2003), pp. 25-32.

② Nel Noddings, *Caring: A Feminine Approach to Ethics and Moral Education*, Berkeley: University of California Press, 1984, pp. 19-21. 二十余年后,诺丁斯对"被关怀者的确认"做出了一些限定,弱化了其之前的理论。具体可见 Nel Noddings, "Caring as Relation and Virtue in Teaching," in *Working Virtue: Virtue Ethics and Contemporary Moral Problems*, Rebecca L. Walker, Philip J. Ivanhoe (eds.), Clarendon: Oxford University Press, 2007, p. 44。但即使如此,她仍然没有放弃关系主义伦理学的主张。

③ Eva Feder Kittay, *Love's Labor: Essays on Women, Equality, and Dependency*, New York: Routledge, 1999.

间的世界①；类似地，诺丁斯认为，"关怀伦理视情感与感受为道德生活的核心"②，并将情感的接受性（receptivity）界定为关怀理论的出发点，关怀者只有具备了接受他人情感的能力，才能产生动机位移，从而踏出建立关怀关系的第一步；此外，通过澄清"移情"（empathy）的概念潜力，斯洛特（Michael Slote）阐发了一种情感主义式的关怀伦理学③。尽管上述学者的观点未必能够兼容在一起，但情感成为关怀伦理学的理论核心之一已经成为不争的事实。

毋庸置疑，关怀伦理学是当代学者将女性视角、关系伦理与情感主义熔冶于一炉而形成的。概言之，借助女性视角的引入，传统伦理学理论的偏狭之处得以暴露，而情境性、关系性与情感性的相关讨论使我们意识到以往的道德理论并不能很好地调节所有的社会关系。相应地，与传统道德观念交织而生成的法律也就不可避免地存在盲点了。

二 超越法律边界的关怀伦理

诚如赫尔德（Virginia Held）所言："一旦我们意识到法律与权利的框架必须受限于人类关切领域里的很小一部分，并且它们无法解释所有的道德与政治问题时，其他道德研究进路便会凸显出来。"④ 法律边界在何处？当其浮现之时，我们该如何加以应对呢？

根据笔者目前的考察，至少在法律的制定与变更、司法实践、救助方式与法学观念及其理论预设这四个方面，法律是不自足的，需要道德的积极介入。作为一门新兴的道德理论，关怀伦理学为我们的讨论带来了有益的思路。

1. 法律的制定与变更

法律具有历时性，因而不可避免地存在滞后情形。在理想层面，法律

---

① Sara Ruddick, *Maternal Thinking: Toward a Politics of Peace*, Boston: Beacon Press, 1989 (2002), p. 69.
② Nel Noddings, "Care Ethics and 'Caring' Organizations," in *Care Ethics and Political Theory*, Daniel Engster and Maurice Hamington (eds.), Oxford: Oxford University Press, 2015, p. 75.
③ Michael Slote, *The Ethics of Care and Empathy*, New York: Routledge, 2007.
④ Virginia Held, *The Ethics of Care: Personal, Political, and Global*, New York: Oxford University Press, 2006, p. 147.

应始终与国家的政治、经济和社会的发展目标相适应。但事实上，法律的制定与变更并不总会与上述因素的变化速度相匹配。这种滞后性不仅体现于立法层面（因立法空白而导致的无法可依），也体现在内容层面（虽有法可依，但是合法不合理）。

当法律在调整社会关系的过程中出现"不适应"的时候，关怀将作为一种积极力量对法律的制定与变更产生重要影响。我们可以用一真实案例加以证明。1850 年，美国颁布了《逃亡奴隶法案》（*Fugitive Slave Law*），该法将协助奴隶逃亡视为一种非法行为。当时，大量进步人士对此法案表示反感。在写给友人的信中，斯托夫人（Harriet Beecher Stowe）说："我是七位孩子的母亲……我曾得知一位可怜的奴隶母亲必须经受其孩子被生生夺走的痛苦。唯有在面对这种无法衡量的悲伤时，我才会祈祷上帝，愿这些哀恸不会白白遭受。"① 对奴隶深深的移情与关怀为斯托夫人创作其不朽名著《汤姆叔叔的小屋》（*Uncle Tom's Cabin*）提供了重要动机，也正是这份道德关怀深深地感染了当时的美国文化，甚至促成了南北战争的爆发②，为后世法律的变更与制定奠定了坚实基础。

或许有人会质疑："斯托夫人的关怀之心并非以一种直接的方式去改变当时实施的法律。"从某种意义上看，的确如此，毕竟 1864 年 6 月 28 日废除《逃亡奴隶法案》的是当时的国会，而非《汤姆叔叔的小屋》。但是，如果将法律视为社会系统里的一个有机部分，我们就会发现斯托夫人著作中体现的关怀之情对于扭转民众态度、动摇公共意见乃至改变美国文化的心理结构而言至关重要。

相较于形式化的法律，关怀介入社会生活要快速得多，其调节功能也更加灵活。同时，法律的制定和实施也必须参考关怀的观念，并与其进行有机结合。尤其在某些特殊场合（比如家庭领域），我们只有明白了人际的关怀和道德规范，才能更好地理解带有强制意味的法律规则。

2. 司法实践

法律的实施离不开执行法律的主体（行政人员、公安人员、检察官与

---

① H. Stowe, "Autobiographical Letter to Eliza Cabot Fallon," in *Stowe in Her Own Time*, S. Belasco (ed.), Iowa City: University of Iowa Press, 1852 (2009), pp. 62 – 69.

② 林肯在接见斯托夫人时曾如是评价："这位小巧的女士就是那位发动伟大战争的人吧！"

法官）。我们应当注意到，上述主体在扮演相应的司法角色时，也有普通人的面相。而以往的法学传统总是将情感视为法律公正性的威胁，对情感持贬低与排斥的态度，好似只有执行法律的相关人员足够"铁面无私"，才能完美地落实法律精神。但是，关怀伦理学告诫我们，"铁面无私"并不意味着"摒弃情感"，而是以一种更高的道德要求去规范与引导情感。

在结合经验心理学实证成果的基础上，霍夫曼（Martin Hoffman）指出，法庭辩论环节里容易存在两种影响司法公正的偏见——"内部集团偏见，或者熟悉性偏见"（in-group or familiarity bias）与"此时此地偏见，或者显著性偏见"（here-and-now or salience bias）。前者是指我们倾向于对那些与自己有亲缘关系、友谊关系或种族关系的团体产生亲近感，从而造成一定的认识与情感层面的偏袒；后者的意思是，我们容易对物理在场的受害者形成更多的移情，至于那些不在场或潜在的受害者，相关的情感能力则难以触及。[1]

霍夫曼提及的两种偏见的确会发生于庭审环节，我国现有诉讼法、法官法、检察官法等法律系统也规定了详细的回避制度，从而尽可能避免上述情形的发生。不过如果我们细细推敲的话就不难发现：回避制度能在一定程度上克服第一类偏见，但是对第二类偏见似乎有些束手无策。回避条款可以通过排除"与当事人存在利害关系的公职人员"来保证司法程序的公正，但即使如此，我们也无法绕开第二类偏见，因为"我们更容易移情于那些正在与我们打交道的人"似乎是一种普遍的情感现象，适用于所有人类（无论其具体身份如何）。

既然法律在此处存在局限，那么我们就有足够的理由去运用道德理论来克服司法实践中普遍存在的情感缺席。而这也正是当代关怀伦理学的理论贡献之一。斯洛特区分了两种意义上的移情："狭隘的移情"（blinkered empathy）与"整全的移情"（fully empathy）。在斯洛特看来，若想实施真正的移情行为，法官不应该只听凭于自己原始的、盲目的、带有特殊偏好性的道德情感（狭隘的移情），相反，他必须积极发挥自己的接受性，去移

---

[1] Martin Hoffman, "Empathy, Justice, and the Law," in Empathy: Philosophical and Psychological Perspective, Amy Coplan, Peter Goldie (eds.), New York: Oxford University Press, 2011, p. 251.

情于所有与案件相关的当事人的感受与利益（整全的移情）。① 在关怀伦理学家看来，公正的判决不仅仅是法学层面的胜利，更是一项了不起的道德成就。

3. 救助方式

为了应对层出不穷的社会纠纷，法律不得不强调经济性。所谓经济性，是指"借助法律而取得的有益结果"与"执行该法律的耗费（物质耗费与非物质耗费）"之间的比率。经济性的有效运作离不开一定程度的抽象与简化，只有这样才能减少法律经济性公式的分母（也即耗费），从而提升比率的数值（也即处理更多的社会纠纷）。

但是，抽象和简化的副作用也相对明显，纷繁复杂的家庭关系使抽象化的法律似乎不那么够用。即使法官可以依托具体法条而给出相应的解决方案，但其结果也往往难以使双方当事人心悦诚服。弗里德曼（Marilyn Friedman）曾分析过一个较为流行的两性现象——许多在婚姻中遭受虐待的女性并不太愿意通过法律的方式来保护自己。因为如果诉诸法律，虽然男性或许会得到应有的惩罚，但是这并不利于家庭关系的改良。假使丈夫实施的虐待行为较重，难逃牢狱之灾，那么妻子与孩子的生活保障亦会受到影响。② 在这种情形下，法律正义只有让位于其他救助方式，才能实现实质正义。

目前，在关怀伦理学的影响下，国外已经有相对成熟的专业家庭关怀机构，其在提供妇女庇护、家庭纠纷协商与社会援助上，要明显优越于既有的法律流程。③ 尤其是此类机构在解决争议时表现出的灵活性，对于厘清家庭内部问题而言是不可或缺的。除此之外，教育、看护与护理等领域的关怀事业也正在蓬勃兴起。多种救助模式为社会纠纷的解决提供了新的思路，其弹性也是法律所不具备的。

---

① Michael Slote, "Empathy, Law and Justice," in *Law, Virtue and Justice*, Amalia Amaya, Ho Hock Lai (eds.), Oxford and Portland, Oregon: Hart Publishing, 2013, pp. 287 – 288.
② Marilyn Friedman, *Autonomy, Gender, Politics*, New York: Oxford University Press, 2003, pp. 140 – 159.
③ Virginia Held, "Can the Ethics of Care Handle Viloence?" in *Ethics and Social Welfare*, Vol. 4, 2 (2010), p. 118.

4. 法学观念及其理论预设

关怀伦理学中的性别意识以及其对情境性、关系性与情感性的强调，为我们反思现行法学观念提供了帮助。

麦金农（Catharine A. MacKinnon）写道："自由主义国家的法律规则所强调的中立、抽象、严肃和普遍，都显示了在制度化的过程中，男性权力压制了女性权力，制度化的权力话语始终以男性的方式塑造。"① 无独有偶，奥金（Susan Moller Okin）亦用"虚假的性别中立"② 来指称这一现象。由是观之，以往法学概念系统中的很多核心观念——比如正义、平等、自主性等——都需要借助关怀伦理的思想资源，从道德角度进行重新定义。目前，关怀伦理学家们已经对此展开了大量的工作，形成了丰硕的理论成果。

除此之外，在关怀伦理学家看来，不少法律预设也有待修正。赫尔德以国际法为案例进行了相关说明。当前国际法根据"独立个体"与"平等国家"所构建的国际法系统只是一种"假想的契约"（hypothetical contracts）③，没有现实的约束力。这也是国际法经常沦为强国干涉他国内政的工具的主要原因。相反，关怀伦理从关系性、语境性和情感性的角度来理解"个人"，要比"独立的、无负荷式的个人观念"更具现实感。

三　以关怀伦理学的视角重审德法之争

在《法律道德化，抑或道德法律化》一文中，戴茂堂与左辉阐释了道德与法律的密切关联，论证了"道德优先论"的主张。在他们看来，"道德总是处于法律的上位，法律只是道德的底线。与法律相比，道德是更高的规范和要求，具有更多的优先性与优越性"④，笔者对此表示赞同。

通过略显挂一漏万的论述，笔者大致勾勒了关怀伦理学如何借助女性视角、关系伦理和情感主义的思想资源，去发现并修缮当代道德理论的盲

---

① Catharine A. MacKinnon, *Toward a Feminist Theory of the State*, Cambridge, Massachusetts: Harvard University Press, 1989, p. 238.
② Susan Moller Okin, *Justice, Gender, and the Family*, New York: Basic Books, 1989, p. 10.
③ Virginia Held, "Morality, Care, and International Law," in *Ethics and Global Politics*, Vol. 4, 3 (2011), p. 188.
④ 戴茂堂、左辉：《法律道德化，抑或道德法律化》，《道德与文明》2016 年第 2 期。

点，进而为反思法律局限性提供帮助。首先，相较于以往按照男性视角构建起来的现实法律系统，关怀伦理学无疑是一种更为整全的理论框架。长期以来，斯托夫人案例所揭示的朴素真理——关怀是现实法律制定与变更的动因之一——被传统道德理论家与法学家忽视。相应地，关怀伦理学对关怀现象的"再发现"为我们重新思考法律现实提供了可能。其次，关怀伦理学家强调"移情"渗透于司法实践之中，这说明司法机关及其工作人员在按照法定职权和法定程序从事法律活动的过程中，无法截然地将其司法角色身份与个人情感相分离。既然如此，司法实践就不能单从法律的角度加以调节，而必须运用道德成分（尤其是关怀）去进行规范。再次，法律不是解决社会矛盾的唯一途径，根据不同的需求和目标选择相应的援助方式不失为一条更好的出路，当代关怀机构为化解社会争议带来了更具丰富性、多样性与灵活性的方案，对于应对错综复杂的社会现实状况而言是不可或缺的。最后，如果说上述三点仍然围绕着现实中的法律适用展开，那么在观念与理论预设层面对现行法律系统予以价值重估则是釜底抽薪。关怀伦理学所倡导的"女性主义法学理论"、"弥合正义价值与关怀价值"与"交互的自主性"（mutual autonomy）等概念既挑明了当代法律基础的缺陷，也为更好地实现社会正义找到了相应的替代思路。

综上所述，把传统的德法之争置于关怀伦理学的概念框架里面，将会给我们带来更多的理论收获。

Moral and Legal Disputes from the Perspective of Caring Ethics

Chen Huan

Abstract:"Which is the priority? Law or morality?" is an old topic with rich significance. The development of care ethics in the past forty years provides an appropriate opportunity for activation of this proposition. By emphasizing women's point of view, relational ethics, and sentimentalism, care ethics makes some essential revisions to traditional moral theories such as utilitarianism and deontology. At the same time, care ethicist effectively demonstrate the limitations of law from the following four perspectives, namely "legislation and modification of law", "judicial practice", "rescue methods" and "concepts and theoretical presuppositions of law". There is no doubt that care ethics is not only beneficial to contemporary moral theories and the existing legal systems but also provides some new evidence to demonstrate the thesis that "Morality is prior to law".

Keywords: care ethics; morality; law; relation; empathy

"环境治理"中的德治与法治*

赵红梅**

【摘　要】"环境治理"涉及"环境"与"治理"两个关键词。强调"治理"的控制与操纵,就会侧重于强调法治;反之,强调"环境"的家园感,就会侧重于强调"德治"。德治与法治均有一个"治"。这个"治"本身就可以将德治与法治贯通起来。就环境治理来说,德治与法治各有所长、相辅相成、缺一不可。环境治理必须法治与德治并举。

【关键词】　环境治理　德治　法治

在汉语中,"治"与"理"可以互训,治即为理。故而谈及"环境治理"可以从"治"谈起。"治"是一个很古老的汉字,"治"的理念源于中国传统政治思想中固有的"治"(有序)与"乱"(祸乱)的交替。《晋书·天文志上》说:"星明大润泽,则天下大治;芒角,则祸在中。"宋代苏轼在《田表圣奏议叙》中说:"自太平兴国以来,至于咸平,可谓天下大治,千载一时矣。"在这里,"治"是"乱"的反义词,是形容词,有"太平的""有序的"之意。"治"还有"管理""疗治""研究"的意思,是动词。《礼记·大学》:"古之欲明明德于天下者,先治其国;欲治其国者,先齐其家;欲齐其家者,先修其身;欲修其身者,先正其心;欲

---

* 本文系2017年国家社会科学基金重点项目"国家治理现代化框架下协同推进德治与法治研究"(17AZX015)之阶段性成果。

** 赵红梅,湖北大学政法与公共管理学院教授。

正其心者,先诚其意;欲诚其意者,先致其知,致知在格物。物格而后知至,知至而后意诚,意诚而后心正,心正而后身修,身修而后家齐,家齐而后国治,国治而后天下平。""治"自古就有,但被现代公共管理所强化。现代公共管理强调,"治"最为根本的定位是内修与外理相结合,内部治理与外部治理相融通。我们可以从公共管理对环境治理的研究说起,然后通过重新阐释"自然环境",引申出在环境治理中如何处理德治与法治的关系。

一 "环境治理"的种种研究

当下,就环境治理问题,公共管理学界进行了种种研究。

其一,环境治理的目的研究。这方面的研究实用色彩比较浓重。主要观点就是主张环境治理的目的是解决环境污染和生态破坏所造成的各种环境问题,保证环境安全,实现社会经济的可持续发展。

其二,环境治理的途径研究。这方面的研究成果比较丰富,展示了解决环境问题的多元思维路向。主要观点就是主张各级政府机关和管理部门按照国家和当地的环境政策以及环境法律法规,从环境与发展综合决策着手,运用法律、经济、行政、技术和教育等手段,调控社会生产生活行为,协调经济社会发展与环境保护之间的关系,限制人类损害环境质量的有关行为,鼓励环境友好型行为与活动。各种法律条规成为环境治理的重要资源和路径。

其三,环境治理的内容研究。这方面的研究比较明确。主要观点就是认为环境治理包括大气污染治理、水污染治理、固体废弃物治理、噪声污染治理等,涉及社会、经济和自然环境等所有领域,内容具有广泛性、综合性和复杂性。

其四,环境治理的领域研究。这方面的研究比较简洁,主要观点就是主张环境治理的领域有城市环境治理、区域环境治理、社区环境治理、地方环境治理以及全球环境治理。

其五,环境治理的关键研究。这方面的研究主要受制于经济才是硬道理的思维,认为环境治理的关键就是要遵循生态规律和经济规律,正确处理好经济增长与环境保护之间的关系。

总体来看,公共管理学界关于环境治理的研究存在两点不足。第一,环境治理的工具性研究较多,而环境治理的价值性研究明显不够。在环境治理中强调了法律的工具作用,而忽略了道德的教化功能。第二,环境治理实践与理论均存在轻视环境的偏颇。也就是说,环境治理的理论与实践都没有做到立足于环境、从环境本身出发来谈论环境治理,进行治理实践。

针对上述不足,我们主张超越环境治理中的"重法轻德"现象,倡导法治与德治并重,提升环境治理的效能。以往,环境治理的效能低下,与我们片面地将环境当作对象、客体有关,与我们错误地将环境治理解释为对环境加以治理有关。其实,环境治理的核心是对人的行为的治理,人的行为是产生环境问题的根本原因。因此,有效解决各种环境问题就要从治理人的行为入手。人在环境治理中既是治理主体,又是治理客体,环境治理的实质就是要限制人破坏环境的行为,倡导敬畏环境、聆听环境、尊重环境、感觉环境。环境治理是基于环境的治理。环境治理的逻辑起点是环境而不是治理,环境治理必须从环境出发,关注环境与治理的关联性,避免疏离、征服、控制与强迫环境,"为环境而治理"而不是"为治理而治理"。只有深入环境本身,环境治理之道才能更好地彰显。离开环境谈治理,是环境治理中的"自言自语"和"独白"。法国国家科研中心高级研究员戈丹在其著名的《何谓治理》中指出:"如果说治理是一种权力,那它表现为一种柔性且有节制的权力。"① 从这样的立场出发,我们就更能理解德治在环境治理中的重要意义,克服环境治理中的重法轻德倾向。

二 环境治理:法德并举

人与自然环境之间的关系如此之紧密,以至于人几乎会忽略对自然环境的深入思考,自然环境对于人来说,称得上是"熟悉的陌生人"。因此,在讨论环境治理必须德法并举之前,我们有必要重新走近"自然环境"。

---

① 〔法〕让-皮埃尔·戈丹:《何谓治理·引言》,钟震宇译,社会科学文献出版社,2010。

（一）重新走近"自然环境"

1. 自然环境不是"僵尸"

在罗尔斯顿眼里，自然不应理解为僵死的物质实体（physics）、物理学意义上的对象。自然与生长相关，如一个橡子的"自然"（性质）就是要长成一棵橡树。在罗尔斯顿看来，健康的生态环境是一个生命力旺盛的环境：土壤肥沃、气候宜人、水源丰富、物种多样，并且具有较强的自我修复能力。自然事物都有美与善的趋向，自然事物的生长过程，就是美与善的显现过程。虽然物种都有追求与维护自身善的本能，但物种的生存都是通过共生而得以繁衍至今的。狼力图维护自身的善，鹿力图维护自身的善，它们都是拥有自身的"善"的有机体。狼与鹿之间既存在竞争关系，也存在共生之处。动态和谐的自然环境给予人类最大的启示就是宽容和共生。自然环境的"多样化增加了社会的丰富性和弹性。社会或者生态圈越先进，生命形态就越是多样"①。自然环境的多样性对人类社会多元化的构建具有不可忽略的价值与意义。有如美国学者理查德·洛夫所说："自然拥有重塑的力量，可以影响我们的感官和智力，我们的身体、心理和精神健康，还有我们与家庭、朋友和多层次的社会团体间的联系。"② 人类在自然母亲的怀抱中成长，人类是从对自然万物的模仿中学会生存的。生态学与社会学紧密相关。从蜜蜂筑巢中人类习得建筑的经验，从蜘蛛织网中人类习得缝纫的经验，从龙蛇飞舞中人类习得书法的经验，从云卷云舒中人类习得散淡的闲情与雅致，从野性十足、竞争力弥漫的荒野中人类习得做人的顽强与勇气。显然，自然环境不是"僵尸"，不是对象和客体，也不再是与人类这一参与者相区别、相孤立的外在之物，而是人类的朋友。人与人所居住的环境之间并没有明显的分界线。环境是人"周围"的东西，人与环境是贯通的。③ 在德语中，"环境"（Umwelt）一词由"环绕"（Um）和"世界"（Welt）构成，"环境"指向"生活世界"。陈望衡认为，环境就是"环人之境"，

---

① 〔日〕Atelier Bow-Wow：《空间的回响 回响的空间——日常生活中的建筑思考》，胡滨、金燕琳、吕瑞杰译，中国建筑工业出版社，2015，第36页。
② 〔美〕理查德·洛夫：《自然法则·前言Ⅶ》，李晓楠、胡敏杰译，新世界出版社，2015，第45页。
③ 〔美〕阿诺德·伯林特：《生活在景观中》，陈盼译，湖南科学技术出版社，2005，第8~9页。

"环境最根本的性质是与人的不可分离的关系,环境既是人生存、发展的空间,又是人生存、发展的源泉"①。环境不仅指向资源,就其本质来说,更是人的家园。

2. 人是环境的守护者

自然科学,如生物学,一般就会把自然环境当成物来理解,俗称"自然物"。然而,在这种理解下,自然环境如果不说是一种否定性、消极性的存在,至多也不过是资源性、消费性的存在。一旦把自然环境理解为可以消费的资源,自然环境就免不了要沦落为人开发、征服和利用的对象,人就免不了会强迫环境、任意切割环境以满足人的功利之心。即便提出保护环境的口号,也只是从人的利益出发,而非从自然本身出发。从此,人与自然环境的"朋友关系"就会被打破,最终的结果当然是生态平衡的破坏与自然环境的污染。其实,人不能把自然环境看作可供使用的对象物,而应该以仁爱的态度或民胞物与的态度对待自然环境。在这样的态度下,人与环境为伴,居于环境之中,成为环境的守护者。作为守护者的人与环境的关系不是主客二分的关系,而是万有相通、万物一体的关系。这是我们思考环境治理这个话题前必须澄清的态度。从这种态度出发,面对环境问题,"真正有效的解决方案绝对不能把自然放在一边,更不可能拿什么来替代她,而只能通过创造条件,让我们像大自然一样去思考、去采取行动来实现"②。

(二)环境治理中的法德并举

"环境治理"涉及"环境"与"治理"两个关键词。强调"治理"的控制与操纵,就会侧重于强调法治;反之,强调"环境"的家园感,就会侧重于强调"德治"。德治与法治均有一个"治"。这个"治"本身就可以将德治与法治贯通起来。就环境治理来说,德治与法治各有所长、相辅相成、缺一不可。也就是说,环境治理必须法治与德治并举。

法治对于环境治理的意义主要有两点。其一,法治可以借助法律的威

---

① 陈望衡:《培植一种环境美学》,《湖南社会科学》2000年第5期。
② 〔英〕托尼·朱尼珀:《大自然为我们做了些什么》,晏向阳译,重庆大学出版社,2014,前言。

慑力来阻挡破坏环境的行为的发生。正是依靠法律的威慑功能，很多人才将自己的行为合理地控制在法律许可的范围之内。法律的威慑力在很大程度上得力于法律的刚硬特征。这种刚硬特征表现为，法律面前人人平等，守法是每个人的义务，谁也不可以逍遥法外，谁犯法谁负责。假设没有法律的这种刚硬以及这种刚硬带来的威慑力，破坏环境的行为将会多么严重，谁也说不清。法治的这种威慑力是德治所不具有的。在这个意义上可以断言，尽管环境治理的路径很多，但法治是不可或缺的。其二，法治可以借助法律的制裁力来惩处发生了的破坏环境的行为。法治坚守一条原则，那就是谁犯法谁负责。对于在环境问题上违法乱纪的行为，法律一定会给予必要的制裁与惩处，具有很强的操作性。也就是说，法治能够对已经发生的破坏环境的行为给予恰当的、有效的处罚，让破坏环境的违法者付出应有的代价。如果说法治的威慑力直接阻挡了破坏环境的行为的发生，那么法治的制裁力间接阻挡了破坏环境的行为的发生。之所以说法治的威慑力是直接的，主要是因为威慑力可以直接让人放弃违法行为；之所以说法治的制裁力是间接的，主要是因为制裁力可以通过反思违法的下场和代价这一中间环节而让人有所醒悟，从而间接推动人放弃违法行为。

上面所述法治对于环境治理的两点意义只是理论上的，一旦结合现实进行考察就会发现，在实际生活中这两点意义都面临尖锐的挑战。先看法治对于环境治理的第一种意义。法治的确可以借助法律的威慑力来阻挡破坏环境的行为的发生，但这里仅仅只是"可以"，不具有必然性。事实上，在环境问题上，有不少人完全没有被威慑住，他们因为不能在情感上把自身当成环境的守护者，不能视环境为朋友，所以对法律的威慑力视而不见，依然我行我素地把环境当作客观对象、可消费资源肆意加以侵蚀、掠夺乃至破坏。不断破坏环境的违法者就属于这些没有被法律威慑住的人。从这个意义上看，在现实生活中法治的威慑力不是无限的，也不是确定无疑的。对于那些公然破坏环境的违法者来说，法治的威慑力是完全无效的。只要世上还有违法者，那么就可以断定，法律的威慑力是可能性概念，而不是必然性概念。再看法治对于环境治理的第二种意义。法治的确可以借助法律的制裁力来惩处发生了的破坏环境的行为，但这里也仅仅只是"可以"，并不具有必然性。事实上，在环境问题上，有不少的人完全没有被制裁吓唬住，他们对法律的制裁力视而不见，将环境理解为僵死的物质实体并一而再再而三地加以破坏。因破坏环境被制裁过的惯犯或重犯就属于这些没有被制裁吓唬住的人。从这个意义上看，在现实生活中法治的制裁力不是无限的，也不是确定无疑的。对于那些顽固不化、不思悔改的违法者来说，法治的制裁力是完全无效的。这些都是法治永远回避不了的难题。

从某种意义上可以说，法治面临的难题恰好就是德治的优势所在。具体来说，在环境治理中，相比于法治，德治的优势突出表现在两点。其一，德治没有威慑力却有感召力。如果说在环境治理中法治需要借助国家机器如公、检、法等部门来为自己完成治理目标开辟道路，那么在环境治理中德治无须借助国家机器如公、检、法等部门来为自己完成治理目标开辟道路，只需唤醒每个人的良心。基于参与式政治理论的兴起，西方思想家赋予"治理"以全新的含义，将其本质表达为："一种由共同的目标支持的管理活动，这些管理活动的主体未必是政府，也无须依靠政府的强制力量来实现。"① 可见，德治强调的是向内用力，这力来自灵魂深处，也因此无可阻挡，具有超强的感召力。德治的这种感召力不是威慑力，却有意想不到的普适性。被道德感召的人都能义无反顾地去爱护环境，做环境的守护者。其二，德治没有制裁力却有教导力。在环境治理中，制裁总是"滞后的"。污染已经发生，法律的制裁原则上不能挽回污染造成的损失和灾害。与此不同，在环境治理中，德治强调的是教导先行。德治一开始就着眼于净化心灵、感化人心，也就是引导人养成恻隐之心、羞恶之心、辞让之心、是非之心，从而在根本上让人不能、不愿破坏环境。德治的这种引导力不是制裁力，却有沁人心脾的渗透性。被德性引导的人都能自觉自愿去呵护环境，做环境的好朋友。正是基于上面的理解，我们认为，德治对于环境治理而言具有不可替代的作用。

《孟子·离娄上》说："徒善不足以为政，徒法不足以自行。"法律和道德作为规范社会行为、调节社会关系、维护社会秩序的两种最为基本的手段，在环境治理中都有自身特有的功能和不可替代的价值。如果说环境治理中法律是准绳，任何时候都必须遵循，那么道德就是基石，任何时候都

---

① 〔美〕乔治·伯恩等：《公共管理改革评价：理论与实践》，张强译，清华大学出版社，2008，译丛总序。

不可忽视。如果说法律可安天下，从而为环境治理营造良好的社会氛围，那么道德可润人心，从而为环境治理提供良好的人文氛围。在环境治理中法治和德治不可分离，更不可偏废。在环境治理中，如果说法律的有效实施渴望并依赖道德为其营造良好的人文氛围，那么道德的切实践行也离不开法律做出基础性的规范。一方面，在环境治理中，要强化道德对法治的支撑作用，充分重视并积极发挥道德的价值导引功能，努力借助道德的价值导引功能提升全社会的环保观念，从而使之自觉履行法定义务、公民责任；另一方面，在环境治理中，要强化法治对道德的承载作用，积极把道德要求融入法治建设全过程，既使法治可以承载道德的基本要求，又使道德可以拥有基本的制度支撑。追求环境治理现代化，必须坚持两手齐抓，必须让法律和道德协同发力。只有法治与德治并举同行，环境治理才能走向新时代。

Morality and Law in "Environmental Governance"

Zhao Hongmei

Abstract："Environmental governance" involves two Keywords："environment" and "governance". Emphasizing the control and manipulation of "governance" will focus on emphasizing law; on the contrary, emphasizing the sense of home of "environment" will focus on emphasizing "morality". Both morality and law all have a "rule." This "rule" itself can connect with them. As far as environmental governance is concerned, morality and law have their own strengths, complement each other and are indispensable. Environmental governance must combine law with morality.

Keywords：environmental governance；morality；law

传统价值与伦理

中国儒家的"德福一致"思想及其价值观念探析

——基于中国传统文化的道德与幸福一致思想视角

王鲁宁[**]

【摘　要】　中国儒家道德与幸福一致的伦理思想及其价值观念是一座需要深入挖掘的宝库。"孔颜之乐""仁者无忧"是儒家"德福一致"思想的基本形态和主要命题。儒家的德性幸福观与儒家价值观具有密切的内在关联,儒家的"义以为上"的价值观念展开并体现于儒家的"德福一致"具体观念及与之相涉的关系问题中。"义以为上"等价值观可以视为构建儒家德性幸福观的逻辑前提和哲学基础。"君子谋道不谋食"是儒家"义以为上"价值观的基本命题的主要表现形式。作为儒家幸福观主要命题的"孔颜之乐",正是作为儒家"义以为上"价值观基本命题的"君子谋道不谋食"内涵的延伸和体现。

【关键词】　孔颜之乐　仁者无忧　义以为上　德福一致　儒家价值观

从西方伦理思想史的角度看,关于美德和幸福的统一即"德福一致"

---

[*] 本文系山东省哲学社会科学规划研究项目资助立项课题"中国传统文化的道德与幸福一致思想及当代价值"(批准号:17CZXJ08)之阶段性成果。
[**] 王鲁宁,山东济南社会科学院文史哲研究所研究员,济南社会主义核心价值观研究中心研究员。

问题有一种基本观点,就是把德性列为幸福的重要内容,将德性直接等同于幸福本身。这类观点可以简称为"内在同一论"或"直接统一论",它把道德学说视为能够使人们获得幸福的学说,将德性直接等同于幸福本身。德性从单纯的生存手段到同时成为生存目的、从实现幸福的工具到同时成为幸福的内容本身的转变,早在我国古代已经开始。从中国文化史的角度来讲,中国并不缺乏上述"德福一致"的伦理思想和文化—心理原型。"孔颜之乐"是儒家德性与幸福"内在一致"伦理思想的基本表现形态。在儒家看来,"乐"作为内在的体验,是一种人生境界,也是愉快的享受。它以主客合一、内外合一为根本特点,把幸福与伦理合而为一,从道德情感中体验幸福的境界,这就是"心中之乐"。儒家之所以把德性作为幸福的内容,甚至等同于幸福本身,也许就是因为他们注意到了德性正在成为幸福的内容本身这种转变,至少看到了这种转变的可能性。儒家的德性幸福观与儒家价值观具有密切的内在关联,儒家的"义以为上"的价值观念展开并体现于儒家的"德福一致"具体观念及与之相涉的关系问题中。"义以为上"等价值观可以视为构建儒家德性幸福观的逻辑前提和哲学基础。中国传统幸福文化及中国传统"德福一致"伦理思想及其价值观念是一座需要深入挖掘的宝库,当前我们应当重视对中国儒家传统文化的"德福一致"思想与儒家"义以为上"等价值观的本质联系研究,它涉及儒家"德福一致"伦理思想及其相关价值观念的文本依据、表现形态、理论基础及当代传承、应用价值等问题。

一 "孔颜之乐":儒家"德福一致"伦理思想的基本表现形态

"孔颜之乐"是儒家德性与幸福内在一致伦理思想的基本表现形态。应当特别指出,研究儒家德性与幸福内在一致伦理思想,乐的观念自然是最重要与最基本的反思对象。没有快乐的幸福是不可思议的。区别也许在于:乐是分层次的,可以是片断或短暂的经验,而且可能是有冲突的,而幸福则是不同层次的乐的协调状态,是一种整体感受或评价。在儒家伦理观念视阈内,乐观就是一种幸福观。儒家的幸福观把人的感性生活与道德修养对立起来，认为有德性修养才是人生幸福。这种幸福观实际上是把道德修养等同于幸福生活，行为有德就是得到了幸福，而行为失德则无幸福可言。同时，这种幸福观把理智与情欲对立起来，强调理性对幸福的作用，贬低否认感性生活即物质欲望的满足对人生幸福的意义，认为有德行在于人对道德的追求，要追求道德的生活，不仅要有道德的知识，而且要以理性来支配人的感性欲望。这种强调道德理性即幸福的思想发展到极端，就是禁欲主义。这就是孔子所提倡的"居陋巷不改其乐"的苦行精神。颜渊生活水平很低、居住环境很差，一般人往往坚持不住，而颜渊竟然毫不介意，甚至还一直乐在其中。不仅颜渊乐在其中，而且作为其老师的孔子不但没有看不起颜渊，反而还十分欣赏他、高度称赞他。"孔颜之乐"不是感性之乐而是理性之乐，"它的核心是超越感性的欲求，在理想的追求中，达到精神上的满足。孔、颜的这种境界将精神的升华提到了突出的地位，强调幸福不仅仅在于感性欲望的实现，从而凸显了人不同于一般生物的本质特征"①。

儒道两家对关于"乐"的主题都有深刻的回应。儒道两家都乐于谈"乐"。儒道的相关分歧有两点：一是乐与忧的问题，一是独乐与共乐的关系问题。前者涉及人类基本情绪的对立关系，后者则回答人生在世与他人的情感关联，两者均指向幸福与道德关系的理解。什么是乐？一般来说，除了指音乐外，乐通常表示作为心理经验的快乐情绪。不过，快乐所指的经验，有时并不限于用"乐"一个词来表达，它也可以用"喜""悦""欢""欣""满意""得意""愉快""快活"等词来代替。乐可分为身之乐、心之乐以及身心之乐。身之乐与心之乐是从快乐的原因划分的，快乐的体验过程则是身心不分的。同时，纯粹的身之乐，有可能影响心之乐，而纯粹的心之乐，也会影响身之乐。完整的快乐是身心综合的快乐，但实际上每个人有不同的偏向。孔子对乐有很多表述，归纳起来，比较重要的有"内在道义之乐、外在集体分享之乐"②；最为典型的就是"孔颜乐处"：孔子称赞颜回在"人不堪其忧"的情况下，仍"不改其乐"（《论语·雍也第六》）。颜回箪食瓢饮，虽贫而乐；孔子疏食饮水，曲肱枕之，发愤忘食，乐以忘忧。也就是说，孔、颜作为仁者，无论是求道还是求学，都能自觉

---

① 毕昌萍：《中国传统文化的幸福思想及当代价值》，浙江大学出版社，2013，第66页。
② 邵汉明等：《大众儒学》，人民出版社，2014，第99页。

做到不为饮食所困并以内在道义为先,都能体会到内在道义之乐。这种内在道义之乐显然超越了外在感性饮食之乐,更为稳定、恒久、高尚。

"益者三乐,损者三乐"是儒家对快乐的种类做出的归纳。孔子说:"益者三乐,损者三乐。乐节礼乐,乐道人之善,乐多贤友,益矣。乐骄乐,乐佚游,乐宴乐,损矣。"(《论语·季氏第十六》)孔子在这里将人的快乐分为两类:一类是有益的,一类是有害的。其中,有益的又有三项。第一项是"乐节礼乐"。"礼乐"之"乐"是"音乐"的"乐"。礼乐指君道、臣道、父道、子道,指不同层面的人们行事处事应当遵循、践履的规范、标准,包括开展活动中礼仪的规格。第二项是"乐道人之善"。此"道"作"说""议论"解。人在社会中立足,靠的是学识、学问,是人品、德行,是身份、地位。其学问如何、修行如何、事功如何,要想不被人背后议论、品评,那是不可能的。在孔子看来,议论、品评人物虽属正常之事,但要看动机、出发点为何,是从完善自我、取长补短出发去发现乃至张扬别人的优点优长,还是宽以待己、严以待人,以长比短,刻意揭人之短加以讥讽。孔子主张前者,主张"道人之善",认为唯此才是健康的、有益的、快意的。第三项是"乐多贤友"。俗话说:"人在江湖,不能没有朋友。"朋友遍天下,就能走遍天下;没有朋友,就成了孤家寡人,就会寸步难行。那么应该结交什么样的人呢?孔子认为,必须慎重选择。孔子的意见是,应当多多结交贤德之人。具体而言,就是"友直,友谅,友多闻"(《论语·季氏第十六》),即结交正直的人、诚实的人、见识广的人。结交这样的人,是有益的、快乐的。否则,"友便辟,友善柔,友便佞"(《论语·季氏第十六》),即结交阿谀奉承之人、口蜜腹剑之人、花言巧语之人,则只能有害无益。所谓"损者三乐",即"乐骄乐,乐佚游,乐宴乐",孔子认为,此"三乐"有害无益。由上可知,孔子所强调所提倡的乃是"精神之乐、道德之乐、善行善举之乐"[①]。

孔孟对"乐"有很多表达,简要而言,孔子提出了"仁者之乐",孟子进一步关注"众乐乐"。可以说,前者多关注"孔颜之乐",后者则提出"与民同乐",二者都对中华文化有重要影响。孔子有"孔颜乐处",孟子也

[①] 邵汉明等:《大众儒学》,人民出版社,2014,第309页。

讲"君子三乐"。但比较其内容可知,孔子颜回之乐可谓纯粹道义之乐、理性之乐,内在道义之乐不仅提升了德性主体个人的人生境界,也表现在群己关系之中,展现为在集体中的分享之乐。仁者不是只顾自己,仁者爱人,把别人也纳入仁爱范围,注意到人人平等,甚至还要让别人优先。孔子说:"君子坦荡荡,小人长戚戚。"(《论语·述而第七》)君子因遵行道德,所以心胸坦荡,精神愉悦;小人因违反道德,所以常怀忧戚,心神不宁。试想,一个心神不宁的人,怎能得到人生的幸福呢?只有道德高尚,心安理得,俯仰不愧,才能有心理和生理的康宁,也才能有真正的幸福。幸福观表现为对人生价值的认识、选择和追求,它是"知行合一"的,也就是说,有什么样的幸福观,就会有什么样的价值选择和外在行为。一个人的深层次的价值追求,更体现为他以什么为"乐"。他"乐"于此,也就是他真切地以此为幸福。这种深层次的"乐",也就成为一个人在精神上和行为上的"安身立命"之地。孔子说:"知之者不如好之者,好之者不如乐之者。"(《论语·雍也第六》)这里的"乐之者"就是指真切地以道义为"乐",即以"仁"为己任的君子。孔子还讲过"乐节礼乐""乐道人之善",希望人以遵守礼乐、表扬别人的优点为乐,这些也都有利于集体和睦、融洽。除此之外,孔子还提到自然山水之乐。"智者乐水,仁者乐山。"(《论语·雍也第六》)仁者(智者)可以体会到山水之乐,亦可以从中受到道德启发(仁者有原则、底线,不会破坏原则、突破底线,也就如山一般不为所动,仁者也就如山一般值得信赖)。孟子则发展有"独乐"与"众乐"之辨。孟子之乐既有理性之乐(仰不愧于天,俯不怍于人),又有感性之乐(父母俱存、兄弟无故与得天下英才而教之),所以我们多引"孔颜乐处"而少引孟子之乐。

分析以上儒家"孔颜之乐"和"孔颜乐处"观念可知,这里所说的乐,是内心的自我体验,也是一种人生境界。它以主客合一、内外合一为根本特点,同时又具有主体内在性的明显特征,因为从根本上说,乐是主体意识(主要是情感意识)自我完成、自我实现中的自我享受。这种享受正是在自我体验中实现的。它把美学与伦理合而为一,从道德情感中体验美的境界,这就是"心中之乐"。儒家哲学从一开始就很重视乐的体验。① 孔子

---

① 蒙培元:《中国哲学主体思维》,东方出版社,1993,第83页。

说:"知之者不如好之者,好之者不如乐之者。"(《论语·雍也第六》)"知之者"是知性之事,属于知识论,即通过经验获得知识;"好之者"便有情感需要和评价在内,已不是单纯的知识论,而是一种价值论;"乐之者"则完全是内在的自我体验和评价,进而变成了自我享受。很明显,他把情感体验置于一般知性之上,处于更高的层次,这就意味着儒家哲学不是向概念论方面发展,而是向主体体验方面发展。在儒家看来,"知"只是外在的知识,对人生而言,并不是最重要的,"乐"作为内在的体验,则是一种人生境界,也是愉快的享受。这里包含主客体统一的思想,包含由客观认识到主体体验的转变问题。儒家虽然重视知识的学习,但是更重视人生幸福的追求及其自我体验。

二 "仁者无忧"等:儒家"德福一致" 伦理思想的主要命题

中国儒家认为,抑制乃至根除自己的物质欲望,遵循道德的生活才是幸福的生活。孔子的幸福观可以分为纯粹德性幸福、抽象德性幸福和现实德性幸福三种。儒家的幸福观蕴含在其人生哲学与伦理学中。儒家人生哲学的创始人是春秋时代的孔丘,他提出了以"仁"为核心的人生哲学思想。他围绕"仁"这一中心观念,建构了一个以政治伦理为本位的哲学体系和文化体系。孔子人生哲学的实质是"泛道德主义"。与亚里士多德的"德性论"不同,孔子的道德理论是仁学。《吕氏春秋》中说,"孔子贵仁",点明了孔子道德思想的核心。"在三万多字的《论语》中仁字出现了百遍之多。孔子自己讲仁84次,其他人讲仁25次。"① 在《论语》中"仁"主要是一种使人之为人的内在主体德性。孔子论"仁"虽数以百计,但主要是为了实现上下尊卑和长幼有序的社会关系的协调与平衡。一般而言,"仁"的基本含义有两种。其一,爱亲。"君子务本,本立而道生,孝弟也者,其为仁之本与!"(《论语·学而第一》)"君子笃于亲,则民兴于仁。"(《论语·泰伯第八》)。"仁"的道德意识起源于血缘的亲

---

① 邵汉明等:《大众儒学》,人民出版社,2014,第169页。

子之爱。其二，爱人。"樊迟问仁。子曰：'爱人。'"（《论语·颜渊第十二》）"仁"从亲子血缘基础上的家庭关系扩展到全体社会的人，从"泛爱众"扩展到"行仁德于天下"。

"仁者无忧"是儒家德性与幸福内在一致伦理思想的主要命题。孔子说："不仁者不可以久处约，不可以长处乐。"（《论语·里仁第四》）意思是说，一个没有仁德的人是不可能长久安于困境、处于顺境中的，面对困境，他必然要以非道德的手段加以改变；面对顺境，他同样不能坚持应有的操守。按孔子的逻辑，仁者则可以"久处约""长处乐"。一个有仁德的人，无论面对什么样的境遇，顺境抑或逆境，均能坚持操守，泰然处之，即"苟志于仁矣，无恶也"（《论语·里仁第四》）。子曰："仁者不忧。"（《论语·宪问第十四》）"唯仁者能好人，能恶人。"（《论语·里仁第四》）显然，孔子把"仁"作为立身之本和获得幸福的必要条件。何谓"仁"？孔子谓"爱人"为"仁"。孟子亦云："恻隐之心，仁之端也。"（《孟子·公孙丑上》）即仁者首先要有仁爱之心，所谓"仁者爱人"（《孟子·离娄下》）。孔子视"孝""悌"为仁之根本，由"亲亲"之爱"入则孝，出则悌"出发，大而化之为"泛爱众，而亲仁"的仁爱观。这是中国传统的伦理道德纲常，所谓"仁者人也，亲亲为大"（《礼记·中庸》），"不爱其亲而爱他人者，谓之悖德；不敬其亲而敬他人者，谓之悖礼"（《孝经·圣治》）。这种与礼、德相违背的"爱""敬"只能是虚假之"仁"，诚如刘宝楠所云："不孝不悌，虽有他善，终是不仁。"（刘宝楠《论语正义》）忘"本"而徒有虚名的假"仁"者是不可能获得幸福的，更不可能给别人带来幸福。

孔子说："饭疏食饮水，曲肱而枕之，乐亦在其中矣。不义而富且贵，于我如浮云。"（《论语·述而第七》）孔子所乐者当然不是粗疏的饮食，而是他在这种艰苦的物质生活中坚守了道义，故孔子所乐者是道义之乐。[①] 有了这种道义之乐，其视不义之富贵就轻如浮云，无所动于心。在孔门弟子中，能达到这种境界的是颜回，故孔子称赞："一箪食，一瓢饮，在陋巷，人不堪其忧，回也不改其乐。"（《论语·雍也第六》）孔子和颜回所达到的这种境界，也就是仁者的境界。[②] 真正的仁者应该在"仁及一家"的基础

[①] 毕昌萍：《中国传统文化的幸福思想及当代价值》，浙江大学出版社，2013，第68页。
[②] 邵汉明等：《大众儒学》，人民出版社，2014，第174页。

上,实现"仁及天下"的远大目标,如此才能达到"无忧"的境界,感受到由此产生的幸福。孔子说:"仁者安仁,知者利仁。"(《论语·里仁第四》)仁者之所以能安于仁,是因为仁者把仁德视为人生的最高价值或内在价值。而知者把仁德视为可以利用的工具。不仁之人不可以长久地居于穷困之中而不动摇,因为他"戚戚于贫贱,汲汲于富贵",所以他也不可能有长久的快乐。相反,因为仁者安于仁,所以他能够坚守道义,如孟子所说,"富贵不能淫,贫贱不能移,威武不能屈"(《孟子·滕文公下》),他能够长久地"不改其乐"。对于儒家的士君子个人来说,这种道义之乐是超越个人的功利得失而在精神上自足的。但是,因为这种自足之"乐"不是独善其身的,而是承担了道义即"仁以为己任"的,所以它又内在地包含对整个社会的责任和忧患意识,如孔子所说"德之不修,学之不讲,闻义不能徙,不善不能改,是吾忧也"(《论语·述而第七》),这种"忧"就表现为儒家忧患"天下无道",而追求"天下有道",追求使整个社会能够"德福一致"的"天下之乐"。

孔子喜欢将忧乐相对。他赞颜回"人不堪其忧,回也不改其乐"(《论语·雍也第六》),又自许"乐以忘忧,不知老之将至"(《论语·述而第七》),还不止一次强调"仁者无忧"。在儒家看来,快乐与不乐实际上是常相伴随的现象,乐的反面有悲、怒、恨、惧、妒、忧等多种类型。什么是忧呢?忧是指向未来的担心。它有一个关心的对象(人或事),这个对象的状态处于动态之中。这种动态的趋向在担心者看来,是指向不利的结果的。被关心的对象可以是自己,也可以是他人或共同体。为他人担心,有时候这个不利的进程已经开始,但担心者并没在其中与被担心对象一起承受困难,他会忧其承担压力的能力。结合孔子全部言行来看,"无忧"不是没有苦恼(或悲伤),也不是没有憎恶,更不是对他人的苦难无动于衷。颜回早逝、子路死于非命,孔子恸哭不已。季氏坏礼,孔子说忍无可忍。其实,不论是孔子还是一般儒者都不能完全无忧。而"君子忧道不忧贫"(《论语·卫灵公第十五》),便是对超越个人利害的事业前途的关怀。否则,不是无心肝,便是无大志。所以,范仲淹的"先天下之忧而忧,后天下之乐而乐"颇能体现儒家精神。很清楚,不忧是对个人际遇具体得失的不计较,不为身之乐谋利争功。与悲、怒、恨之类负面情绪相比,这"不忧"之"忧"

最容易成为人生常态,会妨碍对生命意义的领会,因此儒家强调"乐以忘忧",也许这是三代形成的文化心理特点。但儒家对"道之不行"的强烈担心,还是遮掩了其标举的"不忧"的形象,以至于一心找乐的庄子要讽刺其"彼仁人何其多忧也"(《庄子·骈拇》)。孔子一生"达则兼济天下,穷则独善其身",以百姓之心为心,故能坦荡而无忧,正是灵魂的安宁——"仁者静",是一种崇高的心灵之境界,是由"忠""恕"赢得的,是"先天下之忧而忧,后天下之乐而乐"的"仁"者之幸福境界。

三 "义以为上":"孔颜乐处"幸福理念的价值本质

"孔颜之乐""吾与点也""孔颜乐处"一直是儒家所追求的最高体验和传统思维的重要特点。"乐既是人与自然和谐统一的情感体验,又是一种主体意识。在儒家哲学中,乐从来就不是纯粹的美学体验,更不是纯粹的形式美,其中既有认识活动的参与,又有道德意识的自觉。它是合美感体验与道德直觉而为一的特殊的体验型思维。"[①] 这既是对自然界的赞美,也是对人生的肯定。因为在这样的体验中,自然界不是被征服的对象,而是渗透了人的情感因素,甚至完全被伦理化了;人也不是自然界的征服者,而是自然界的组成部分,和自然界组成一个不可分割的有机整体。在这里,主体与客体、人与自然的对立与分离完全消失了,人生的意义在自然界的永恒存在中得到了充分体现,而人的主体性却透过心中之乐的体验得到了确认。这正如理学家程颢所说:"在万物中一例看,大小大快活。"(《河南程氏遗书》卷二上)这一思维在理学中得到充分发展和运用。为后世儒家所传颂的"吾与点也",就属于这样一种思维。这个命题以自然美的形式,表现了强烈的社会内容,是以审美形式表现出来的道德体验。在大自然中感受到美,在人与自然的和谐统一中体验到乐,这是儒家所追求的最大乐趣。但是,这不是纯粹的自然美,而是通过折射的方式表现了孔子的理想,这种理想就是"老者安之,朋友信之,少者怀之"(《论语·公冶长第五》)。只有实现人与人的和谐一致,才能实现人与自然的

---

① 蒙培元:《中国哲学主体思维》,东方出版社,1993,第84页。

和谐统一,这种合伦理与美学而为一的乐的体验,正是儒家思维的重要特点。

儒家所谓乐,以道德情感的直觉体验为根本特点,同时又具有美学意义,但这是一种内在的道德美。儒家并不重视感性欲望的满足和物质占有的享受,如富贵财货之类,这些都是外在的,如"浮云"一般,可以随时得到,也可以随时消失。儒家强调的是内在精神的自我体验和感受,只有在这里才能得到真正的满足和快乐。因此,他们主张"安贫乐道""乐天安命"式的生活,追求道德上的自我充实,认为这才是真正的快乐。"饭疏食饮水,曲肱而枕之,乐亦在其中矣。不义而富且贵,于我如浮云。""发愤忘食,乐以忘忧,不知老之将至云尔。"(《论语·述而第七》)这种乐不是从物质享受中感受到的,而是"从内在的道德精神中体验到的,是一种自我肯定、自我评价和自我享受。这种体验只有仁者才能做到"①。"知者不惑,仁者不忧"(《论语·子罕第九》),不忧就是乐。在孔子的学生中,为什么只有颜渊最受孔子的赞许?因为颜渊能长久地保持仁,从而体验到心中之乐。其他人则保持时间太短,如从商而"亿则屡中"的子贡,在孔子看来,则很少能体验到真正的乐。儒家以仁为最高的道德标准,以乐为最高的道德体验,仁则乐,乐则仁,有了充实的仁德,自然能体验到真正的快乐,这就是"孔颜之乐"。后世儒家都喜欢谈论"孔颜之乐",就是指此而言的,他们把这看作最高的体验。

从内在联系上看,儒家(特别是宋明新儒学)津津乐道的"孔颜之乐"及"孔颜乐处",可以视为儒家价值观及基本价值取向的具体体现和展开。作为中国传统文化的主流,儒学及其幸福观同样以其价值体系为核心。正是这一价值观凸显了儒家德性幸福观的历史特征和本质内涵,儒学对中国传统文化的"德福一致"思想影响,在很大程度上也是以其价值体系为中介的。从两者的逻辑联系上看,如果忽略对儒家价值体系内在结构和本质内涵的考察和判定,就很难对儒学幸福论的"孔颜之乐"与"孔颜乐处"命题的实质内涵和内在依据做出正确的推断。人的存在及文化创造是儒家文化及其幸福观的主要关注之点,道德与幸福关系的界定,可以视为儒家

---

① 龚群:《现代伦理学》,中国人民大学出版社,2010,第372页。

幸福论的逻辑起点。儒家伦理取向的幸福论之核心内涵是儒家价值观念体系。具体地讲，这里的儒家价值观与幸福论的关系，主要指"义以为上"的价值观念展开并体现于儒家的"德福一致"具体观念之中。把德性或美德视为人生基本的、终极的乃至唯一的价值是儒家伦理学的重要理念和主要内容。

幸福感的形成总是受到价值观念和价值原则的内在制约，价值观念和价值原则在相当程度上构成了评价的准则。"义以为上"等价值观可以视为构建儒家德性幸福观的逻辑前提和哲学基础。道德作为实践精神是一种价值，是道德主体的需要同满足这种需要的对象之间的价值关系。道德作为实践精神不仅是价值，而且是实现价值的行动，是有目的的活动。在社会中，"任何事情的发生都不是没有自觉意图，没有预期目的的"①。道德也不例外。正是目的决定了道德行为的方向、价值，表现了精神的实践功能。幸福是一种价值性质即善性，是使人对生活总体上感到满意的价值性质。德性作为目的在他的生活中得以实现，他的生活就成了"值得赞赏的生活"。"孔颜乐处"是宋代儒家根据"孔颜之乐"实质内涵总结出的一个反映儒家伦理思想的幸福论基本命题，它表明一个人过上这种值得赞赏的德性生活，就会成为德高望重的人，这样，他不仅有普通的幸福感，可能还会产生高层次的幸福感。

孔子贵仁，而仁与义又有内在联系。与注重仁道原则相应，孔子将义提到了重要地位。按照孔子的观点，义作为道德规范，本身便具有至上的性质："君子义以为质"（《论语·卫灵公第十五》），"君子义以为上"（《论语·阳货第十七》）。在此"质""上"便是指一种内在的价值。"义以为上"的"义"在某种意义上体现了儒家价值观内蕴的理性要求，"义以为上"的"义"的规定主要涉及道德的价值基础。正是通过对道德的内在价值、利益中的公私关系、人的理性品格与族类本质等方面的规定，孔子奠基的儒家价值观获得了更具体的内涵。儒家文化及其幸福观念在某种意义上可以理解为道德主体之价值理想的对象化及其多样化展现，在探讨儒家价值观时不能脱离对儒家道德观及德性幸福论的考察。透过儒家文化及其幸

---

① 〔荷〕斯宾诺莎：《伦理学》，贺麟译，商务印书馆，1958，第170页。

福论的观念形态，可以看到它的深层内核蕴含于价值观及哲学理念之中，而儒家价值观则包含在儒学哲学体系之中。

"君子谋道不谋食"是儒家"义以为上"价值观的基本命题的主要表现形式。在孔子看来，感性的欲求固然不应当忽略，但相对而言，理性追求具有更重要的意义。因此，人首先应当实现价值层面的理性追求："君子谋道不谋食。……君子忧道不忧贫。"（《论语·卫灵公第十五》）道在此指广义的社会理想（包括道德理想），谋道所体现的就是理性的追求。在感性欲求（"谋食"）与理性追求（"谋道"）之间，后者显然具有优先地位。当然，不谋食并不是指完全摒弃感性欲望，而是使物质需要从属于理性的追求。"饭疏食饮水，曲肱而枕之，乐亦在其中矣。"（《论语·述而第七》）此处所描述的乐，也就是后来儒家（特别是宋明新儒学）常常提到的"孔颜之乐""孔颜乐处"，它的核心就是超越感性的欲求，在对价值层面的理想目标追求中达到精神上的满足。作为儒家幸福观主要命题的"孔颜之乐"，正是作为儒家"义以为上"价值观具体命题的"君子谋道不谋食"内涵的延伸和体现。孔、颜的这种境界将价值追求和精神的升华提到了突出的地位，强调幸福不仅仅取决于感性欲望的实现程度，从而进一步凸显了人不同于一般生物的本质特征和道德主体的价值诉求。

在儒家看来，相对于感性的欲求，具有价值意义的理性的追求具有更为重要的决定性意义，构成了儒家的关注重心。在"君子谋道不谋食"的主张中，理性（价值性质）的优先地位已得到确认。它的基本精神，便是超越感性的欲求，在志于道（理想）的过程中，获得理性的满足。儒家的理欲之辩体现了儒家价值观念的实质内容，进一步展现了人作为道德主体的内在价值。与"义以为上"的价值观相联系，孔子更为关注理性的追求。在"孔颜之乐"中，理性与感性孤立存在，感性可以脱离理性得到发展；在"谋道不谋食"理念中也有"理性至上"之嫌，其缺陷也显而易见。儒家赋予行为本身及行为之动机以绝对的价值，将体现价值的"义"（当然之则）理解为一种无条件的道德命令，并把履行道德规范（"行义"）本身当作行为的目的乃至幸福的内容，最终是由儒家价值观及其"义以为上"的思想本质决定的。

An Analysis of Confucianism's Idea of "Harmony of Virtue and Fortune" and Its Values
——The Ideological Perspective of Consistency of Morality and Happiness Based on Chinese Traditional Culture

Wang Luning

Abstract: The ethical thoughts and values of Confucianism in China, which are consistent with morality and happiness, are a treasure house that needs to be excavated in depth. The basic form and main proposition of Confucianism's thought of "harmony of virtue and fortune" are "Confucius and Yan's happiness" and "benevolence without worry". The Confucian concept of virtue and happiness is closely related to Confucian values. The Confucian concept of "putting righteousness first" develops and embodies in the Confucian concept of "harmony between virtue and fortune" and the related issues. The value concept of "putting righteousness first" can be regarded as the logical premise and philosophical basis for the construction of Confucian moral well-being concept. "Gentlemen seek Tao and do not seek food" is the main manifestation of the basic proposition of Confucian values of "righteousness first". As the main proposition of Confucian happiness concept, "Confucian happiness" is the extension and embodiment of the connotation of "gentlemen seek Tao and do not seek food" as the basic proposition of Confucian values of "righteousness first".

Keywords: Confucius and Yan's happiness; benevolent people have no worries; righteousness is supreme; virtue and fortune are consistent; Confucian values

论先秦儒家情理关系的特征

萧 平 曾 嵘

【摘　要】 早期儒家十分重视情感,但此情感不是单纯的情感,其中包含着理性精神。首先,先秦儒家情理关系体现了"仁体礼用"的特征。在孔子看来,"仁"的本质是爱,是一种普遍的道德情感,而"礼"的本质是建立在情感基础上的一种规范,仁与礼互为表里、缺一不可。其次,在情感与理性的交锋之中,先秦儒家主张"寓理于情","父子相隐""窃负而逃"两则公案正是如此。最后,荀子将"情"界定为"情欲","情"因此具有了"恶"的可能性,为了限制这种恶,荀子主张"以礼制情"。

【关键词】 情理　情　仁　礼　先秦儒家

梁漱溟曾说,中国人偏长于理性,即人情上的理,简称为"情理"①,可见中国的"理"具有"在人情上言"的特点。儒家哲学从整体上是尚情的,表现为通过礼乐来敦厚情感,将道德践履建立在人的基本情感之上,由此直接促成道德情感的生成。② 但儒家的情感显然并非单纯的自然情感,

---

* 本文系湖南省教育厅优秀青年项目"道是无情却有情:道家情感哲学新探"(No. 15B154)之阶段性成果。

** 萧平(1979~　),湖南长沙人,湖南师范大学哲学系副教授,硕士生导师,主要从事中国哲学研究;曾嵘(1997~　),女,湖南郴州人,湖南师范大学哲学系2017级硕士研究生。

① 中国文化书院学术委员会编《梁漱溟全集》第三卷,山东人民出版社,2005,第127~128页。

② 关于儒家的道德情感及情感哲学,前人已有不少相关研究,如李泽厚《实用理性与乐感文化》,三联书店,2005;蒙培元《情感与理性》,中国社会科学出版社,2002。

其中包含丰富的理性精神。这种情感与理性既有两相交融、互相补充的情形，又有冲突决裂、相互背离的状况。从整体上来看，先秦儒家的情理关系主要表现为"仁体礼用""寓理于情""以礼制情"三个特征。

一　仁体礼用

孔子多次言及"仁"，"仁"作为最高的德性，本质上是一种道德情感，是人的内心真实情感的体现。

> 孝弟也者，其为仁之本与！（《论语·学而》）①
>
> 弟子入则孝，出则弟，谨而信，泛爱众，而亲仁。（《论语·学而》）②
>
> 樊迟问仁。子曰："爱人。"（《论语·颜渊》）③
>
> 仲弓问仁。子曰："……己所不欲，勿施于人。"（《论语·颜渊》）④

"仁"的本质就是爱，并且首先从"爱亲"开始，故有子将孝悌视为"仁"的发端、初始。⑤ 在爱亲的基础上推及"爱人""爱众"，如此一来，

---

① （宋）朱熹：《四书章句集注》，中华书局，1983，第48页。
② （宋）朱熹：《四书章句集注》，中华书局，1983，第49页。
③ （宋）朱熹：《四书章句集注》，中华书局，1983，第140页。
④ （宋）朱熹：《四书章句集注》，中华书局，1983，第134页。
⑤ 宋儒对"本"的理解值得我们关注，如程子曰："孝弟行于家，而后仁爱及于物，所谓亲亲而仁民也。故为仁以孝弟为本。论性，则以仁为孝弟之本。""谓行仁自孝弟始，孝弟是仁之一事。谓之行仁之本则可，谓是仁之本则不可。"［参见（宋）朱熹《四书章句集注》，中华书局，1983，第48页］。李泽厚批判宋儒在诠释"本"上的做法，认为宋明理学追求超验本体是失败的，程颐、朱熹对"仁"与"孝悌"的关系论说，说明他们与原典儒学有严重矛盾。这个矛盾便是究竟"孝悌"是"仁"之"本"，还是"仁"是"孝悌"之"本"。李氏认为宋儒否认"仁"为情，而将"仁"视为"性"，是普遍必然、超越经验的本体天理（参见李泽厚《实用理性与乐感文化》，生活·读书·新知三联书店，2005，第61~62页）。笔者认为李泽厚的批判有一定的道理，但未必全是。首先孔子所说的"本"恐不是宋儒所说的"本体"，因此"孝悌"为"仁"之本并不意味着"孝悌"是"仁"的本体，而是说开端、起点。基于此，抛开宋儒对"仁"所做的形上建构不论，笔者认为程颐对"本"的理解比较准确，说"孝"是"仁"之本，不是从形上角度来说的"本体"之"本"，而是说基本的、开始的，故孝悌应该理解为是仁的肇始、开端，是体现仁之性的最基本的情感行为。

"仁"作为内心的真情实感，充分体现在处理一切人际关系上。但"仁"并非简单的情感，而是包含了自觉的意志控制，故仲弓问仁，孔子答以"己所不欲，勿施于人"。"不欲"和"勿施"意味着主体的自我节制与规范，表明"仁"是包含理性精神的道德情感。正因为"仁"既是一种情感，同时又蕴含理性精神，故只有"仁者"才能真正做到爱恨，这就是"唯仁者能好人，能恶人"（《论语·里仁》）①，"唯有仁者，因为完全从真诚不欺的感情出发，所以能真正好其所当好，恶其所当恶，进一步发展为'孝悌忠信'的道德行为"②。总之，在孔子看来，"情"首先是由"仁"这一道德情感来体现的。

与"仁"相对应的是"礼"。如果说"仁"是一种内在的道德情感，属于情感本体的话，那么"礼"就是这种道德情感的表现形式，是情感本体在人伦事物中的运用与体现。《论语·学而》曰："礼之用，和为贵。先王之道斯为美，小大由之。有所不行，知和而和，不以礼节之，亦不可行也。"③礼的功用或作用就是要使整个社会秩序处在一个和谐的状态，先王治理之道就在于实现这种和谐。但"和谐"不是一个工具，不能为了和谐而和谐，由此"礼"的作用就再次得到强调，那就是调整秩序，规范行为，从而促成和谐。《说文解字》对"礼"的解释为"履也，所以事神致福也"④。晚周礼制烦琐，流于形式，而缺乏内容，既有"子贡欲去告朔之饩羊"之事，又有季氏"八佾舞于庭"的僭越礼制之事。也正是在这个时候，孔子倡导"仁"，补晚周虚文之不足。要实现"孝"，终究离不开"礼"，孔子说："生，事之以礼；死，葬之以礼，祭之以礼。"（《论语·为政》）⑤要体现"忠"，也离不开"礼"，孔子说："君使臣以礼，臣事君以忠。"（《论语·八佾》）⑥而对于士人的修身而言，更是不可违背礼，孔子说："非礼勿视，非礼勿听，非礼勿言，非礼勿动。"（《论语·颜渊》）⑦这是要

---

① （宋）朱熹：《四书章句集注》，中华书局，1983，第69页。
② 黄意明：《道始于情：先秦儒家情感论》，上海交通大学出版社，2009，第98页。
③ （宋）朱熹：《四书章句集注》，中华书局，1983，第51页。
④ （汉）许慎撰，（清）段玉裁注《说文解字注》，上海古籍出版社，2006，第2页。
⑤ （宋）朱熹：《四书章句集注》，中华书局，1983，第55页。
⑥ （宋）朱熹：《四书章句集注》，中华书局，1983，第66页。
⑦ （宋）朱熹：《四书章句集注》，中华书局，1983，第132页。

求从视听言动全方面循礼来规范行为。总而言之,"礼"一方面是古人创建的用于维护社会秩序的等级制度,另一方面也是在日常行用中应当遵循的行为准则和伦理道德规范,正是由于"礼"的理性作用,让人们的内心在受到物欲影响时,能"约之以礼"(《论语·雍也》)①,从而使社会事物皆有条理、井然有序。

由此,在孔子那里,"情"与"理"的关系就具体表现为"仁"与"礼"的关系。但值得注意的是,"仁"作为一种道德情感,并非纯粹的自然情感,而是情理交融的"理性情感""情感理性"。这是蒙培元先生提出的概念:"之所以称为'理性情感',是从仁的实质内容而言的,靠体验而获得;之所以称为'情感理性',则是从仁的普遍形式而言的,靠思维而自觉。两种说法实际上是一致的,形式与内容是不能分开的。"②而早期儒家所讲的"礼"也并非单纯的理性创造物,而是建立在情感基础上的,或曰礼的制定源于人的情感,这就是《性自命出》中明确提出的"礼作于情"。但"礼"毕竟是通过明文规范呈现出来的,因此极易客观化、形式化。孔子将"仁"确立为情感本体,作为"礼"的内核,贯穿于人的各种行为之中,这样各种"礼"才真正有了生命,并因有了"源头活水"而"活"起来。"仁"最为核心的特质就是"爱"。作为一种德性,"仁"本质上是一种普遍的情感、共同的情感,而不是一己之私情,因而又可以通过对"礼"的践行来体现,故孔子曰"克己复礼为仁"(《论语·颜渊》)③。由此可见,"仁"与"礼"互为表里、缺一不可。身处礼崩乐坏的时代的孔子,对两者的关系进行了诸多诠释。如他批评僭越礼制的行为,提出:"人而不仁,如礼何?人而不仁,如乐何?"(《论语·八佾》)④ 又曰:"礼云礼云,玉帛云乎哉?乐云乐云,钟鼓云乎哉?"(《论语·阳货》)⑤ 没有真实情感的礼乐只是形式,没有任何意义。礼与乐是人类精神的创造物,体现了人类的理性精神,但这种名物制度背后其实蕴含着深厚的情感,而不是仅仅指那些形式上的器乐或仪式。"仁"与"礼""乐"的关系表明早期儒家宣扬的道

---

① (宋)朱熹:《四书章句集注》,中华书局,1983,第 91 页。
② 蒙培元:《中国哲学中的情感理性》,《哲学动态》2008 年第 3 期。
③ (宋)朱熹:《四书章句集注》,中华书局,1983,第 131 页。
④ (宋)朱熹:《四书章句集注》,中华书局,1983,第 61 页。
⑤ (宋)朱熹:《四书章句集注》,中华书局,1983,第 178 页。

德情感是带有理性精神的，或曰"仁"等属于情感范畴的概念本身又带有理性特征。这与《性自命出》中所讲的"礼作于情""乐作于情"是完全一致的。然而现实中毕竟存在一些以理性为主导的社会制度，这些制度集中体现为"政令""刑法"。那么孔子对那些理性的法则与规范是什么态度呢？孔子曰："道之以政，齐之以刑，民免而无耻；道之以德，齐之以礼，有耻且格。"（《论语·为政》）① 以严格的政令、刑法来治理天下，则老百姓固然可以做到免于罪过，内心却没有廉耻之心，如果以道德来引导他们，以礼来规范他们，则老百姓不但有羞耻之感，而且心甘情愿归附。"政""刑"无疑都是刚性的制度或政策，基本上不考虑人的感受，杜绝情感的掺杂，因此老百姓固然可以免罪，但内在的情感被忽视了，天生的同情心以及其他各种情感被埋没了。这里的"耻"即孟子所说的"羞恶之心"，显然是一种情感。如果以道德来教化，以礼制来规范，则老百姓感受不到外在的压迫，能够自主地释放内心情感，并且保持天生的道德情感，同时又达到秩序的稳定。这正体现了情感是礼乐教化的有效性的保证，倘若一个人没有真情，是无法与礼乐相感通的②，只有真实感情与理性规则交融相通，才能使人民发自内心地"有耻且格"。

在《性自命出》中，"礼"正是"道"的内容。《性自命出》曰"时（诗）、箸（书）、豊（礼）、乐，其司（始）出皆生于人"③，同时又提出"礼作于情"，由此可知，礼出于人之"情"。再结合第一简提出的"道始于情"，我们可以得出结论，"礼"是"道"的体现与反映。《性自命出》中的"道"即"人道"，实指儒家所倡导的一系列礼乐制度，《诗》《书》《礼》《乐》就是人道的具体体现。④ "道始于情"与"礼作于情"无疑表达了"礼"不能离"情"而存在，这与孔子的思想一脉相承。但是，"始者近情，终者近义"⑤，"情"必须有适度的节制和规范，它最终指向的是"义"，需要"礼"这一理性制度对其进行规约，最终实现人之真情与礼之理性的交融，可见儒家是"执两"（情与理）而"用中"，不会偏于任情而

---

① （宋）朱熹：《四书章句集注》，中华书局，1983，第54页。
② 赵法生：《心术还是心性？——〈性自命出〉心术观辩证》，《哲学研究》2017年第11期。
③ 荆门市博物馆编《郭店楚墓竹简》，文物出版社，1998，第179页。
④ 赵法生：《心术还是心性？——〈性自命出〉心术观辩证》，《哲学研究》2017年第11期。
⑤ 荆门市博物馆编《郭店楚墓竹简》，文物出版社，1998，第179页。

无理或任理而无情。

二 寓理于情

早期儒家推崇发自内心的真实情感，这种真实的情感是整个人伦社会建构起价值规范的基础与起点，本身就具有一种理性精神。《论语》中孔子对"直"的探讨就是一个很好的例子。

> 叶公语孔子曰："吾党有直躬者，其父攘羊，而子证之。"孔子曰："吾党之直者异于是。父为子隐，子为父隐，直在其中矣。"(《论语·子路》)[①]

这段材料实则体现了对父子亲情与理性正义的抉择，即理性与情感孰轻孰重。"仁"不是指各种生理欲望、情欲，而是一种道德情感。但道德情感并非粗浅的自然情感，而是包含了理性的思考，是理性的沉淀与内化。而通常所说的理性往往体现为人类对社会人伦秩序的设计与思考，代表着规范与制约，是一种客观的、冰冷的法则。在人类社会中，理性自然不可或缺，但儒家认为理性必须建立在情感基础上，不能违背情感，因此，儒家强调的"情理"，即以人情为基础的天理，是建立在情感基础上的理性思考，或曰寓理于情。这个事件涉及两方面的问题：一是父子亲情，扩大而言，也就是人道仁爱之情；二是公平正义的问题，如儿子是否应该遵守法律，告发父亲的罪行。

在叶公看来，所谓正直就应该是理性的思考，遵循客观的规则与秩序，绝不违背。所以他说我们乡下有一个正直的人，他的父亲偷了羊，他能去告发。而孔子对这种正直显然不认可，《吕氏春秋》记载，孔子批评了"直躬"："异哉！直躬之为信也，一父而载取名焉。"[②] 可见，"直躬"这种不顾父子亲情去揭发父亲的行为，违反了人内心情感的真实性，可能带有某种功利性，甚至有"沽名买直"之疑。这种"直"甚至根本不是道德上的

[①] （宋）朱熹：《四书章句集注》，中华书局，1983，第146页。
[②] 许维遹撰，梁运华整理《吕氏春秋集释》，中华书局，2017，第252页。

"正直"，因为这种理性的正直完全不顾情感，甚至违背了人的真实情感。孔子举了一个反例来说明这一问题：我们乡下的正直的人与此不同，儿子犯了错，父亲为儿子隐瞒，父亲犯了罪，儿子为父亲隐瞒。于是情感与理性的冲突爆发出来了，儒家面对这种亲情与法律之间的冲突，如何抉择？实际上，在这种情形中，情感先于理性而存在于每个人的心中。① 孔子显然反对叶公之"直"，因为这种"直"违背了人的真实情感：谁真心愿意自己的父亲或儿子犯罪被杀或被治罪？从情感上看，这种正直很难为人接受，每个人生而处于血缘亲情之中，对自己父亲的爱是发自内心的，也发自内心地不忍"证父"。可见孔子主张遵从人内心的真实情感，"从人情之本然恻隐处论'直'，是人心人情之'直'"②，他所反对的是叶公那种完全诉诸理性思考、不顾人的真情甚至超越亲情的"直"。

尽管自孔子始就倡导包含道德理性的各种情感，反对单纯的不合人情的理性制度，但情感与理性的冲突仍然时有发生，儒家的道德情感始终面临理性规范与法则的挑战，孟子也遭到了类似的诘问：

> 桃应问曰："舜为天子，皋陶为士，瞽瞍杀人，则如之何？"孟子曰："执之而已矣。""然则舜不禁与？"曰："夫舜恶得而禁之？夫有所受之也。""然则舜如之何？"曰："舜视弃天下，犹弃敝蹝也。窃负而逃，遵海滨而处，终身欣然，乐而忘天下。"（《孟子·尽心上》）③

这个案例一直是被用来探讨儒家伦理的重要材料，这个案例的特殊性就在于面临情与理（"法"）的冲突，儒家将采取什么样的立场。舜是儒家塑造的一个孝子典型，是儒家道德的楷模，面对自己的父亲杀人，舜贵为天子，应当如何去做？首先，孟子设计了皋陶的存在。皋陶作为理性精神的代表，是法律的执行者，是社会公义的践行者，对于维护社会秩序与公正十分重要，"执之而已"表明孟子认为皋陶应该正常执法，去拘捕瞽瞍。

---

① 陈壁生指出，在这里，父子之亲的血缘情感和爱亲之孝的道德经验，先于理性的是非判断而存在。参见《孔子"父子相隐"思想新解》，《中国哲学史》2008年第1期。
② 梁涛：《"亲亲相隐"与二重证据法》，中国人民大学出版社，2017，第9页。
③ （宋）朱熹：《四书章句集注》，中华书局，1983，第359~360页。

孟子设计的第一步表明儒家并不反对理性精神，相反，儒家尊重法律，尊重客观的理性规则与秩序。其次，舜作为天子，拥有权力，是否要去干涉皋陶的执法呢？如果舜罔顾王法，直接动用权力去干涉皋陶的执法，那么儒家的道德楷模形象也会受到影响，即舜成为一个徇私枉法的天子。显然儒家始终没有将个人情感置于普遍有效的法律之上。"舜恶得而禁之"表明孟子反对舜动用公权力维护一己之私欲，这里再次表明儒家尊重理性的法则，反对以私情乱公法。最后，舜将采取什么举动呢？如果舜完全不作为，好像没有发生任何事一样，那么舜也难成为儒家的圣人。舜必须要有所作为，并且这个作为还得在尊重法律的基础上实施。朱熹在《论孟精义》中记载了杨时对此事的看法："人子亦不可一日而忘其父，民则不患乎无君也。"① 于是舜主动放弃天子之位，出于爱父的情感，不忍心父亲被逮捕处死，而愿意保全父子之天伦，由此窃负而逃，居住于简陋的偏僻之所，终身不后悔。

"情"与"法"本应各安其位，按照身份来处理事情，然而现实情况复杂多变，"情"与"法"会出现冲突，在"情""法"两难之际，可以通过儒家的"经权之辨"来考量，关键是要符合孔子所言之"直"②，前文已指出，"直"就是发自内心的真实情感的自然流露，是人之本性，父子亲情作为"行仁"之始必然是要保全的，舜从公权之位离开，与其父一起流放至海滨，其实质就是不以权力破坏公法，而又以自我放逐保全了父子亲情。这一事例实则是公法主体与亲情主体之间的矛盾，孟子巧妙地使集两种主体于一身的舜通过先"受"后"弃"的举动——首先作为公法主体允许皋陶对瞽瞍秉公执法，其后辞去天子之位，此时他已不再是公法主体而仅仅只是亲情主体——合乎情理地为父子亲情"窃负而逃"。舜的最终目的是保全父子亲情而"终身欣然"，为此不惜"弃天下为敝蹝"——放弃国君之位。在"情"与"法"（"理"）的冲突中，舜作为道德楷模并不会违反后者，但他的价值取向是前者，并用自我放逐来成全内心之"直"（"诚"或"情"）。

---

① （宋）朱熹：《论孟精义》，《文渊阁四库全书》影印本第 198 册，台湾商务印书馆，1986，第 532 页。
② 参见周浩翔《为"亲亲互隐"正名——回应邓晓芒教授》，载郭齐勇主编《〈儒家伦理新批判〉之批判》，武汉大学出版社，2011，第 301 页。

从这个案例可以看出，儒家的情理关系比较复杂。一方面，儒家所讲的"情"本质上是一种道德情感，其中蕴含理性精神，而不是简单的动物式情感或狭隘的私情。舜对父亲的爱绝对不能简单地认为是一种私情——尽管在案例中这种爱父之情确实发生在独特的个体舜的身上，但这种情感同时又是普遍的，即凡是父子之间，都必然有此种情感的产生。因此，舜这个特殊人物（个体）的救父行为，其实蕴含着普遍的原则，这正是儒家情感伦理中蕴含的重要问题。儒家重视这种"情"实际上就意味着要承认"情"的普遍性、合理性，这种做法本身又是理性精神的体现。另一方面，道德情感固然蕴含理性精神，但并不等于理性。当道德情感面临客观的、外在的理性法则或规范时，又体现出一种尴尬的处境，这也正是后世对《论语》《孟子》中的这两则公案争论不休的地方。而实际上孔孟作为早期儒家的代表，对"情"与"理"的关系已经明确提出了他们的立场，那就是由情及理，寓理于情。由此我们似乎可以得出，儒家的理性是以情感为内核的理性，而非单纯的理性。而到了荀子那里，他将理性对情感的制约强化了，衍生出了情感与理性的对立，以理性精神来规范、制约人的情感，这就是荀子的"以礼制情"。

三　以礼制情

正如钱穆所指出的那样，古今中外的思想家，似乎都对人心抱有或多或少或轻或重的一种不放心态度，尤其对于情感，似乎更不放心，而有些人竟抱有重大的不放心。① 究其原因，主要是在道家形上学的刺激下，儒家开始了自觉的形上体系之建构，"情"并不被视为形而上的概念，相反，"情"多被视作"情欲"，由此往往导致各种恶情说、灭情说。"情"之"欲"义，并非荀子首创，郭店儒简《语丛二》记载："情生于性，礼生于情……爱生于性，亲生于爱……欲生于性，虑生于欲……智生于性，卯生于智……恶生于性，怒生于恶……喜生于性，乐生于喜……"② 开篇一句

---

① 钱穆：《心与性情与好恶》，载《中国学术思想史论丛》第2册，东大图书公司，1980，第326页。
② 荆门市博物馆编《郭店楚墓竹简》，文物出版社，1998，第203~204页。

"情生于性，礼生于情"总说，其后"爱生于性""欲生于性""智生于性"等句分说，"爱""欲""智""恶""喜"等并列，同属于"情"。可见在此简文中，"情"包含"欲"，但不可否认的是，"爱""欲""智""恶""喜"等并非道德情感，而只是人心之自然情感的呈现。另一郭店儒简《性自命出》也体现了自然之情的倾向，喜怒哀乐之情是"性"，发而为"情"，"性"是"情"的潜含状态，"情生于性"更是表明了两者的内在一致性。"性"是自然之性，"情"也是自然之情，"目之好色，耳之乐圣（声），郁陶之气也，人不难为之死"①。郭沂认为"郁陶之气"是"性"②，由此，好色好声等自然欲望也就包含在"性""情"之中。思孟学派的传世文献《中庸》虽未直接使用"情"字，但有诸多指代词，如"喜怒哀乐之未发，谓之中；发而皆中节，谓之和"③，"未发"是"喜怒哀乐"之"未发"，"已发"也是"喜怒哀乐"之"已发"，"发而皆中节"乃谓之"和"，此"和"具有善的意味；然既言"皆中节"，则还有"不皆中节"与"皆不中节"，也就导致"不和"的结果，后者可能是恶之衍生所在。可见，《中庸》"喜怒哀乐"之"情"就包含了道德情感与自然情感两种含义。④

《荀子》以及《礼记》开始出现对"情"的明确界定。《礼记·礼运》中说："何谓人情？喜、怒、哀、惧、爱、恶、欲，七者弗学而能。"⑤ 与《语丛二》相似，"欲"与"喜""怒""爱"等并列而同属"情"，由此"情"包含了"欲望"之义。"情"在《荀子》中更多的是表达"情欲""欲望"的内涵，即"自然之情欲"，对"情"的道德属性有明显的规定，因为在他们看来，"情"在现实中有导向恶的趋势，这种含义在先秦其他儒家文献中较为少见。⑥ "夫人之情，目欲綦色，耳欲綦声，口欲綦味……"（《荀子·王霸》）⑦"生而有耳目之欲，有好声色焉，顺是，故淫乱生而礼

---

① 荆门市博物馆编《郭店楚墓竹简》，文物出版社，1998，第180页。
② 参见郭沂编《郭店楚简与先秦学术思想》，上海教育出版社，2001，第256页。
③ （宋）朱熹：《四书章句集注》，中华书局，1983，第18页。
④ 参见杨少涵《中庸原论：儒家情感形上学之创发与潜变》，社会科学文献出版社，2015，第185~186页。
⑤ 王文锦：《礼记译解》，中华书局，2016，第310页。
⑥ 李天虹亦指出了这一点，参见《郭店竹简〈性自命出〉研究》，湖北教育出版社，2003，第50页。
⑦ 梁启雄：《荀子简释》，中华书局，1983，第145页。

义文理亡焉。"(《荀子·性恶》)① 类于《性自命出》的"目之好色,耳之乐圣(声)"②,情欲本身并无对错之分,但"顺是"则会导致"淫乱生而礼义文理亡焉",由此而流于恶情说。于是荀子提出了"以礼制情",依照客观外在的理性规范来制约"情"的发用从而免于"恶情"。荀子在论述"礼"与"乐"的起源时就体现出典型的理性精神。

> 礼起于何也?曰:人生而有欲,欲而不得,则不能无求,求而无度量分界,则不能不争。争则乱,乱则穷。先王恶其乱也,故制礼义以分之,以养人之欲,给人之求。使欲必不穷于物,物必不屈于欲,两者相持而长,是礼之所起也。(《荀子·礼论》)③

> 夫乐者,乐也,人情之所必不免也。故人不能无乐;乐则必发于声音,形于动静;而人之道,声音动静,性术之变尽是矣。故人不能不乐,乐则不能无形;形而不为道,则不能无乱。先王恶其乱也,故制《雅》《颂》之声以道之,使其声足以乐而不流,使其文足以辨而不諰。使其曲直繁省廉肉节奏足以感动人之善心,使夫邪污之气无由得接焉。(《荀子·乐论》)④

在《王制》等篇目中,荀子亦提出了相类似的观念。荀子的论证有典型的历史主义色彩,很显然,"礼"是先王为了节制人的私欲,维护一定的秩序而创制的,这是出于人的理性的创制,是对情感欲望的控制,使得人的情感能够符合群居生活的需要,从而避免乱穷纷争。"礼也者,理之不可易者也。"(《荀子·乐论》)⑤ 礼是"理"的体现,不可轻易改变。如果说"礼""乐"都是外在的规范,从而保证情感的释放符合一定的要求的话,那么荀子还提倡主体依靠自身的认知能力来节制情感与欲望,这就是荀子的"心"与"知"的概念。何谓心?"心者,形之君也而神明之主也;出令

---

① 梁启雄:《荀子简释》,中华书局,1983,第327页。
② 荆门市博物馆编《郭店楚墓竹简》,文物出版社,1998,第180页。
③ 梁启雄:《荀子简释》,中华书局,1983,第253页。
④ 梁启雄:《荀子简释》,中华书局,1983,第277页。
⑤ 梁启雄:《荀子简释》,中华书局,1983,第281页。

而无所受令。"(《荀子·解蔽》)① 荀子认为"心"代表人的理智，是神明之主，是发布命令的主导者。各种情感欲望最终都可以由"心"来控制，以"心"来认知事物体现了人的理性，故曰："凡以知，人之性也；可以知，物之理也。"(《荀子·解蔽》)② 如果人心不去主导情感的流露，而是放纵人性，则会导致各种盲目的现状："心不使焉，则白黑在前而目不见，雷鼓在侧而耳不闻，况于使者乎！"(《荀子·解蔽》)③ 礼乐的制作都出自人的理性创造，在个体情感的控制上，心也起着重要的作用，依靠理智去节制、控制自然的情感欲望，这样才能维护秩序的稳定，由此体现了荀子"重理"而"制情"的情理主张。

可以说，孔孟并没有将情感与理性完全对立，基本上认为各种道德情感中包含理性的精神，理性的制度必须建立在情感的基础上，由此他们一方面主张遵循理性的法则、秩序，而不是轻易破坏这种理性制度，另一方面又反对以单一的理性法则来治理天下，来控制人的情感，而是主张尊重人的真情实感。为何人的情感中包含理性？儒家从来都没有放弃对此进行论证。孔子曰"天生德于予"(《论语·述而》)④，表明个体内在道德情感的根源有"天"这个道德理性的根据存在。《性自命出》和《中庸》都探讨了人性的来源，前者提出"性自命出，命自天降"⑤，"道始于情，情生于性"⑥，从而将人的情感之根源建立在性命与天道之上；后者虽然没有直接论及"情"，但其对"性"之来源有详细探讨，"天命之谓性"也表明人性的形上来源，作为人性之具体体现的已发的"喜怒哀乐"显然也就有了一种基础。自从荀子将"情"作为一个重要的观念独立提出来后，"情"与"理"之间的紧张关系就成为后世儒家不得不面对的问题。荀子的情理之分主要还在于他并不否定"情"的真实存在以及承认情的合理性。他认为"情"涵盖欲望，放纵这种情欲会导致秩序失衡，礼制陵夷，因此必须要适度地控制这种自然情感，由此才有他的"以礼制情""以礼节情"。尽管荀

---

① 梁启雄：《荀子简释》，中华书局，1983，第296页。
② 梁启雄：《荀子简释》，中华书局，1983，第304页。
③ 梁启雄：《荀子简释》，中华书局，1983，第287页。
④ (宋)朱熹：《四书章句集注》，中华书局，1983，第98页。
⑤ 荆门市博物馆编《郭店楚墓竹简》，文物出版社，1998，第179页。
⑥ 荆门市博物馆编《郭店楚墓竹简》，文物出版社，1998，第179页。

子的性恶论思想并没有成为后世儒学发展的主流,但他毕竟揭开了一个盖子,即人情有恶的可能性,由此人的理性是不可或缺的。这一思想直接体现在《礼记·乐记》当中:

> 人生而静,天之性也。感于物而动,性之欲也。物至知知,然后好恶形焉。好恶无节于内,知诱于外,不能反躬,天理灭矣。夫物之感人无穷,而人之好恶无节,则是物至而人化物也。人化物也者,灭天理而穷人欲者也。①

宋儒所倡导的"存天理、灭人欲"即出于此。这里的思想与荀子对礼乐之起源的探讨如出一辙。"天理"意味着天道秩序,天理的内容正是天道与天命,这是万物皆得其和的理想状态,而人情欲望的膨胀,往往破坏了这种天理,礼乐的创制恰恰是在满足人的适度欲望的基础上,节制人的欲望,避免人陷入"役物"甚至"役于物"的状态,因为那样人便丧失了为人的本质,与动物无异。

四 结语

先秦早期儒家观点都体现了对"情"之"直"的重视,发乎内心的"情",正是包含理性内核的"礼"的形成基础和实现条件。没有真情,"礼"就流于形式,因此在"父子相隐"与"窃负而逃"的案例中,孔子和孟子都从人的内心出发,选择了保全人情。荀子及《礼记》则更多地看到了"情"所包含的恶的可能性,走向了与前者截然不同的道路——"以礼制情"。荀子以及《礼记》对"情"的界定直接影响了后世儒者对"情"的理解,他们通常都认为"情"含有批判的因素,整体特征表现在对"情"的防备,主张节制情感。发展到宋明理学,程朱理学看到了现实的恶,认为要用普遍的、绝对的、道德的天理来规范人情,因此,"存天理,灭人欲"也就成为重要的道德箴言。而王阳明主张"心即理",人的情感都发于

---

① 王文锦:《礼记译解》,中华书局,2016,第547页。

本心，而人之本心与天理具有内在一致性，因此他认为人情是天理的体现，用人的情感来诠释天理，可见先秦儒家的情理关系直接影响到宋明理学，形成了宋明理学关于人情与天理关系的又一次分野。

On the Characteristics of the Relationship between Emotion and Reason in Pre-Qin Confucianism

Xiao Ping, Zeng Rong

Abstract: Early Confucianism paid great attention to emotions, but the emotion is not just a simple emotion, but also contains the rational spirit. The relationship between emotion and reason about Pre-Qin Confucian is the first to embody the characteristics of "take benevolence as the substance and rite as the function". In Confucius, the essence of "benevolence" is love, which is a universal moral emotion, and the essence of "rite" is a norm based on emotions. The benevolence and rite is such a unity that they can't be isolated. Secondly, in the confrontation between emotion and reason, the Pre-Qin Confucian advocates "reasonable in love", "father and son conceal misconduct mutually" and "help his father by fleeing" are two such cases. In the end, Xunzi defines "emotion" as "desire", "emotion" therefore has the possibility of "evil", in order to limit this "evil", Xunzi advocates "constraining emotions with rite".

Keywords: emotion and reason; emotion; benevolence; rite; Pre-Qin Confucian

试从《读通鉴论》看王夫之的历史理性

刘 荣

【摘 要】 王夫之的史论或史部作品受到后世推崇并影响深远,主要原因在于王夫之具有历史理性并将其浇筑于这些著作中。他惯以理性的精神和方法去思索、考察和议论历史,得出的观点因此往往新人耳目且令人折服。《读通鉴论》一书即处处洋溢着理性的光辉,该书所立之凡例、对传统正统论思想的新解以及关于中国整体历史的哲学分析,均体现出历史理性的指导。借此不仅可以窥见王夫之史学思想中深沉的理性思维,也让我们发现了他所具有的客观、纯粹的历史认知态度,为我们探究其整体思想学说提供了一个很好的思维参照系。

【关键词】 历史理性 读通鉴论 正统论 理势论

王夫之,学者称其为船山先生,是明清之际的大思想家,于四部之学皆有重大建树且影响深远。就史部之学而言,尤以其晚年所著《读通鉴论》和《宋论》两种史论作品为代表。遗憾的是,学界以往少有针对二书的专门、系统考察。[①] 围绕书中的个别思想侧面(如历史观)进行研讨是比较常

---

* 本文系安徽省哲学社会科学规划青年项目"王夫之晚年史论作品研究"(AHSKQ2017D66)、中央高校基本科研业务费专项资金资助项目"王船山《读通鉴论》研究"(JZ2017HGBZ0935)、合肥工业大学校哲社培育一般项目(JS2018HGXJ0036)之阶段性成果。

** 刘荣(1985~),女,山东临沂人,哲学博士,合肥工业大学马克思主义学院讲师。

① 可参见刘荣《近百年来王船山〈读通鉴论〉研究述评》,《衡阳师范学院学报》2015年第4期。

见的做法，得出的一些观点也都大同小异。这一现状不仅不利于二书自身的课题史研究，对船山史论研究乃至整个船山学思想的探讨都极为不利。

以《读通鉴论》为例，该书以《资治通鉴》为蓝本，对秦朝直至五代的中国长时段历史做了独到且深刻的评论。晚清以来学人对此多赞誉有加。例如梁启超就曾赞许是书"往往有新解"①，郭嵩焘对此书的评价更高："尽古今之变，达人事之宜。"② 试问，《读通鉴论》何以能够如此？王夫之对历史的评论何以令人叹服？本文认为，该书所深具的历史理性是主要原因。何为历史理性？近代西方启蒙思想家认为，理性的内涵之一是人类可以运用自己的认识能力对事物做出正确的判断，并揭示事物的本质或真理。换句话说，运用理性能够达到认识事物真相与内涵的目的。理性也不仅仅是一种手段和途径，它还是一种精神、一种信念，它的力量可以指引人类通向认识与发现事物之真理的坦途。历史活动作为人类活动的一种，同样可以借助理性之力加以正确观照。这不仅表明历史本身是能够被人类认知的，而且还意味着可以从历史的过程中探求某种法则、规律，即历史发展的规则和秩序，并且这种规则是能够被人类理解的。

《读通鉴论》便展现出了理性的光辉，书中的历史议论处处蕴含理性的因子，反映了船山对历史认识的理性态度。前人赞许是书有"新解"并"达人事之宜"，其实都是历史理性烛照下的结果。以下便分别从《读通鉴论》一书所立凡例、不言正统论以及对中国历史整体的哲学见解三个方面探讨王夫之的历史理性。

一 从《读通鉴论》篇末"叙论"部分文字
看船山撰述的历史理性

我们认为，《读通鉴论》最后四篇叙论乃该书之凡例③，它规定了该书

---

① 梁启超撰，朱维铮校注《清代学术概论》，中华书局，2010，第28页。
② 《郭嵩焘诗文集》，见《船山全书》（16），岳麓书社，2011，第583页。本文所使用王夫之的所有作品，都以此版本为据。以下引用其中的单本著作时，只标注该著作名称以及卷数、章节。
③ 日本学者内藤湖南对此也有同样的认识。参见〔日〕内藤湖南《中国史学史》，马彪译，上海古籍出版社，2008，第242页。

所不欲探讨的一类内容（"不言正统"）、不被评论的两种情况（"不论大美大恶""不敢妄加褒贬"），以及采取的独特论事方法（"因时宜而论得失"）。具体分析开来，每篇叙论的论述都很深刻，透露出船山对评史的独到、理性看法，从中便能推断理性精神在《读通鉴论》通篇史论中的支配地位。

如《叙论二》言："故编中于大美大恶、昭然耳目、前有定论者，皆略而不赘。推其所以然之由，辨其不尽然之实，均于善而醇疵分，均于恶而轻重别，因其时，度其势，察其心，穷其效。"在此，船山声明他无意再去重复叙述与评价历史上大美大恶之事迹，而是追根溯源，深入探究这些史事背后的缘由，发现并仔细辨析其中为常人所忽略的细节和原因；同为大美之事，则继续分别其中之优劣，并为大恶之行，则继续分别其中之轻重；避免对史事一概而论，而是具体考虑其所处时势和情境，区别对待与论断。正由于船山所具有的上述理性思维，他在《读通鉴论》中才得出了一些异于前人习见的新解，而且这些新解并非标新立异，而是根据客观、理性的思考得出的高论，是理性思维与历史实际相结合的产物。

再如《叙论四》言："治道之极致，上稽《尚书》，折以孔子之言，而蔑以尚矣。……至于设为规画，措之科条，《尚书》不言，孔子不言，岂遗其实而弗求详哉？以古之制，治古之天下，而未可概之今日者，君子不以立事；以今之宜，治今之天下，而非可必之后日者，君子不以垂法。"王夫之作为一代大儒，同样奉三代社会与五经为后世治道之圭臬。但他较别人高明的地方在于，他认为五经典籍与圣人之言仅含蕴治国理政之理念、精意或精神、要义，这些治国理念乃万世之大经，对于三代以下的社会治理同样是适用和有效的。而且，王夫之意识到了三代治国精意与郡县之历史之间存在的巨大张力，明确表示精意不等于具体政策、科条，"《尚书》不言，孔子不言"。在王夫之看来，三代的具体制度只能施行于三代之社会，不可能再原封不动地落实到三代以下的历史中去；同理，适宜于当今时代的法规措施也不能预见其可以被用来治理未来之时代。每个时代都是独特的现实存在，故而产生了契合该时代的治理举措，等势异时移，又会有新的合适的治国政策出现。这里，船山对历史与现实之间关系的通达及其理性的分析视角令人敬佩，他肯认了现实状况的变动、复杂之本真特性，

"势"便是他用来描述此特性之概念。但船山并未止步于此。即便历史之势变动不居，三代理政之精意同样可以因时制宜。除了某些三代制度因为具有很强的时效性而无法再被照搬于郡县之天下外，在详细考量郡县社会状况的前提下，三代治理社会的不少要义对此仍然是具有效力的，或者说，不管历史现实如何改易，三代之精意作为治国的根本原则是普遍的、永恒的，只要做到"酌古今之变，参事会之宜"，在正确立足当代现实的基础上对三代之精意斟酌损益，则三代以下政事的处理无不可以从三代治国之理念中寻得启示与借鉴。船山曾辩证地说："故善法三代者，法所有者，问其所以有，而或可革也；法所无者，问其何以无，而或可兴也。"① 从中不难判断，王夫之对待历史的态度是通达的，他对历史的认知也是非常理性的。

以上只就《读通鉴论》一书的纲领从全局捕捉到了王夫之论史所自觉坚持的理性原则。纲举目张，下面我们就从微观的角度探察船山在具体的史论上所贯彻的历史理性。

二　从对正统论内容的"革命性"看法看船山论史的理性思维

《读通鉴论》篇末第一篇《叙论》便宣布了"不言正统"的理念。虽然司马光在《资治通鉴》中也间接表示过不言正统，"正闰之际，非所敢知"，但这是他从对过往关于正统论思想莫衷一是的争论中得出的一个直观认识，并未讲明具体理由。王夫之则不然，其坚拒正统论的阐述有理有据，是其理性思维在历史分析与判断上的充分体现。

本着尊重历史事实的客观态度，《叙论一》开宗明义地指出了《读通鉴论》言之不及正统的原因：正统之说法来历不明。在批驳前人以曹魏为正统的观点中，船山先对"统"的含义做了文字学意义上的界说与历史学层面的阐释。合而并之与因而续之，或者合而不离与续而不绝，方是"统"之意涵。"统之为言，合而并之之谓也，因而续之之谓也。"空间上的统一与时间上的存续的有机结合是"统"的完整、准确含义。在对之前中国朝

---

① 《读通鉴论》卷二十八《五代上五》。

代历史的评说里,船山实际上表明了其不言正统的第二个原因:"天下之不合与不续也多矣",故论说正统乃无根据之事。先讲合而并之。依船山意,封邦建国的时代,"天下虽合而固未合也",所谓的天下共主仅仅是名义和道义上的共主;秦汉以后的大一统时代产生了名实相副的天下共主,因此,大一统的郡县制天下才有了实质上的"合",即在空间地理范围上实现了全国统一。而且,天下共主的谱系在历朝也得以有限度地传承。但这都是相对单个王朝的历史而言的,中国大历史的实际情形是,当汉、唐等大一统的朝代灭亡后,社会继之便陷入了四分五裂和离乱,如汉末三国、唐末五代十国,君其君、民其民,致使一合一离、绝而不续规律性地发生与存在着。有合有离、有续有绝才是封建王朝发展的实际情况。如此,"岂复有所谓统哉"?总之,中国历史上王朝四分五裂、不相维系的状况与国土统一、代代传承的情况规律性地出现,与"统"之合而不离、续而不绝的完美状态是矛盾和对立的。换句话说,"统"之为说是荒谬不实的。

而对于"正",船山并未给出明确的界定。但可以看出的是,船山先后从两个方面进行了论说。第一,他在申说天下之"治"与"乱"的两种状态时提到正与不正分别对应天下之治与乱。当治之时,便合乎"正"之要求;当乱之际,则不"正"矣。而在一般情况下,当历史处"治"也即大一统之天下时,"治"约等于"统",也就是说"正"约等于"统"。"有离,有绝,固无统也,又何正不正之云邪?"在此,"正"倾向于"合乎规则、正义"之意。治世合乎正义而乱世背离常道。第二,他从王朝更替及其历史存在感方面分析"正"之内容。在船山看来,治理天下者,首先排除夷狄,夷夏大防万世守之而不可易;农民起义领袖与乱臣贼子等所谓"盗逆"亦不可治理;舍此之外的华夏政权也逃不过改朝换代的历史宿命,天下"抑非一姓之私也"一说就是对"家天下"制度的批评。船山进而申论,一个王朝覆灭后,有的臣子出于严格的忠君观念不仅不会拥戴异性异族以为新君,还会自觉给故邦以恰当的历史定位和评价,由此便兴起王朝"正"与"不正"之讨论。船山的意思是,是否合乎"正"与是否符合"统"之规定还需要综合考量。若一朝为"正",则必也是合而不离、续而不绝之中夏大一统政权。"故杞不足以延夏,宋不足以延商。"再以蜀汉为例,三国刘备偏安于蜀国,"可为汉之余裔"而不可"为九州兆姓之大君",

即不可为大一统的天下共主,蜀汉当不起"正统"王朝。若"蜀汉正矣",则其后之统绪在晋朝。而历史的实际是,晋之成立乃自篡夺曹魏而来。那么,该如何解释这种龃龉呢?船山认为,所谓"正"与"不正",纯粹是前朝遗民为亡国争历史地位以延续其消谢之命运的荒唐说辞,为背离历史事实的一厢情愿之举。王朝无有"正"与"不正",也不存在"正统"一说,"无所承,无所统,正不正存乎其人而已矣"。

总而言之,船山之不言正统,乃因正统思想不仅从理论上讲不通,在事实上也站不住脚,中国历史上并不存在所谓的正统王朝,有的只是朝代的一治一乱、一离一合之循环,正统一说乃是别有用心之人捏造出来的诡说。他们要么以正统说替异类政权站台,要么为中原专制王朝背书。"正不正,人也;一治一乱,天也;犹日之有昼夜,月之有朔、弦、望、晦也。"

正统说作为关于中国历史王朝政治权力来源与继承合法性问题的理论,在古代中国一直备受关注并具有很大的影响力,但也自始至终众说纷纭、莫衷一是。王夫之在《读通鉴论》中不仅明确声明不言正统,而且清楚、详细、令人信服地阐析了正统之为虚妄学说的本质。王夫之借此打破了以往关于王朝更迭与接续解释上的虚诞说辞,并确立了自己在这个问题上的更为客观、准确的观点。这一破一立的思维活动从方法论上来讲是借助了理性分析,不管是理论上的语义解析还是现实中的历史考察;从结果来看则形成了理性、务实的看法,是对中国历史进程的一种新的进步的解释观点。而理性精神照彻历史考察及解释过程是其根本原因,船山经此再次彰显了其历史理性的魅力。

三 《读通鉴论》中的理势关系论更是王夫之历史理性的重大表现

船山认为,中国历史的发展是一个客观的必然过程,其内部存在可以为人理解的规律性。他以理、势之间的统一关系作为诠释中国历史发展规律性的学说。船山的历史哲学或曰他对于秦汉以降整体历史的诠释就是通过理势关系论达成的。在此,"理"为历史发展之规律,"势"乃历史的客观过程、情形及其发展的必然趋势。就《读通鉴论》而言,该书仅呈现了理势关系之一端——势成理,且是在是书开宗明义之"变封建为郡县"一论中实现的。势成理,即"在势之必然处见理",其重心在"势",历史发展的法则只存在于实际的历史进程或其发展趋势当中,舍势无理。下面,我们就进入"变封建为郡县"一论,探讨船山对理势关系——在势之必然处见理——的讨论,从中便能很好地见出王夫之是如何凭借历史理性的工具与精神宏观考察秦汉以降的整体历史发展的。

> 郡县之制,垂二千年而弗能改矣,合古今上下皆安之,势之所趋,岂非理而能然哉?天之使人必有君也,莫之为而为之。故其始也,各推其德之长人、功之及人者而奉之,因而尤有所推以为天子。人非不欲自贵,而必有奉以为尊,人之公也。安于其位者习于其道,因而有世及之理,虽愚且暴,犹贤于草野之罔据者。如是者数千年而安之矣。强弱相噬而尽失其故,至于战国,仅存者无几,岂能役九州而听命于此数诸侯王哉?于是分国而为郡县,择人以尹之。郡县之法,已在秦先。秦之所灭者六国耳,非尽灭三代之所封也。则分之为郡,分之为县,俾才可长民者皆居民上以尽其才,而治民之纪,亦何为而非天下之公乎?①

历来对船山历史哲学和理势论的研讨,不管是哪个方面、角度和层次的,该篇都是无法回避的重要甚至必要内容,论者总能从中发现对自己的观点有所助益的材料。若从理势关系的视野看,理在势中或即势见理则为以往论者包括我们在内的共识。不过,前人只在由封建而趋郡县的制度转换过程中发现,历史的客观规律(郡县制)仅存在于历史的实际中并随着实际历史趋势的变化而改易,即理在势中。对于郡县制之取代封建制并能够历时久远地通行于中国历史这一事件的哲学解释,船山在开篇第二句便早已点出:"势之所趋,岂非理而能然哉?"但实际上,这一结论之后,船山并未立即着手对此进一步引申,相反,他先费笔墨讲封建制之起源及其合理性,并认为封建制之存在同样体现了"势之所趋,岂非理而能然哉"

---

① 《读通鉴论》卷一《秦始皇一》。

的思想。而只有到了该史论的第二段落中,船山才正式展开对封建制变为郡县制历史事件原因的解析和哲学评论。对封建制历史存在的必要性的重视,目前似乎只有嵇文甫注意到了,他虽然没有直接以理势范畴去评说封建制与郡县制的历史存在,但通过借鉴黑格尔哲学的现实性与合理性范畴的关系间接进行了类似于理势关系的诠解。他用通俗明白的话语说:"他(按:船山)不是简单判定说封建好或郡县好,而是要看它们是不是合乎必然之'势',是不是'现实的'。"① 在嵇文甫看来,封建制因为合乎三代必然之势,所以是现实的,也因而成为合理的,但到了秦汉以后的历史阶段,它便不合当日必然之势了,就不再是现实的和合理的了。尽管如此,嵇文甫也只是给出了以上结论,并未对其予以事实论证与分析。

以上内容意在表明,因势见理、理随势迁的理势关系论在"变封建为郡县"一策中并没有仅仅局限于对郡县制必然性的诠释上,也同样被贯彻在了对封建制必然性存在的解释上。对古代中国这两大基本行政制度必然性存在的形上理解,才是船山为我们展示的其在势之必然处见理的历史哲学的全部内容,任何一环的缺失都不足以完整呈现船山的理势关系论,也便难以全面显示船山对中国历史全体的哲学思考。以下分论之。

封建制与因势成理。船山认为,天之生人必令其择君长,此乃人类发展的必经之路和必要选择,"莫之为而为之"。而且一开始,人们一般会推举德行高尚、事功超群者为首领,这些人因为出类拔萃而受到大家的敬仰与爱戴,因而更具群众号召力、政治领导力和社会影响力。基于渴求和护持富贵名利的人类本性,社会的第一代头领和其下的各统治阶层一般会采取措施(如按血缘关系分配权力的宗法制),将他们所拥有的以政治权力为中心的各项既得利益合法化、制度化,并且世代传承,将权力牢牢地掌控在自己手中,世袭制因此出现。如此一来,不仅整个社会的等级结构形成了,其阶层固化的现象也随之产生了。这种社会体制在中国历史上主要盛行于夏、商、周三代时期,以封邦建国的政治制度为其基本标识和主要特色。在封邦建国的地方体制下,形成了诸侯、卿大夫、士三个上下等级分明又秩序井然的阶层。其中,诸侯世享其国,大夫世有其官,士之子恒为

---

① 嵇文甫:《王船山学术论丛》,三联书店,1962,第25页。

士,即所谓世卿世禄,父死子继。主要由分封制度支撑起来的这种权力结构体系在三代共流行了千余年,有效确保了夏、商、周三朝整体的社会稳定与发展。按船山的理解,"安于其位者习于其道",世卿世禄制度能够保证等级社会统治的连贯性与稳定性,这是其优点;即便有愚暴者出,"犹贤于草野之罔据者"。总之,从分封制在三代得以推行千余年的统治效果来看,这一制度必然与三代社会的历史实际是吻合的,它必然是适应了和有利于三代的客观历史大势和进程的,"势所必滥也"。分封制在三代可谓历史实在的发展规律("理"),其长存的根由便在于它对于当时客观历史形势("势")的有效适用性,或者说,也正由于分封制度符合三代历史发展的趋势,才能够成为一项社会法则行之久远。但不管哪一种情况,无疑都反映了船山的历史哲学思想:理在势中或曰即势见理。船山对郡县制可以实施两千年而不改,并且"合古今上下皆安之"的状况的评价是:"势之所趋,岂非理而能然哉?"同理,他其后对封建制度在三代"数千年而安之"的论断实际上也隐含着"势之所趋,岂非理而能然哉"的历史哲学意涵。其之所以未被挑明,在于船山本人对该篇史论的叙述侧重点在郡县而非封建,却因此导致后来的研究者在处理上有顾此失彼之嫌。

> 古者诸侯世国,而后大夫缘之以世官,势所必滥也。士之子恒为士,农之子恒为农,而天之生才也无择,则士有顽而农有秀;秀不能终屈于顽,而相乘以兴,又势所必激也。封建毁而选举行,守令席诸侯之权,刺史牧督司方伯之任,虽有元德显功,而无所庇其不令之子孙。势相激而理随以易,意者其天乎!①

郡县制与理随势迁。世卿世禄的分封制在战国时期日益走向瓦解,郡县制开始登上历史舞台。原因在于,势易时移,旧有的封邦建国体制已经难以再顺应历史发展的要求了,而新兴的郡县地方制度则逐渐显示出它对于历史实际趋势的适应能力。理随势迁,郡县制终于从秦朝开始在全国大规模推广并成为此后两千多年中国社会的主流地方体制。船山的分析如下。

---

① 《读通鉴论》卷一《秦始皇一》。

自春秋时期开始，诸侯之间以争夺土地和人民为主要目标的兼并战争时有发生，周天子的权威也遭遇挑战，分封制度开始遭到破坏。逮至战国，兼并战争愈演愈烈，最后仅存几大实力雄厚的诸侯国继续争霸。在这种态势下，"岂能役九州而听命于此数诸侯王哉"？很明显，王朝不可能只被区区几个诸侯王所把持，而且封侯制度也已经难以再继续推行了，它日益失去其合理存在的社会土壤与空间。职是之故，在个别诸侯国内部，率先设郡置县以为新的地方区划。新的区划必然产生新的职位，也就要求新的合适的人才去填充岗位并履行相应的职责。原来在分封制下，各社会阶层早已凝固化，缺少流动性，低等级人士很少有机会向上层攀爬并立足，于是，不仅世卿世禄成为天经地义的事情，而且"士之子恒为士，农之子恒为农"，各阶层的人们基本上从一出生便注定了他们的阶级归属，也预示着他们永难逃脱此制度枷锁的束缚，其命运从某种程度上说是一开始就被安排好了的，无可逃于天地之间。但随着分封制走向崩溃，原来难以撼动的阶级秩序开始被打乱，统治阶层中的愚顽者因丧失了既得利益及其庇护力量而被剔除出本阶层，低下层中的优秀分子则被视作后备人才选拔进来，比如担任郡守县令，"才可长民者皆居民上以尽其才"，"贤而秀者，皆可以奖之以君子之位而长民"，有的人甚至通过自己的努力与奋斗慢慢进入上层社会。这无疑是人才登用制度的重大变革，究其原因，"势所必激也"，历史形势的剧变与激荡使然。伴随着人才擢用体制的"封建毁而选举行"，即抛弃世袭继承制而代之以择善推举、选贤任能制，郡县制度日益被推广开来，"分国而为郡县，择人以尹之"，封建制度到了秦朝便正式被废置，相反，郡县制在全国各地陆续推行，直迄船山的时代。在此，船山是从地方行政人才的升降体制入手考察封建制一变而为郡县制的原因的。

船山得出的结论是，客观历史形势与趋势（"势"）的改变是导致封建体制（"理"）被郡县体制（"理"）取代的根本原因，即所谓"势相激而理随以易"。有什么样的历史形势及发展趋势就有什么类型的社会规律存在，相应地，当前者发生了变化时，后者便会同时跟随着改易并做出符合前者要求的回应。历史发展的规律和法则总是紧随并附和着其时历史的客观现实过程和发展趋势，即势见理、理随势迁。合而言之，"在势之必然处见理"。

应当说，王夫之对中国历史内部发展过程与变迁的思考和理解是客观的、合理的，较前人的历史认识也更为深刻、透彻。前辈学者对此多有褒扬之词，侯外庐先生就曾直言："在中国思想史上，夫之的史学创见是破天荒的。"① 即势见理的理势合一理论便是侯先生口中的"创见"之一种。在我们看来，为人一直津津乐道的船山理势论其实就是船山的历史理性深入现实历史所结出的硕果。他将历史视为客观实在，并由此出发去深入考察历史内部的运动、变化和发展过程，而考察的装备便是理性的信念和力量。正是在历史理性的指引下，王夫之对整体历史的探察及其结果才足够客观、深刻与振聋发聩。即势见理的历史规律论为我们把握中国秦汉以降历史的发展阶段及原因提供了一个很好的哲学解释理论。

综上，《读通鉴论》作为王夫之史部作品的重要代表作，其内含的历史理性之充盈与深厚令人叹服。王夫之在写作此书前就牢固树立了议论历史所应当具有的理性精神和态度，历史理性可以视为全书撰述的总纲或灵魂。为此，王夫之特意在书末以"叙论"的方式表明了这一点，几篇《叙论》即全书之凡例，其核心便是历史评论的理性精神之宣示与坚守。自然，这便意味着，《读通鉴论》中的史论内容在主流方向上都倾注和贯彻了理性的思想。而从大的内容方面看，王夫之的"不言正统"论与对中国历史整体的根本把握与观点是其历史理性之鲜明、深刻的体现，或者说，这些内容是王夫之在《读通鉴论》中理性论史的典型成果。

王夫之之所以深具历史理性的精神与方法，从根本上讲是出于对客观历史的尊重、对历史实际的重视。他将历史事实与进程看作客观的存在，并怀着极大的兴趣与目的从事对客观历史的思考与探索。如：历史事件或思想的本来面目是什么？历史运动的过程可有规律可循？如此，历史理性的精神便自然流注到了其历史思索与研究当中。结果就是，王夫之能够得出对客观历史的正确认识与判断，能够抓住历史的真相。不仅如此，他还有能力对全局历史实际进行理性的思考与贯通，并且找到了符合中国历史长河发展规律的学说。王夫之正是立足历史的实际进程才探索出了这一发人深省并令人信服的历史规律理论的。历史规律只存在于客观历史的过程当中。王夫之在此走上了一条比较客观、纯粹的历史认知道路，得以对中

---

① 侯外庐：《中国早期启蒙思想史》，人民出版社，1956，第129页。

国历史做出更加符合历史实际的深度认识,他对中国历史实际的哲学思索因此才较前人走得更远。

A Preliminary Investigation into Wang Fuzhi's Historical Reason from His Book of *Dutongjianlun*

Liu Rong

Abstract: Wang Fuzhi's historical comments were strongly valued and had a significant effect in the aftertime, which is attributed to the historical reason rooted in his masterpieces. Wang Fuzhi were used to exploring and evaluating Chinese history by way of rational spirit, so his historical views were normally new and convincing. The book of *Dutongjianlun* was filled with historical reason, such as its fundamental principle of writing, its brand-new views on traditional orthodoxy and its philosophical analysis of the whole Chinese ancient history. By this, we can not only know the rational thinking in his historical thought, but also find his objective and pure cognitive attitude toward history and provide a good reference frame to Wang Fuzhi's thought on the whole.

Keywords: historical reason; *Dutongjianlun*; the theory of orthodoxy; the theory of Li and Shi

"兴"义探赜

曹元甲[*]

【摘　要】 "兴"的起源极早，是中国文化的活化石，具有深厚的文化基因。因此，对它的破解不仅能更好地理解中国美学，而且能更好地理解中国文化以及中国人的思维方式和心理结构。在古代中国，兴不仅存在于巫术活动中，而且存在于审美活动以及伦理活动中。它的影子像幽灵一样贯穿于中国文化的流变演化当中。本文分别从三个方面，即对和"兴"相近的文字进行互训、对"兴"在生产劳动和表演活动中的词性结构进行分析、对"兴"字作为单独概念在先秦典籍中出现的上下文情境进行考察，总结出"兴"的三大主要特征——上举、快乐和节奏，以及这三大特征结合而成的生命律动。

【关键词】 兴　表演活动　生产劳动

一　古文字学家的几种解释

在甲骨文中，"兴"，最初写作⿱，由⿰、⺼、口几部分组成。有的甲骨文将"兴"写成⿰，将⺼写成井。金文⿱承续甲骨文字形。篆文⿱将金文字形中的⺼和口合写成同。隶书興将篆文字形中下部的两只手⿰连写成一。

这里的关键是对构成"兴"这个文字的几个字素究竟该做何理解，解

---

[*] 曹元甲（1987～　），湖北大学哲学学院讲师，主要研究方向为中国美学和中西比较美学。

释的不同将直接关系到我们对"兴"的原始含义及其所蕴含的背景文化的解读和破译。

因为和"舁"的甲骨文 ❄ 类似，罗振玉曾将 ❄ 释作"舁"：

> 《说文解字》："舁，党舁也。从舁从与……"卜辞诸字从般，象二人相授受行，知与、受为舁之初谊矣。知 ❄ 为般者，以般从 ❄，或作 ❄ 从之。知舁字从般者，以受字知之也。般亦舟也，所以盛物。郑司农谓："舟若承盘。"是般与舟殆一物矣。①

在这里，罗振玉将 ❄ 解释为四手，对于 ❄，究竟是"舟"还是"盘"，罗氏则含糊其词，没有明确说明。问题是 ❄ 与 ❄ 在形状上尽管有相同之处，但如果仔细看的话，区别还是很大的。商承祚后来便提出不同意见：

> ❄，昔释与（舁），误，乃兴（興）字。象四手各执盘之一角而兴起之……又或增口……则举重物邪许之声也。②

和罗振玉一样，商氏也将 ❄ 释为四手，但对于 ❄，商氏一上来就说是盘，接着在将 ❄ 释为口之后说是手举的重物，重物与盘明显是矛盾的，这一点让人十分困惑。在释 ❄ 为四手和释 ❄ 为口这两点上，古文字学家们几乎没有什么争论，争论最激烈、意见分歧最多的是对 ❄ 的解释。杨树达也同意释 ❄ 为兴，但他反对将 ❄ 解释为盘，他说：

> 盖盘之为物，轻而易举，不劳众手舁之。古人制字，用意大都精切，不应不协事实如此。故商君释文虽合，其解字仍非也。今按 ❄ 明是甲骨文凡字。叶永森谓其象船帆之形，其说至审。知凡乃帆之初文，帆乃后起加旁字……帆之为物也大。其始也，联布于竿，当于地上为

---

① 罗振玉：《增订殷墟书契考释》，载李孝定编述《甲骨文字集释》第 3 卷，台北：台湾"中央研究院"历史语言研究所，1960，第 829 页。
② 转引自李孝定编述《甲骨文字集释》，第 3 卷，台北：台湾"中央研究院"历史语言研究所，1960，第 829 页。

之。及其移而树之于舟也,当以众手举之。故兴字形象之,而其义为起也。①

的确,杨氏的质疑也是我们的困惑:一物既然需要众手共举,而且在共举的同时发出邪许之声,按照常识来推断,应该是重物无疑了。这个重物也许是舟、帆,也许是夯。② 既然如此,为什么后来还有学者仍将其解释为盘呢?可能问题并没有那么简单。比如陈世骧就仍坚持释<unk>为盘③,原因可能正如彭锋所言:"盘虽轻但仍需众手共举,这当然不是因为实际的需要,而是因为表演的需要。除了这种表演上的需要外,还有宗教、道德情感上的原因。盘的质量虽轻,但在诸如宗教祭祀之类的歌舞活动中,因为敬重、尊重而仍需共举。正如现代汉语词汇所显示的那样,重不仅因为重量而重,而且也因为尊重而重。"④ 如果这个假设成立的话,那么问题就绝不仅仅是对一个古文字的解释那么简单了,而已经深入艺术起源的追问之中了,即艺术起源于劳动,还是起源于巫术活动。不同的解释得出的是两种性质截然不同的活动:释<unk>为舟、帆、夯得出的是生产劳动;解释为盘子得出的是巫术活动。前者是现实性的,后者是表演性的;前者提倡艺术源于劳动,后者主张艺术源于巫术。孰对孰错,我们在此不妄加评论,在艺术起源问题上,我们主张多元起源论,任何一种艺术起源说都不能涵盖所有艺术现象,这里并不是要讨论艺术的起源问题,我们之所以要区分这两种解释,是因为这两种不同的解释得出了两种性质不同的活动,而对这两种不同性质活动做出区分,是我们更加准确地理解"兴"的原始含义的前提。

二 生产劳动还是表演活动?

由于<unk>既能被解释为舟、帆、夯,也能被解释为盘,而我们本身又不具

---

① 杨树达:《释兴》,载《积微居小学金石论丛》,第 90~91 页。转引自周法高主编《金文诂林》,香港:香港中文大学,1974,第 1497 页。
② 郭沫若就持此说。参见郭沫若《卜辞通纂》,科学出版社,1983,第 272、285、538、545 页。
③ 陈世骧:《原兴:兼论中国文学的特质》,载叶维廉编《中国现代文学批判集》,台北:联经出版公司,1976,第 21 页。
④ 彭锋:《诗可以兴——古代宗教、伦理、哲学与艺术的美学阐释》,安徽教育出版社,2003,第 56 页。

备古文字的辨析功夫，因此想通过对古文字的辨析和考证来判定"兴"究竟是生产劳动还是表演活动基本上已经没有指望了。不过我们还是可以依靠其他方法来判定"兴"为何种性质的活动。比如通过对和"兴"意思相近的字的考证、对先秦文献中"兴"字出现的上下文语境的考察、对"兴"字在这两种活动中的词性结构的研究来判断该字素究竟做何解释。我们欣喜地发现，原始之"兴"并非生产劳动，而是一种巫术宗教仪式中的虚拟表演活动。我们的论证从以下几个方面进行。

首先，对和"兴"相近的字进行互训。赵诚在《甲骨文简明词典》中将"兴"解作祭名，对其具体内容做过这样的推测："后代典籍记载兴祭为'喜也，歆也'。而歆则是'神食气也'，与卜辞的兴祭可能有因革关系。"赵先生所谓的后代典籍当指《礼记·学记篇》，其中一句"不兴其艺，不能乐学"，郑玄注曰："兴之言喜也，歆也。"从音韵学的角度看，兴、歆古音相近。此外，还有一个釁字，古音也和兴相近。三字在上古音中均为晓纽。韵部分别为：歆、侵部；兴、蒸部；釁、文部。三者在古音中属通转，其为同源字可知。由此可知，兴是一种和祭祀紧密联系的活动。我们还发现，在《尔雅·释诂》中有句话："廞、熙，兴也。"《周礼》中有"廞""廞乐器""廞舞器""廞裘皮饰车"的说法。据周策纵考证，廞即"兴"，"原义是在承盘上陈列各种器物，在祭或其他公开场合中表示丰饶、成功、贡献、祈祷、庆祝、纪念或追悼，通常伴以乐舞，有时也伴以歌祝述颂之辞"。①从这里就可以推断出，兴就是一种带有浓郁宗教色彩的表演性活动。

其次，通过对"兴"字在这两种活动中的词性结构进行研究，也能推断出兴的活动性质。杨树达就是借助这种思想来论证其观点的，他说："物自起为起，内动字也。举物使起亦为起，外动字也。兴之训起，以字形核之，当为外动举物使起之义。"② 因为杨氏将 𦥑 释为帆，所以他说"兴"只能是生产劳动中的举、起，作为外动字使用。我们也可以反过来说，在模拟性的表演活动中，真正举起的并不是外在的重物，而是内在的精神、情

---

① 周策纵：《古巫医与"六诗"考》，台北：联经出版公司，1986，第218~222页。另见章炳麟《诗说》，载《章太炎全集》（三），上海人民出版社，1984，第391~392页。
② 杨树达：《释兴》，《积微居小学金石论丛》，第90~91页。转引自周法高主编《金文诂林》，香港：香港中文大学，1974，第1497页。

感,是人的精神、情感的上举和兴起,此刻的"兴"是自起,作为内动字使用。这样的争论实际上并没有多大意义。在这里我们不妨借鉴一下这种思想,并顺着这种思想对先秦时期的文献进行一番考证,看看离上古时期不太遥远的先秦,"兴"作为内动字使用的频率高,还是作为外动字使用的频率高。通过这样一番考证,也许我们就能让这个争论画上句号。

正是根据"兴"的词性结构的不同,彭锋把"兴"的用法分为四种情况。一是作为纯内动字,不接宾语,如"夙兴夜寐"。二是作为次内动字,接宾语,但宾语仍可作施事者,如"兴师动众"。三是作为纯外动字,接宾语,宾语不可以作施事者,且是需协力共举之重物,如"大兴土木"。四是作为次外动字,接宾语,宾语不可以作施事者,但也不是需协力共举之重物,如"兴利除弊"。

据此,他对先秦部分文献中"兴"字的用法做了初步考察、分类,大体情况如表1所示。①

表1 彭锋对先秦部分文献中"兴"字的用法的初步考察、分类

单位:次,%

	纯内动字	次内动字	次外动字	纯外动字
《诗经》	9	3	2	
《周易》	4	1	1	
《论语》	7		3	
《春秋左传》	41	25	4	
《孟子》	12	1		
《墨子》	10	5	23	
《庄子》	6		5	
《荀子》	6	3	4	
总计	95(54.3)	38(21.7)	42(24.0)	

从表1的统计中可以看出,在较早的文献中,"兴"主要作内动字(纯内动字、次内动字)用,作次外动字的比例较小,作纯外动字的极为少见。根据"兴"在先秦时期的这种用法,我们完全有理由说把兴理解为模拟性

---

① 哈佛燕京大学引得编纂处编《燕京引得》,上海古籍出版社影印,1986。对"兴"字的四种词性的区分可参见彭锋《诗可以兴——古代宗教、伦理、哲学与艺术的美学阐释》,安徽教育出版社,2003,第57页。

的表演活动比理解为生产劳动更妥当。

最后，通过对"兴"字作为单独概念在先秦典籍中出现的上下文情境进行考察，我们发现它总是与诗、乐、舞等活动有关，从而判断兴是一种模拟性的表演活动。比如：

兴于诗，立于礼，成于乐。（《论语·泰伯》）

小子何莫学夫《诗》。《诗》可以兴，可以观，可以群，可以怨。迩之事父，远之事君，多识于鸟兽草木之名。（《论语·阳货》）

大司乐掌成均之法，以治建国之学政，而合国之子弟焉。……以乐德教国子：中、和、祗、庸、孝、友。以乐语教国子：兴、道、讽、颂、言、语。（《周礼·春官·宗伯》）

大师……教六诗：曰风，曰赋，曰比，曰兴，曰雅，曰颂。（《周礼·春官·宗伯》）

乡大夫……以乡射之礼五物询众庶：一曰和，二曰容，三曰主皮，四曰和容，五曰兴舞。（《周礼·地官·司徒》）

从上面所引的例证可以看出，作为单独概念，在先秦典籍中出现时，兴常常会和诗、乐、舞活动紧密联系在一起。而且在远古时代，诗、乐、舞常常是结合在一起的，它们是三位一体的结构，即使到了春秋时期，情况仍然如此，比如《论语》中就有这样的记载：

子曰："《关雎》乐而不淫，哀而不伤。"（《论语·八佾》）

子曰："师挚之始，《关雎》之乱，洋洋乎盈耳哉。"（《论语·泰伯》）

子曰："吾自卫返鲁，然后乐正，雅颂各得其所。"（《论语·子罕》）

正由于此，司马迁在《史记·孔子世家》中说："三百五篇，孔子皆弦歌之，以求合韶、武、雅、颂之音，礼乐自此可得而述。"在《墨子·公孟》中，墨子也曾以讥诮的口吻说，儒者除了服丧之外，余下的时间便"诵诗三百，弦诗三百，歌诗三百，舞诗三百"。墨子的说法虽然略显夸张，但《诗》在先秦时代可诵、可弦、可歌、可舞，是没有问题的。《乐记》中所讨论的"乐"应是诗、乐、舞三位一体的综合艺术。《乐记》云：

> 凡音之起，由人心生也。人心之动，物使之然也。感于物而动，故形于声。声相应，故生变。变成方，谓之音。比音而乐之，及干、戚、羽、旄，谓之乐。

> 诗，言其志也。歌，咏其声也。舞，动其容也。三者本于心，然后乐器从之。

这里的"乐"明显不是今天所理解的狭义的音乐，而是一种原始的综合艺术。《乐记》对为什么会出现诗、乐、舞三位一体的现象做了一些简明的阐释。

> 故歌之为言也，长言之也。说之，故言之；言之不足，故长言之；长言之不足，故嗟叹之；嗟叹之不足，故不知手之舞之、足之蹈之也。

与这段引文基本一致的论述还可以在《孟子》和《毛诗序》中见到。这足以说明，在上古时期，"乐"是诗、乐、舞三位一体的综合艺术。这种诗、乐、舞三位一体的现象，不仅存在于上古时期的中国，而且在世界上任何一个原始宗教中都普遍存在。文化人类学家对此有大致相同的认识，他们的研究表明，在原始时代，诗、乐、舞不仅结合得异常紧密，而且几乎在各种文化模式中都总是被使用在祭典中。如格罗塞认为："音乐在文化的最低阶段上显得跟跳舞、跟诗歌结连得极密切。没有音乐伴奏的舞蹈，在原始部落间的很少见，也和在文明民族中一样。"[①] 威廉·奈德也认为，在个

---

① 〔德〕格罗塞：《艺术的起源》，蔡慕晖译，商务印书馆，1984，第302页。

人或种族的幼年时代,诗、音乐和舞蹈是连在一起的。① 因此,如果以后再单独说到原始艺术的某一项时,我们心里要清楚,这"某一项"实际上指的是诗、乐、舞三位一体的综合性艺术。

通过以上三方面的论证,我们认为将 𝐇 释为盘比释为舟、帆或夯更合理,更能说得通,进而认为兴并非生产劳动,而是一种模拟性的表演活动,而且这种表演活动也并非现代意义上的乐舞,而是上古时期还未分化的原始综合性艺术。

三 兴与上古原始舞

按说,经过上面的一系列证明,"兴"的含义基本上已经可以确定了,但在这里,我们必须强调一点:兴尽管可以解释为宗教巫术仪式中托盘而舞的活动,但兴并不就是舞,不能完全等同于舞。为了说明这一点,我们必须将论证推进一步,接下来,我们有必要在兴与舞之间做一些区分。

在甲骨文中,舞写作 𝐀。王襄说:"𝐀,古舞字。象人执牛尾而舞之形。"②《吕氏春秋·古乐》中有这样一段记载:

> 昔葛天氏之乐,三人操牛尾,投足以歌八阕:一曰《载民》,二曰《玄鸟》,三曰《遂草木》,四曰《奋五谷》,五曰《敬天常》,六曰《建帝功》,七曰《依地德》,八曰《总禽兽之极》。

里面记载的具体歌名以及旋律,我们今天已完全不知道了,但那种"操牛尾,投足以歌"的兴奋状态,即使隔着几千年的历史长河,依然强烈地感染着我们,那种形象生动的舞蹈画面也依然深深地印在我们脑海中。

前面我们已经证明,兴并不是实际生产劳动中的举起重物,而是表演活动中表演者的身体、精神的上举与兴起。这种解释符合歌舞,尤其是原始上古时期的歌舞的特点。原始歌舞的一个主要目的是"降升上下之神",

---

① 参见朱狄《艺术的起源》,中国社会科学出版社,1982,第 266 页。
② 转引自李孝定编述《甲骨文字集释》卷五,台北:台湾"中央研究院"历史语言研究所,1960,第 1927 页。

也就是使舞者的精神超越到与神沟通、交流甚至同一的境界，这种情形直到今天仍然存在于萨满教中，据一些文化人类学家调查，在一些萨满教流行的地区，萨满行法的时候，常常会借助手舞足蹈的癫狂形式来达到与神沟通的目的。可见，舞蹈尤其是原始舞蹈能够使人兴奋这一说法是没有问题的。

但是能够使人兴奋的除了舞蹈之外，还有其他一些途径和方法，比如饮酒。在占卜成风的商朝，在祭祀活动中，饮酒是巫师与鬼神交流的一个十分常用的手段。卜辞中就有大量饮酒通神的记载，如"鬯，百牛"（《前》5.8.4），"百鬯百羌，卯三百牢"（《佚》543）。鬯，一种特制的祭祀用的米酒。《说文》："鬯，以秬酿郁草，芬芳攸服，以降神也。从凵，凵，象器也；中象米；匕，所以扱之。"出土的商朝墓葬中也常常会发现大量的酒器，这也可以作为祭祀饮酒的佐证。这种祭祀饮酒的习俗十分强大，以至于蔓延到他们的日常生活中，被时人以及后人视为王朝灭亡的原因之一。比如《尚书·微子》："我用沉酗于酒，用乱败厥德于下……天毒降灾荒殷邦，方兴沉酗于酒。"《尚书·酒诰》："天降威，我民用大乱丧德，亦罔非酒惟行，越小大邦用丧，亦罔非酒惟辜。""又惟殷之迪诸臣惟工，乃湎于酒，勿庸杀之，姑惟教之。"司马迁在《史记·殷本纪》中有更生动的记载："帝纣……好酒淫乐……于是使师涓作新淫声，北里之舞，靡靡之乐。……大聚乐戏于沙丘，以酒为池，悬肉为林，使男女裸相逐其间，为长夜之饮。"饮酒是不是商朝灭亡的原因，在这里我们不敢妄言，不过至少可以证明一点，那就是商朝祭祀时，饮酒是他们通神的手段之一。

祭祀通神，除了饮酒，还可以借助动物精灵的形式。张光直说："在商周之早期，神话中的动物的功能，是发挥在人的世界与祖先及神的世界之沟通上……在古代的中国，作为与死去的祖先之沟通的占卜术，是靠动物骨骼的助力而施行的。礼乐铜器在当时显然用于祖先崇拜的仪式，而且与死后去参加祖先的行列的人一起埋葬。因此，这些铜器上之铸刻着作为人的世界与祖先及神的世界之沟通的媒介的神话性的动物花纹，勿宁说是很不难理解的现象。"① 这样看来，青铜器上的饕餮就并不像有些学者说的那

---

① 张光直：《中国青铜时代》，三联书店，1983，第 313 页。

样是恐怖的象征①，反倒是引人兴奋进而通神的亲密媒介。

除了以上介绍的两种通神途径，张光直在《商代的巫与巫术》一文中还列举了其他几种巫师通神的工具和手段，包括山、树、鸟、动物、占卜、法器、药物、饮食等。②

不过，殷人祭祀通神的主要手段还是舞蹈。恩格斯曾说："舞蹈尤其是一切宗教祭祀的主要组成部分。"③ 马克斯·德索认为，在原始部族中，"戏剧、舞蹈、音乐形成了一种协调的综合艺术，它一般来说总是和宗教仪式有关"④。摩尔根也指出："舞蹈是美洲土著的一种敬神仪式，也是各种宗教庆典中的一项节目。……与他们的宗教信仰和崇拜神明的制度有直接的关系。"⑤ 可见，在诗、乐、舞中，舞又是作为最主要的因素与原始祭祀发生关系的，这是一种在世界上任何一个民族中都普遍存在的现象。在中国商朝的卜辞中也有大量的"舞"字。据陈梦家考证，舞多与求雨的祭祀活动有关。⑥ 求雨的祭祀活动叫作雩，雩的主要形式就是舞。《说文》："雩，夏祭乐于赤帝，以祈甘雨也。从雨，于（亏）声……雩，羽舞也。"《周礼·春官·女巫》："旱暵则舞雩。"祭祀活动需要舞蹈就像需要饮酒一样，都是为了便于通神。这种因饮酒、服药、舞蹈而导致的血液、筋肉、精神上的奋发、升腾，就是"兴"的最初含义。舞蹈只是导致兴的一种手段，尽管是最主要的一种手段，我们仍然不能在二者之间随便画上等号，这一点必须强调清楚。

四　兴的三个特征

我们已经说清楚了兴不完全等同于舞蹈，但是从字形上来看，兴与舞蹈又密切相关，因此谈论兴就不能脱离舞蹈。为了更深入地理解兴，我们不妨以"兴"字的原始感性形象（托盘而舞）为考察对象，从而来找出兴

---

① 李泽厚认为，古代青铜器上的各种兽面纹饰"都在突出这种指向一种无限深渊的原始力量，突出在这种神秘威吓面前的畏怖、恐惧、残酷和凶狠"。参见李泽厚《美的历程》，中国社会科学出版社，1984，第44页。

② 张光直：《中国青铜时代》（二集），三联书店，1990，第52~64页。

③ 《马克思恩格斯选集》第4卷，人民出版社，2012，第104页。

④ 转引自朱狄《艺术的起源》，中国社会科学出版社，1982，第239页。

⑤ 〔美〕摩尔根：《古代社会》，杨东莼等译，商务印书馆，1992，第113页。

⑥ 陈梦家：《殷虚卜辞综述》，中华书局，1990，第52~65页。

的主要特征。通过对托盘而舞的观察和分析,我们总结出兴的三个主要特征:上举、快乐、节奏。

一是上举。对于兴的这个特征,我们在释🕮为舟、帆、夯还是盘的辨析中,以及在区分兴与原始舞蹈的分析中就已强调过了,这里不再赘述。

二是快乐。由上一个特征就能推出这个特征。因为精神的上举、奋发其实就是一种昂扬的、快乐的情感。《说文·女部》:"嬹,说也。"桂馥义证:"通作兴。"《广雅·释诂一》:"嬹,喜也。"王念孙疏证:"《学记》:'不兴其艺,不能乐学',郑玄注曰:'兴之言喜也,歆也。'《正义》引《尔雅》云:'歆、喜,兴也。兴与嬹通。'"《尔雅·释诂》:"般,乐也。"刑昺疏:"般者,游乐也。"《诗经·周颂》里有诗名曰《般》,《卫风》里有《考槃》。《毛诗传》释"般"和"槃"都作"乐也"。《孟子·公孙丑上》有"般乐怠傲",《荀子·仲尼篇》有"闺门之内,般乐奢汰"。可见,快乐是兴很重要的一个特征。

三是节奏。释🕮为凡,而凡、般、盘实古今字。般,有"旋转"的意思。《说文》:"般,辟也。象舟之旋,从舟从殳。殳,所以旋也。"这里说的是舟旋,虽然也表示旋转,但总觉得有些勉强,从美感上来看,不如盘之旋转更自然一点。甲骨文"兴"字的形状是四手托盘而舞,其实四手即众手之义。我们可以想象一下,众手共举一个盘子舞蹈,这样的舞蹈形式很可能就是盘旋着、旋转着行走,而且这种行走必须得步调一致,否则就会走得乱七八糟,手里的盘子是托不稳的。要知道,在祭祀活动中,整个过程氛围肃穆庄严,仪式感十足,祭祀程序也格外严格,任何无意的失误与有意的轻佻都是对神灵的冒犯和亵渎,其后果是极为严重的,就像李泽厚所说的:"一举手一投足都有严格的规定,一个动作也不容许做错,一个细节也不容许省略、漏掉……否则就是对神的大不敬而会给整个氏族、部落带来灾难。"[①] 因此,整个托盘而舞的过程,节奏是必需的东西,正因此,"兴"的金文加了"口"字,写作🕮。商承祚释口为"举重物邪许之声",杨树达认为是"令举物齐一的发令声",他们是从现实的共同劳作的角度来解释"口"的含义的。陈世骧则释"口"为:"乃是初民合群举物旋游时所

[①] 李泽厚:《中国古代思想史论》,人民出版社,1984,第10页。

发出的声音，带着神采飞逸的气氛，共同举起一件物体而旋转。"又说："'兴'的呼喊于是在初民的群舞里产生，起初这呼喊可能都发乎欢情，合群的劳作渐为联系的游乐，也可能都因为古老节庆场合里人们因肢体结合感受到一种愉悦才发出'兴'的呼喊。无论如何，快活的劳动和节庆的游戏是产生这种呼喊的原动力，这种呼喊带有节奏的因素，而且变化无穷，可以说是初民合群歌乐的基础。"① 商、杨二人尽管有争议，但他们在共举重物发出呼声这一点上是一致的；陈氏则不加区分地将两种性质的活动混在一起。由于我们通过考证和分析，已经把兴确定为模拟性的表演活动，因此这里的呼声不是劳动的号子，这是我们不同意商、杨二人的地方。但在呼声"令举物齐一"这一点上，我们又是一致的。陈氏认为呼声是群舞的产物，我们是同意的，但他接着又说此种呼声是"因为古老节庆场合里人们因肢体结合感受到一种愉悦才发出'兴'的呼喊"，这又是我们和他不一致的地方。我们认为，呼声是众手托盘而舞的产物，但是这种呼声不是出于"欢情"，而是出于节奏，出于在群舞过程中保证众人能够步调一致，不出丝毫差错而发出的协调之声（当然也不排除一种可能，即在群舞渐入佳境的过程中，或者在感到已经与神会通的时刻发出欢呼，这种情况一般发生在祭祀活动的中后期，至少在前期可能性极小，即使全程如此，它也只是金文中增加"口"字的结果，而非原因）。

综上所述，通过对甲骨文中"兴"字的考释，我们总结出了兴的三大主要特征——上举、快乐和节奏，以及这三大特征结合而成的生命律动。这就是甲骨文"兴"字所显现出来的原初含义。

Study on the Meaning of "Xing"

Cao Yuanjia

Abstract：The origin of "Xing" is very early, it is a living fossil of Chinese culture, it carries a deep cultural gene. Therefore, to crack it can not only better

---

① 陈世骧：《原兴：兼论中国文学的特质》，载叶维廉编《中国现代文学批判集》，台北：联经出版公司，1976，第 20~24 页。

understand Chinese aesthetics, but also better understand Chinese culture and Chinese way of thinking and psychological structure. In ancient China, "Xing" existed not only in witchcraft activities, but also in aesthetic and ethical activities. Its shadow runs through the changes and evolution of Chinese culture like a ghost. This paper respectively from three aspects, that is, explain to each other between the text of similar and "Xing", analysis the structure of parts of "Xing" in productive labor and performance activities, and based on the popular the word as a single concept in Pre-Qin classics in the context of situation, summed up the "Xing" of the three main characteristics-lifting, happiness, and rhythm, as well as the combination of the three characteristics of life rhythm.

Keywords: Xing; performance activities; productive labor

西方价值与伦理

基于生物电信号技术对道德心理研究新方法的探索[*]

——兼论伦理学研究方法创新的可能方向

李怡轩[**]

【摘　要】 经过检视并亲自尝试借助实验科学技术尤其是基于生物电信号的进步而对创新伦理学研究方法所做的有益尝试,得知实验科学技术的进步、人类认知水平的提升,必将大大丰富未来伦理学论理方法并有效改良伦理学论理模式,这为未来伦理学研究方法的完善提供了重要参考方向。未来伦理学研究方法的完善,应该是朝着继承和发扬经典伦理学研究方法的长处的研究方向前进,应该是朝着规避由不证自明的预设前提而推导出"善"内涵的不良方式的研究方向前进,应该是朝着全面涉及伦理学研究诸要素的研究方向前进,应该是朝着以道德实践为最终落脚点的研究方向前进,应该是朝着充分借助人类认知新成果不断丰富论理方法和改良论理模式的研究方向前进。

【关键词】 生物电信号　道德心理　伦理学　研究方法

---

[*] 本文系教育部人文社会科学研究项目"伦理学视域下基于生物电信号构建典型道德心理模型的可能性探索"(项目编号：11XJC720001)之研究成果。

[**] 李怡轩,哲学博士,西南政法大学哲学系教师,西南政法大学应用伦理学研究中心研究员,硕士生导师,研究志趣涉及伦理学基础理论和中外伦理思想史,兼顾应用伦理学。

近十年，随着生物医学的进步，人类自我认知水平达到前所未有的高度，加之援用心理学等学科知识丰富伦理学研究领域的诸多实践，为创新伦理学研究方法、消除传统方法对涵盖人性前提和价值前提的伦理学基础理论研究方法所带来的困扰提供了可能。一系列颇具萌芽性质的新尝试，尤其是多里斯（J. M. Doris）及其团队、格林（J. D. Greene）及其团队创新伦理学研究方法的新尝试应运而生。这种跨学科借助人类自我认知新手段拓展道德心理及伦理学研究领域和研究方法的探索，为创新伦理学研究方法提供了新思路、新手段。

一 认知领域新成果对创新伦理学研究方法的拓荒性尝试

当前，生物医学以及实验心理学的前沿领域陆续取得关于人类自我认知的新成果，为提高人类自我认知水平提供了新技术手段。学者们在自己专门领域取得成果的基础之上，突破学科界限，将其成果运用于伦理学领域的研究工作：有的对神经科学、心理学、社会学以及生物电信号技术的新成果是否能够促进伦理学研究做了总体性预测展望，有的更是直接设计并试验将脑神经科学等领域的新成果运用到伦理学领域的新方式。他们这些颇具萌芽性质的尝试很值得我们认真检视。

乔达诺（James J. Giordano）和戈鼎（Bert Gordijn）认为，也许涉及神经科学信息最困难的问题，就是追求神经科学知识与社会的伦理意义上的好达成一致性的问题。他们对此进行了专门探讨，并撰写专著 *Scientific and Philosophical Perspectives in Neuroethics*。他们认为，应该从神经科学和生物伦理学、科学和哲学等多个视角探索重要的神经科学和脑科学的发展，同时也谈到应该研究三个核心问题：第一，神经科学调查的范围和方向是什么？第二，如何理解科学和哲学思想的相互影响？第三，在现今和将来，脑神经科学能够对伦理问题带来什么样的影响？①

赖斯（H. T. Reis）和贾德（C. M. Judd）则合力出版了一本涵盖概念分析和实际问题的研究设计领域以及社会和人格心理学领域的专门著述 *Hand-*

---

① James J. Giordano, Bert Gordijn, *Scientific and Philosophical Perspectives in Neuroethics*, Cambridge University Press, 2010.

book of Research Methods in Social and Personality Psychology，系统阐述能够帮助我们找到探索个体人格与心理科学之间特定联系的可用工具和方法，并且在这些工具和方法的基础上展开新的讨论和研究。[1]

科恩（A. E. Cohen）和温克塔切姆（V. Venkatachalam）在生物电信号技术的运用方面，提出了更富有伦理学学科特色的探索设想。他们联合发表了题为"Bringing Bioelectricity to Light"的论文，提出在电生理学的研究系统中结合光学膜电压的扰动和光学所引导出的以前无法使用的电极测量进行研究的可能。他们宣称，通过新的生物电信号技术的发展和运用，人们便可以更加精确地对生物电信号进行测量和把握；同时，经过对生物电信号的进一步了解，人们能够理解自身行为所产生的物理规律性，由此也对人类深入理解自身行为提供一种崭新的可能性。[2]

值得注意的是，斯坦福词条对"道德心理学"（经验主义路径）的发展进行了较为详细的介绍。[3] 实际上，伦理理论通常需要解释较为困难的个体心理问题才能理解人类道德环境的独特功能。因此，道德心理学在哲学伦理学中逐渐占据中心地位便不足为奇了。道德心理学的发展是一种实证研究方式的发展，它需要多学科部门的协作发展，亦即多元化的资源的相互借鉴和利用。正是通过这种跨学科的调查研究，我们才可能进一步理解自身伦理行为的本质问题。

神经科学家尼可列利斯（M. A. L. Nicolelis）等人借助脑神经科学新成果在伦理学研究领域做出了新的尝试。他认为，现阶段神经科学的迅猛发展，使得我们从神经科学的理论中获得理解人类行为本质并干预人类行为的手段成为可能。他发表在 Nature 上的文章"Actions from Thoughts"提出，期望通过将神经机制——数以百万计的脑细胞的电活动——转化为精确熟练的动作序列来理解人类行为的本质。[4] 该文的重点放在神经分析设备与人

---

[1] H. T. Reis, C. M. Judd, *Handbook of Research Methods in Social and Personality Psychology*, Cambridge University Press, 2014.

[2] A. E. Cohen, V. Venkatachalam, "Bringing Bioelectricity to Light," *Annual Review of Biophysics*, 2014, 43: 211 - 232.

[3] Moral Psychology Empirical Approaches, Stanford Encyclopedia of Philosophy, Apr. 19, 2006, http://plato.stanford.edu/entries/moral-psych-emp/.

[4] M. A. L. Nicolelis, "Actions from Thoughts," *Nature*, 2001, 409 (409): 403 - 407.

类大脑连接可能性的分析上，极富影响力，可以预见，其将对未来伦理学研究起到方向性的指导作用。

欧洲科学与新技术伦理小组借助信息交流技术 ICT（Information and Communication Technology）进行了人类行为研究的新尝试。在其发表的"Ethical Aspects of ICT Implants in the Human Body"一文中指出，ICT 作为一种可植入人体的检测方式，通过对该科学领域的进一步研究，能够确保对道德意识进行有效的分析。① 当然，在确立这种研究时必须要注意其本身的伦理界限、法律原则等。总的来说，ICT 技术的发展是典型的各种技术应用在人类行为研究上的重要实例。

从以上介绍的情况可见，无论是乔达诺和戈鼎等人对神经科学、心理学、社会学以及生物电信号技术新成果可能促进伦理学研究进行的预测展望，还是尼可列利斯等人借助脑神经科学新成果在伦理学研究领域的新尝试，以及欧洲科学与新技术伦理小组借助信息交流技术 ICT 在人类行为研究中的新尝试，虽未取得实质性进展和显著成果，甚至于他们的研究方式及其成果还有些杂乱无章，但确确实实向借助人类自我认知的新手段、新成果拓展伦理学研究新方法、新领域伸出了试探的触角，促进了新的伦理学研究方法的出现。

显然，哲学、神经系统科学以及心理学之间的多学科交叉发展，产生了许多有效的实验方法成果。在此，有必要提到多里斯及其团队。相比其他人，多里斯更注重从伦理学理论本身出发，从中发现尚未解决的问题，然后以实验的方式来进行研究。譬如在"Vicious Minds：Virtue Epistemology, Cognition, and Skepticism"②一文中，便针对德性认识论的怀疑论，从理论伦理学的角度出发，在实验科学中寻找这些还未揭开的答案。同样的，在"Personality and Personal Control"③一文中，多里斯试图解决的仍然是理

---

① EGE, "Science. Ethical Aspects of ICT Implants in the Human Body," *Jahrbuch Für Wissenschaft Und Ethik*, 2005, 10 (1): 501 – 525.
② Lauren Olin, John M. Doris, "Vicious Minds: Virtue Epistemology, Cognition, and Skepticism," *Philosophical Studies: An International Journal for Philosophy in the Analytic Tradition*, 2014, 3 (168): 665 – 692.
③ S. Vazire, J. M. Doris, "Personality and Personal Control," *Journal of Research in Personality*, 2009, 43 (2): 274 – 275.

论伦理学中尚在争论的个体人格和个人控制之间的关系问题。此外，新近成果"How to Argue about Disagreement: Evaluative Diversity and Moral Realism"①和"Morality in High Definition: Emotion Differentiation Calibrates the Influence of Incidental Disgust on Moral Judgments"②都表现出了多里斯对伦理学的纯粹理论的研究兴趣。在一定程度上，多里斯更好地结合了理论伦理学和实验心理学，为解决理论伦理学的许多困境提出了颇具参考价值的建议。

当然，最值得提到的是格林及其团队。他们沿着人类自我认知新成果可能促进伦理学研究方法创新的方向，尤其是在借助生物电信号技术创新伦理学研究方法方面，走得更远，成果也更为深入和系统，更具有参考意义。

二 基于生物电信号技术创新伦理学研究方法的进一步尝试

格林及其团队多次尝试使用生物电信号技术这一实验科学新手段，试图发现事实与价值之间是否存在关联以及存在何种关联。2003年，在大家还没有意识到生物电信号技术居然可以进入伦理学研究领域时，格林就发表了论文"From Neural 'Is' to Moral 'Ought': What Are the Moral Implications of Neuroscientific Moral Psychology?"。在该文中，格林提到，在科学和神经系统科学中，通过给我们提供那些唤起我们再评估我们的道德价值和道德观念的信息，可以找到深厚的伦理意蕴。③这就很有点意思了。显然，格林的观点是既同意科学的"是"和伦理学的"应该"之间有区别，同时

---

① J. M. Doris, A. Plakias, "How to Argue about Disagreement: Evaluative Diversity and Moral Realism," in Sinnott-Armstrong Walter (ed.), *Moral Psychology*, Vol. 2: *The Cognitive Science of Morality: Intuition and Diversity*, MIT Press, 2008, pp. 303-331.

② C. Daryl Cameron, B. Keith Payne, John M. Doris, "Morality in High Definition: Emotion Differentiation Calibrates the Influence of Incidental Disgust on Moral Judgments," *Journal of Experimental Social Psychology*, 2013, 49 (4): 719-725.

③ J. D. Greene, "From Neural 'Is' to Moral 'Ought': What Are the Moral Implications of Neuroscientific Moral Psychology?" *Nature Reiview Neuroscience*, 2003, 4 (10): 846-849.

又认为两者之间相互贯通和包容。他的依据就是生物电信号技术所构建的模型。他的这一尝试，在伦理学研究方法领域产生了划时代的影响。①

格林及其团队非常重视实验方法在伦理学研究中的作用。他专门设计实验方案，探索道德判断中反思和推理的作用规则。为什么认知科学或者说包括一些神经科学对规范伦理学来说是具有意义的呢？这个问题很重要，必须说清楚，而且要基于一定实验成果来阐述。格林的"Beyond Point-and-Shoot Morality：Why Cognitive（Neuro）Science Matters for Ethics"一文就是一篇专门阐述认知科学或者神经科学对规范伦理学具有何种意义的文章。在这篇文章中，首先，格林对道德判断的双重理论进路进行了概括，并总结了对此进行支持的论据；其次，格林对支持直觉道德判断的实验结果进行了介绍；最后，他对这种理论和实验之间的联系进行了阐述。② 格林的观点很清楚，即道德心理学对规范伦理学有不可忽视的支持作用，并且他对今后类似的跨学科发展持非常乐观的态度。这个问题能否说清楚，关乎伦理学领域实证方法得以确立的根基。格林看到了这一点，并对此做了奠基性的工作。

基于生物电信号技术手段，对处于具体道德场景中的行为个体建构神经系统的工作模式，以便于深化生物电信号技术在伦理学研究领域的运用，是格林及其团队近十年一直在做的工作。他们对此专题的大量实验研究工作进行了总结，详述于"Integrative Moral Judgment：Dissociating the Roles of the Amygdala and Ventromedial Prefrontal Cortex"③一文中。这篇文章介绍了格林及其团队最近十年的研究（尤其是基础性的神经建构工作），对必然的

---

① 笔者也是受到格林发表于2003年的这篇文章的影响，制订了"伦理学研究的实证方法探索"和"伦理学视域下基于生物电信号构建典型道德心理模型的可能性探索"等一系列研究计划并努力开展相关工作。虽然限于跨学科知识的不足、实验人手不够以及实验设备的欠缺，研究进展缓慢、极其艰难，但是，由于更新研究方法而燃起的以此有所突破、有所创新的科研信心从未低落过。经过几年的艰辛工作，虽然尚未最后完成典型道德心理模型构建，但笔者更有信心并坚定地提出"充分援用人类认知新成果（基于生物电信号技术的新成果）而不断创新伦理学研究方法"的主张。对于这个主张，笔者将在第三部分具体阐述。
② J. D. Greene, "Beyond Point-and-Shoot Morality：Why Cognitive（Neuro）Science Matters for Ethics?" *Ethics*, 2014, 124（4）：695–726.
③ A. Shenhav, J. D. Greene, "Integrative Moral Judgment：Dissociating the Roles of the Amygdala and Ventromedial Prefrontal Cortex," *Journal of Neuroscience the Official Journal of the Society for Neuroscience*, 2014, 34（13）：4741–4749.

道德判断和控制性的道德判断做了有益的分离。研究结论体现在一些范例中，例如将典型的伤害行为（从人行桥上将别人推下）的消极性必然反应与控制性的追求极大善的行为（在电车难题中救五个人而不是一个人）的反应做对比。之前尚不清楚的是，这些道德判断如何跟"全盘考虑的道德判断"进行某种意义上的冲突对比。在这里，该文章述及实验研究对此种综合性判断进行了测验。在实验中，格林的实验团队着眼于扁桃体以及腹内侧前额叶皮层对自我兴趣的、基于价值的人类或者动物判断的重要贡献。参与者会在道德两难困境中进行功能磁共振图像的测试，并同时对最好结果和最难接受的结果进行判断。而实验的结果表明，所谓"全盘考虑的道德判断"同时连带了情绪上的极度厌恶——尤其体现在扁桃体所显示出的数据上。在这种综合的道德判断中，腹内侧前额叶皮层表现出对功利主义或者实用性判断的偏爱（扁桃体的测试数据也随之变化）。这些发现说明一些所谓的"全盘考虑的道德判断"本身依赖于腹内侧前额叶皮层以及扁桃体的综合联结作用，而这种作用的根源是一种情感性的考量结果。这篇文章的结论对于通过生物医学手段研究道德领域的情感作用机理及模式极具里程碑意义。

格林团队从经验主义的实验方法角度出发，期待对伦理学理论的有效性进行更加精细化的解释——一个基于人类自我认知最新成果的可靠性解释。在很大程度上，这种实验结论是积极的，就像在"Beyond Point-and-Shoot Morality: Why Cognitive (Neuro) Science Matters for Ethics"中格林所述，我们无法去简单否认神经科学或者说道德心理学对规范伦理学理论的支持作用，并且这种跨学科的联系发展本身就具有很大的发展潜力。[①]

但是，我们也在这种实验的设计和结论方面看出一些和理论伦理学不相适应之处。

首先，如在论文"Are 'Counter-Intuitive' Deontological Judgments Really Counter-Intuitive? An Empirical Reply to"[②] 中我们也可以看出（尤其是通过

[①] J. D. Greene, "Beyond Point-and-Shoot Morality: Why Cognitive (Neuro) Science Matters for Ethics?" *Ethics*, 2014, 124 (4): 695-726.

[②] J. M. Paxton, T. Bruni, J. D Greene, "Are 'Counter-Intuitive' Deontological Judgments Really Counter-Intuitive? An Empirical Reply to," *Social Cognitive & Affective Neuroscience*, 2014, 9 (9): 1368-1371.

卡哈内的实验），即使一些特殊的实验实例确实会在道德认知领域对原先的道德判断做出颠覆性的结论，这种结论通过和格林实验进行对比也会产生新的问题，即实验本身的普遍有效性也是需要考察的。同样地，从"Integrative Moral Judgment：Dissociating the Roles of the Amygdala and Ventromedial Prefrontal Cortex"中我们可以看到，实验的根本性着眼点本就设计在一种"道德两难"的情境中，这确实是一种突出的伦理学问题，但是并不能表示出所有道德判断的本质。因此笔者认为类似实验的可能性本身是个体化的，少次数的实验并不产生具有代表性的结论。

其次，只要精神科学实验产生类规律性的反应，该实验的结论只会是"情感性的影响非常大"，譬如"Integrative Moral Judgment：Dissociating the Roles of the Amygdala and Ventromedial Prefrontal Cortex"一文的结论。该实验测试主体是行为者（判断者）的情感因素（是否会影响选择）产生了是或者否的结论，由此必定会忽略行为者判断中其他因素的可能性。

最后，所有的实验本身只是提供了一个判断上的逻辑表述，典型的如"Patterns of Neural Activity Associated with Honest and Dishonest Moral Decisions"[①]一文，实验本身确实提供了一个事实性描述，但是伦理学本身的"应然"品质是实验本身不能够提供的（"而是"与"应当"之间的关系并没有由实验结论给出）。正如康德所述，即使世界上没有一个纯粹从义务出发去行为的人，我们也不能否认其神圣性。

总体而言，实验科学对伦理学研究尤其是道德心理学的发展有十分巨大的积极作用。这种非常现代的研究方式在很大程度上，对伦理学研究的意义，绝不仅仅在于证明或否定理论伦理学原来的观点，而在于可以使用比以前更先进更科学的手段更好地证明或否定理论伦理学原来的观点，甚至于提出具有质的飞跃的新伦理学理论，尤其是在人的本然状态及价值判断领域。显然，基于伦理学研究实际的特定实验科学，将是当前伦理学能够继续发展的一个重要推动力。

---

① J. D. Greene, J. M. Paxton, "Patterns of Neural Activity Associated with Honest and Dishonest Moral Decisions," *Proceedings of the National Academy of Sciences of the United States of America*, 2009, 106 (30): 12506 – 12511.

三 基于实验科学手段的尝试性运用而创新伦理学研究方法的可能方向

伦理学研究方法与伦理学理论架构密切相关。把握伦理学理论架构，需要了解伦理学知识体系，而伦理学知识体系又是由伦理学定义所规定的。笔者给伦理学所下的定义是：伦理学是以"善"为核心范畴，对社会领域中人类行为的"实然"现象、"应然"追求及其相互关系进行理论研究，而后又以内心信念和社会舆论等为手段和途径将已经得到理论论证的"善"的价值理念用道德法则和规范的方式推及人类行为实践领域的科学。由该定义可以得出伦理学的理论品质、学科使命，以及伦理学知识体系以"善"为核心范畴包含伦理学理论和伦理学方法论两大方面的内容。其中，伦理学理论包含基础理论和应用理论两部分，伦理学方法论又涉及研究方法和具体手段两部分内容。研究方法嵌入伦理学理论中，与之密不可分。①

基于完整的伦理学理论架构对经典伦理思想研究方法做对比性检视之后发现，虽然这些经典的伦理思想研究方法的优越之处可圈可点，但问题也不少。造成这种情况的根本原因在于，传统的由自明前提推出"善"的内涵的研究方法已经不符合当代认知原则，人们对伦理学研究方法要求提高的速度超过伦理学具体研究方法的创新速度，同时也与社会现实的变化、文化多元化、价值多样化等有关，当然还与伦理思想的作者自身的知识结构和理论视野相关。

实验科学技术的进步，尤其是生物医学的进步，提高了人类自我认知的水平，为创新伦理学研究方法尤其是具体研究方法带来了契机。许多其他学科的研究者将神经科学、心理学、社会学以及生物电信号技术等领域的新成果应用于伦理学研究领域，尝试着创新伦理学研究方法。多里斯及其团队、格林及其团队在此方面的尝试尤为突出，成果较为系统，已经用生物电信号技术手段分别研究事实与价值的关系、自由与责任、情感在道

---

① 笔者在2005年完成的硕士学位论文《卢梭政治伦理思想研究——以另一种伦理学体系为视角》中较为全面地探讨了伦理学理论体系问题（详见李怡轩《卢梭政治伦理思想研究——以另一种伦理学体系为视角》，硕士学位论文，西南师范大学，2005）。

德判断中的作用机制、知识（认识）与德性及其关系、道德判断中反思和推理的作用规则、神经科学对于规范伦理学的意义的根据、使用生物电信号技术手段为道德场景中的行为个体构建神经系统工作模式等。虽然还有人对援用实验科学手段进行伦理学研究提出质疑，但是，援用实验科学手段创新伦理学研究方法的成果日益增多，已经让我们不得不正视实验科学对伦理学研究的实际推动力。笔者在相关研究过程中所遇到的困难和收获启发着笔者：或许实验科学的进步可以帮助我们创新伦理学研究方法，从而逐步解决许多传统研究方法无法解决的伦理学难题，我们有理由期待。

随着高举科学主义大旗的分析实证主义思潮的步步紧逼，人类自我认知手段的更新、水平的提高，伦理学理论研究领域推陈出新及追求更加完善的伦理学新理论、新主张的愿望日益强烈，人们反思之前伦理学研究方法的成功与不足的意识更加强烈，捍卫伦理学的科学性品质的决心更加坚定，探索伦理学研究方法完善方向的兴趣也空前高涨。

通过反思经典伦理学研究方法，检视利用实验科学技术领域新成果所做的创新伦理学研究方法的新尝试以及其他有利于创新伦理学研究方法的种种努力，笔者有理由相信，未来伦理学研究方法的完善轨迹应该是全面沿着以下五个向度前进。

第一个向度，未来伦理学研究方法的完善，应该是朝着继承和发扬经典伦理学研究方法的长处的研究方向前进。

几千年的人类文明史孕育出的伦理学硕果，自其出现之日起，既作为人类进步的文明成果逐渐丰硕进而成为今天的宝贵精神财富，又作为人类从蒙昧一步步自我提升的精神工具逐渐完善进而成为今天谋幸福图进步的智慧。可以说，人类进步的文明史，有很大一部分是由伦理学理论的进步历程表述的。伦理学理论深深融入人类的存在层面，表达着人类存在的重要内涵。伦理学的自我完善，既是理论自身的完善，又是人类的自我完善。人类出于对自身完善的谋划，必将紧紧依靠之前就伴随和守护着自己进步的伦理学理论工具，并随时希望其更加完善。

理论尤其是像伦理学这样拥有悠久历史和丰富积累的传统理论的进步和完善，必定是在对之前理论成果的批判基础之上，继承其精华并将之发扬光大。就这个意义来讲，伦理学不可或缺的研究方法，其完善的方略也应该是继承和发扬之前的优秀研究方法成果。亚里士多德、康德、摩尔、哈贝马斯等伦理学家的研究方法中的优势和合理成分，都是完善当前伦理学研究方法应该学习和继承的对象。根据本论文前面所述，不难看出，亚里士多德、康德等人堪称经典的论理模式，是我们今天完善伦理研究方法仍然不可抛弃的宝贵资源；摩尔等元伦理学家质疑从事实推出价值判断的合理性并强调要重视伦理学语言的规范的主张，是我们今天完善伦理学研究方法仍然应该坚持的宝贵意见；哈贝马斯等强调伦理学家应正视文化多样化和价值多元化的现实、正视前所未有的平等主体意识的现实，另辟蹊径地提出新的伦理学论理模式的做法，是我们今天完善伦理学研究方法应该效仿的榜样。当然，在继承他们的研究方法时，应该时刻不忘甄别优劣。

第二个向度，未来伦理学研究方法的完善，应该是朝着规避由不证自明的预设前提而推导出"善"内涵的不良方式的研究方向前进。

以某个预设前提为伦理学研究方法的起点，是之前诸多经典伦理思想的共同之处。这种模式本身没有太大问题，符合人们的推理习惯，问题出在那个被预设的前提未经证明。这个或者几个未经证明的预设前提，可能是当时较多人都认同的一种未经证实的说法，或者仅仅是伦理学家自己独白式的表述。这种可能源于信仰或者普通民众一致的说法的预设前提，被赋予不证自明的神奇特性，经分析即可得出核心范畴"善"的内涵。一旦人类认知水平得到提升，该研究方法就显示出致命缺陷，有效性大打折扣。

以亚里士多德伦理学研究方法为例。在当时那种对世界和人类自身的认识还处于混沌、蒙昧状态的阶段，人们普遍相信作为起点的"目的论"和"灵魂说"这些源于某种信仰的现世传说，并将其作为所谓科学理论的起点。当人们对世界及人类自身的认识有所提升之后，对"目的论"及"灵魂说"的有效性的质疑就显现出来。康德的伦理学研究方法同样面临这种质疑。尤其是康德自己就高举着启蒙旗帜，号召大家大胆运用理性，质疑一切源于权威的不讲道理的思想主张。可是，他的伦理学研究方法的起点——人人平等拥有理性和自由的根据在哪里呢？尽管康德对理性和自由的说辞极为精巧，但是，人们的质疑难以消除。

显然，要经得起人类极其挑剔眼光的检视，伦理学研究方法不能再使用那种未经证明的、被赋予自明特性的预设前提作为论理起点。

第三个向度，未来伦理学研究方法的完善，应该是朝着全面涉及伦理学研究诸要素的研究方向前进。

回顾历史上种种伦理思想的研究方法，笔者发现部分伦理思想研究方法的视野不是很开阔，甚至于没能全面涉及伦理学研究的必备要素。这是应该避免的。就今天伦理学研究现状来看，伦理学研究所涉及的要素颇为丰富，其中最为重要的包括人、自然、文化传统（含习俗）、社会现实诉求，以及基于最新人类认知水平的伦理学研究方法等。因此，一个完整的伦理学理论体系至少应该涉及人、自然、文化传统（含习俗）、社会现实诉求和伦理学研究方法这五个基本要素。正是这五个基本要素及其相互的关联性，共同构筑了伦理学理论研究的论域基础。

伦理学是关乎人类行为的实践哲学，因此，人是伦理学研究的首要对象。人到底是怎样的一种存在？人的现实状态是什么？人的本质是什么？这些都是伦理学论理之前就要尽现有认知能力之极限必须搞清楚的问题。对于这种问题，不但要有这种意识，而且要有这方面的能力。伦理学研究的首要对象是人赖以生存的外部环境，其由自然、社会现实诉求以及文化传统（含习俗）等要素构成，因此研究人类行为的善恶，必定涉及自然、社会现实诉求和文化传统（含习俗）。其中，文化传统（含习俗）与行为价值的伦理密切相关，社会现实诉求决定了伦理思想目标和论理方向，二者尤为重要，是伦理学研究方法研究中仅次于人之后的研究要素，对研究方法自身的研究，更是必不可少。当然，基于对自然的认识而对行为进行周全的应当性思考，也必不可少。而基于最新人类认知水平完善和创新伦理学研究方法的意识和能力，则是伦理学学者必备的基本功夫。

显然，上述五个要素是伦理学理论研究不可或缺的基本要素，也是伦理学研究方法研究必不可少的重要内容。未来伦理学研究方法的完善，必定要全面涉及这五个要素才有可能保证其研究方法的合理性和全面有效性。

第四个向度，未来伦理学研究方法的完善，应该是朝着以道德实践为最终落脚点的研究方向前进。

伦理学作为一门实践哲学，既具有"形而上"层面的思辨品质，同时也极富"形而下"层面的实践特质，是一门抽象与具体、理论与实践高度统一的科学。因此，伦理学研究方法既有"形而上"层面的理论说理的部分，又有"形而下"层面的为道德实践说理的部分，二者共同构成伦理学研究方法的全部。其中，"形而下"层面的为道德实践说理的部分是"形而上"层面的理论说理的部分的现实运用，是整个伦理学研究方法的旨归。试想，构建一种不能指导道德实践的伦理学理论有何意义呢？

纵观伦理思想史上的古今中外先贤大德，他们探讨伦理学问的模式无不是抽象理念与具体规范的有机统一，无不是理性与经验的有机统一，并且最后都落脚到道德实践。亚里士多德在以"目的论"和"灵魂说"为起点，确证"善"理念之后，更是从"灵魂说"中解析出德性的分类："理智德性"与"道德德性"，建构起由"勇敢"、"节制"和"公正"等诸多具体德目共同组成的道德规范体系，其论理过程甚是完备，堪称楷模。相反，摩尔提出的所谓"自然主义谬误"，应该有一定的进步意义，但是，在从语义逻辑的角度说明"善"无法定义之后，论及如何进行具体的道德实践时，摩尔居然求助于直觉和情感，甚至于滑向功利主义，其自身理论的完整性荡然无存，不能不说是一件非常遗憾的事情。笔者认为，造成如此结局的原因，很大可能是摩尔并没完全看到"善"的跨界性质以及被这种跨界性质所决定的复合性内涵。"善"跨越理论分析和道德实践两个领域，因此，单纯地从语义逻辑对其进行抽象的形式分析，显然就不合理，这种不合理源于语义逻辑的方法先天地排斥了"善"的实践意蕴，于是，这个先天就缺乏实践基因的"善"，不能实质性地指导道德实践，也就不足为怪了。

因此，未来伦理学研究方法的完善，应该强调道德实践的指向性和目的性，重视道德实践是伦理学研究方法的最终落脚点。

第五个向度，未来伦理学研究方法的完善，应该是朝着充分借助人类认知新成果不断丰富论理方法和改良论理模式的研究方向前进。

伦理学研究方法的完善，有一个重要的环节必须重视。这个环节就是伦理学具体研究方法的更新和提升。伦理学具体研究方法是否有效、完善，关乎确定人性前提的科学性和有效性，关乎确定价值取向的科学性和有效性，涉及伦理学研究方法的各个微观环节，是伦理学研究方法成功与否的前提性条件。

在伦理学研究中，关于人的研究，关于事实与价值的研究，基本止步于之前较早时期的水平，进展极其缓慢。究其原因，一方面，伦理学领域的部分学者缺乏拓展研究方法的勇气，极少数甚至排斥援用其他学科的新成果创新伦理学研究方法；另一方面，人类认知水平前进的脚步，始终跟不上人类对理论完善所寄厚望的提升速度，即超越自我的期许远远走在人类所能具备的实际能力之前。

关于人性和价值的研究的现状，已经不能满足伦理学研究方法对人性和价值理论的需求，从而导致论理实效低下，成为提升伦理学研究方法实效的瓶颈。因此，必须多方寻找有效的研究方法，提高对人性和价值问题的研究水平，进而有效提高伦理学研究方法的实效性。本文专门提到并介绍的实验科学技术尤其是生物电信号技术对创新伦理学研究方法的尝试，是非常值得关注的一件事情。也许，实验科学技术给伦理学研究方法带来的不仅仅是具体研究方法的更新和提高，甚至可能是对现有传统伦理学论理模式的颠覆和重建，这一切取决于人类认知水平的实质性提升。

人们越来越认识到，伦理学研究必须借助一个系统的方法群，而伦理学研究方法就是一种系统地运用方法群的、既有形式又有内容的、完整的、复合的说理模式。伦理学涉及研究对象的复杂性，决定了伦理学具体研究方法应该是一个系统的方法群，某个具体要素的研究也是如此，比如：对于伦理学论理过程中所涉及的历史人文成果，应该在坚持历史与逻辑相统一原则的前提下正确使用文献研究法、辩证法、比较法等方法；对于所涉及的现实社会实践层面的问题，应该正确使用问卷调查法、访谈法、理论与实践相结合的方法、数理统计等方法；对于所涉及的人自身的问题，除了正确使用一切社会科学研究手段之外，还应该借助一切自然科学手段，如前面专门说到的生物科学方法、神经科学方法等自然科学手段，尽可能地深入了解人自身，因为，没有对人自身的深入了解，美好的理念可能会是虚幻的主张，制定的行为规范可能并不真正具备约束力。

笛卡尔曾经说过："所以，要研究怎样取得这种知识，一个真正从事哲学研究的人应当首先研究这些根本原因，也就是本原。"[①] 笔者认为，这些根本原因（本原）到底是什么，需要我们主动地、审慎地、智慧地去寻找，而绝不是简单地要么以一种无知卑微的信徒心态祈求神灵的开示，要么以

---

① 〔法〕笛卡尔：《谈谈方法》，王太庆译，商务印书馆，2000，第62页。

一种刚愎自用的主体心态夸耀理性的无所不能并将对理性的使用引入歧途。避免已经辨识出来的陷阱和歧途，沿着可能进步的方向，穷尽现实能力去追求伦理学研究方法完善的尝试，应该是作为有限存在者的我们可以去努力争取的事情。

诸多理由鼓励着我们去相信：实验科学技术的进步必将为我们带来伦理学研究方法创新的新境界。

Exploration of New Methods of Moral Psychology Research Based on Bioelectrical Signal Technology
—And Discussion on the Possibility of Innovation of Research Methods on Ethics

Li Yixuan

Abstract：After examining and personally trying to make use of experimental science and technology, especially based on the advancement of bioelectrical signals, the beneficial attempts of innovative ethics research methods, and the advancement of experimental science and technology and the improvement of human cognition level will greatly enrich future ethics theory and effective improvement of future ethics research methods. The improvement of ethics research methods should be toward inheriting and carrying forward the study of classical ethics. The research direction of the strengths of the method should advance toward the research direction of circumventing the bad ways of deriving the connotation of "goodness" from the premise of self-evident premise. It should be the research direction that comprehensively involves the elements of ethical research. Advance should be toward the direction of research with moral practice as the ultimate goal. It should be toward the research direction of making full use of the new results of human cognition to enrich the theoretical methods and improve the theoretical model.

Keywords：bioelectric signal；moral psychology；ethics；the research methods

公平交换初探

肖劲草[*]

【摘　要】 交换具有对互惠、平等和可接受性的内在诉求，我们应结合交换活动的这一内在目的，借助格雷克·卡尔提出的公平理论分析公平交换的具体内容：交换过程中要保证信息对称、谈判力量均衡和交换辅助程序的合理以及交换内容的等价。通过与正义比较，我们可以明确公平的某些独特性质。为了践行公平交换，我们不应区分竞争性市场和自由市场，高竞争性的市场对实现公平交换具有重要作用。

【关键词】 公平交换　交换过程　交换结果　自由市场

交换公平是维持正常社会秩序和构建和谐社会的重要保证，是重要的伦理价值和社会规范。要深入探讨公平交易，离不开对公平概念的分析。与正义、自由、平等的概念相比，公平的内涵似乎相对明晰，用直觉就能有效地把握，所以学界对公平的理论分析相对较少，但事实并非如此。第一，公平的内涵较为复杂，在文献和日常用法中，公平常包含平等地遵循规则、平等地分配利益、不偏不倚地对待相关人事、排除偏好和权力的干扰等含义。第二，公平用来规范的对象比较广泛，涉及行为、规则和事态，有时关涉行为过程，有时关涉结果。第三，公平涉及的活动多样，商业竞争、司

---

[*] 肖劲草（1983~　），湖北武汉人，哲学博士，武汉大学媒体发展研究中心研究员，研究方向为哲学伦理学、媒介哲学、马克思主义新闻传播思想等。

法审判、政治选举、竞技比赛、利益分配、考核考察等涉及合作和竞争的活动都可以用公平来评判。对于公平的理解，我们不仅需要直觉，也需要理论。

一　何为公平

找到与相似概念的差异，是我们确定某一术语使用边界的重要途径。在伦理学中，与"公平"最相近的概念非"正义"莫属。专门研究"正义"概念演变的学者拉斐尔（D. D. Raphael）认为，"正义"概念在历史的变化中囊括了"应得"（desert）和"公平"（fairness）这两种基本含义。[①] 但公平和正义至少有以下几点区别。

第一，公平是比较性的。当我们用公平来评判行为和规则时，我们必须比较对待 A 的方式和对待 B 的方式，只有在比较中我们才能判断行为和规则是否公平。正义不仅有比较性用法，也有非比较性用法。例如，在判断战争的性质是否正义时，我们不必通过比较来判断某场战争是否正义，战争 A 的性质不会改变或影响战争 B 的性质。司法正义也具有类似的特点，我们有明确的规则来判断 A 是否有罪，A 是否应当受到惩罚。当然司法正义在量刑的时候会考虑比较性因素，对 A 的量刑应同同类案件进行比较，不然将有失公平。此外，正义还要求禁止侵犯人们的基本权利和自由，这同样也是非比较性的。第二，公平并不代表道德，而正义的则必定都是道德的。小偷分赃、垄断集团分摊垄断收入、黑帮制定"游戏"规则也会追求"盗亦有道"——追求不当得利的公平分配。公平的分赃，仍然是不道德的行为。与此不同，正义的行为则都是道德的。与公平相比，正义具有更高的道德价值。第三，在判断是否公平时，我们有更多的空间，而在判断某些行动和规则是否正义时，我们有相对严格的限定。正义关涉对"质"的判断，权衡的空间窄，而公平则关涉"度"和"量"，更多地需要亚里士多德意义上的"实践智慧"来权衡。

以上是公平的重要特点，那么我们应当如何确定公平的内涵呢？特性分析无法告诉我们答案，我们需要寻找理论来辨析其内涵。当代学者布莱恩·巴里（Brian Barry）、约翰·布鲁默（John Broome）和克雷格·卡尔

[①] D. D. Raphael, *The Concept of Justice*, New York: Oxford University Press, Inc, 2001, p.238.

（Craig Carr）对公平有较深入的分析①，克雷格·卡尔提出了相对完整的公平理论。根据卡尔的理论，公平评判的社会活动应该具有内在目的，我们需要借助社会活动的目的来确定公平的具体内涵，公平的主旨就是使社会活动忠于其内在目的。② 笔者比较赞同卡尔的这一观点。卡尔借用和发挥了巴里拳击比赛的例子来说明这一点。③ 在卡尔看来，拳击比赛的目的是寻找拳击技术和运动能力最强的人，而非寻找最能击倒对手的人。因此，公平的比赛规则会对参赛者的体重进行分级，禁止体重悬殊的人同场竞技。因为在自然禀赋相当的情况下，更利于测试技术与运动能力。公平的比赛规则也会禁止在拳击手套中放铅块的行为，因为放置铅块会增加因一次被击中就终止比赛的情况，同样不利于对拳击技能的测试。与拳击比赛不同，自由搏击比赛的目的就是挑选出最能击倒对手的人，因此公平的比赛规则不会排斥体重和其他自然禀赋上的差异，击倒对手就是一切。

司法审判也有其目的，即进行正确的判案和量刑。所以，公平的司法审判程序和制度要求法官平等地对待原告和被告，允许双方进行辩护，拒绝政治力量、舆论力量干扰审判，要求同原告、被告有利益关系的司法人员回避。商业竞争的目的是使在质量、价格和服务上有优势的商家得到发展，所以公平的商业竞争禁止欺诈、强迫、垄断等竞争方式，即便竞争各方都能同样地使用这些方式。同商业竞争相似，选举的目的是让最胜任的人获胜，所以公平的选举规则也会排除贿选等竞争方式。以上所举的例子都具有竞争性，但并非所有的竞争性活动都有目的。最明显的例子是战争，对于战争的参与者而言，获胜就是一切，无所谓公平的战争与公平的作战方式，暴力与欺骗是战争中的美德，评判战争的道德规范是正义与非正义，

---

① 布莱恩·巴里对公平的分析集中在 *Political Argument*（London：Routledge & Kegan Paul，1965）和 *Theories of Justice*（London：Harvester Wheatsheaf，1989）这两本专著中；约翰·布鲁默对公平的分析可见其文章"Fairness"（*Proceedings of the Aristotelian Society*，Vol. 91，1990，pp. 87 - 102）、"Fairness versus Doing the Most Good"（*Hastings Center Report* 24，May-June 1994，pp. 36 - 39）；克雷格·卡尔对公平的分析见其专著 *On Fairness*（Aldershot：Ashgate Publishing，2000）。

② Craig Carr, *On Fairness*, Aldershot：Ashgate Publishing, 2000, pp. 56 - 64.

③ 拳击比赛的例子出现在巴里的 *Political Argument*（第 103 页）和卡尔的 *On Fairness*（第 46 页）中。Brian Barry, *Political Argument*, London：Routledge & Kegan Paul, 1965, p. 103；Craig Carr, *On Fairness*, Aldershot：Ashgate Publishing, 2000, p. 46.

而不是公平与不公平。类似的情况也可以发生在竞争配偶的活动中。所以有谚语说:"在战争和爱情中没有不公平。"①

那么,公平所包含的具体内容有什么?公平最重要的内容是平等。其体现在两方面:第一,公平要求社会活动的参与各方能平等地遵守符合社会活动目的的规则、制度和程序。第二,公平要求根据参与者提出的理由平等地划分利益。② 平等不是简单的平均,而是根据理由的合理性以及合理性的强弱建立比例上的平等。例如,甲生前分别欠乙、丙、丁200元钱,甲去世后只留下300元的遗产,那么公平的划分办法就是给每个债权人100元。如果甲生前欠乙400元、欠丙200元,甲去世后只留下300元,那么公平的划分方法则是给乙200元,给丙100元。这两个例子中各方都是基于同样的要求——债权——来划分利益,情形较为简单。复杂的情况是,人们基于不同的理由来划分利益,这些理由包括需求、应得、契约等。公平的划分方式就是在特定的情境中,分别考虑这些理由的强弱,然后按比例平等的方式划分利益。公平的划分是打破僵局,寻找各方可接受的均衡点,使社会活动得以进行的机制。

那么,交换活动的目的是什么呢?笔者认为,交换活动是一种竞争性的社会合作,交换的各方一方面在交换中争取自己的利益,另一方面则在寻找能为各方共同接受的、平等的、互惠的均衡点。公平交换就是能够很好地达到这一目的的交换。可接受性一方面意味着自愿,另一方面也意味着交换内容的价值大体相等。前者主要由过程的公平来保证,强调各方人格上的平等,后者由过程公平和结果公平共同保证。

二 交换过程的公平

笔者认为,交换的过程可以分为以下几个部分。第一步是了解与交换

---

① All is fair in love and war.
② 利益划分的问题常出现在经济和政治权益的分配过程中。如果诉诸谈判来解决利益划分问题,那么谈判除了是各方争夺利益的平台外,其目的还在于寻求能为各方接受的均衡点。带有这种目的的谈判活动有公平可言。那种因兵临城下而进行的谈判是完全以暴力为后盾的谈判,完全没有公平可言,谈判的结果只是实力的反映。公平的结果不是反映权力和强力的结果,而是反映各种合理要求的结果。

相关的信息。这些信息可以分为五类：第一类是关于自己的偏好①、需求、禀赋②的信息；第二类是关于交换内容的信息，以及与交换内容性质极其相似的信息③；第三类是关于交换对象的信息，包括交换对象的信用状况，交换对象的偏好、需求和禀赋等④；第四类是关于交换内容的市场信息，如交换内容和其替代品的市场行情、市场中存在的风险、市场预期等信息；第五类是关于规范交换的法律、法规以及制度的信息。

交换过程的第二步是讨价还价。讨价还价的内容包括交换的价格、交换的方式、交换双方各自承担的权利和义务。交换的方式涉及分摊风险的问题。从时间的维度看，交换的方式可分为即期交换和延期交换。即期交换就是我们常说的一手交钱一手交货。延期交换指交换的一方先提供交换内容。常见的延期交换有预付定金、预付租金、赊销等。就交换是否涉及第三方而言，交换的方式又可以分为两类。金融机构是交换中最常见的第三方，很多交换要以金融或非金融机构为中介来进行支付，例如银行、支付宝等。有的交换还需要第三方的担保。延期交换涉及未来的风险与不确定性，涉及第三方的交换引入了第三方违约的风险。因此，它们不仅面临公平定价的问题，还面临公平分摊风险的问题。交换后各方的权利和义务的分摊也存在公平的问题。例如，商家为产品提供的保修期过短，这对消费者就是不公平的，反之则对商家不公平。价格的制定、风险和权利义务的分摊都在谈判中制定。⑤ 影响公平的核心因素是谈判力量。谈判力量不仅有量的差别，也有质的差别。公平交换要在类上排除强迫性力量，还要避免力量极端悬殊的谈判。

交换过程的第三步是决策。决策是对是否进行交换、如何进行交换做出最终的选择。交换主体当时的状态和能力会影响决策的性质。交易主体应具备基本的自愿交换能力，否则会影响交换的公平性。

---

① 偏好包括对交换内容的偏好和自己对风险的偏好。
② 禀赋通常代表交换主体所面临的预算约束。
③ 这类信息对投资性交换非常重要。当我们购买股票时，股票的价值取决于股票发行方的业绩、经营状况等相关信息。
④ 了解对手的需求、偏好和禀赋是为了能够尽量在讨价还价时获取优势。
⑤ 谈判只是确定部分风险、权利和义务分摊的一种方式。有些权利义务的划分方法是由法律规定的，而非交换主体的谈判来规定的。例如通常有法定的保修期、法定的售后服务范围。

交换过程的第四步是达成协议。一般而言，决策就意味着能够成功地达成协议，但实际情况并非如此。在现实生活中，常会出现决策之后无法进行交换的情况。达成协议不仅取决于交换主体的意愿，还取决于双方是否有进行交换的机会和资格。例如，购买春运时期的火车票、购买经济适用房等。这类商品多是稀缺的生活必需品，它们的配置方式通常是市场手段加上相应的辅助机制，那么，就存在辅助机制是否公平的问题。因此，对于某些交换来说，达成协议的过程会影响交换的公平。

交换过程的第五步是交付，即交换主体互相转让交换内容。

从上面的分析来看，了解信息、谈判、决策和达成协议都涉及过程公平问题。信息状态、谈判方式、决策时的状态主要是自愿性所关注的问题，本文不专门讨论。公平交换主要关注信息对称、充分知情、谈判力量的平衡和交换辅助程序的设计。

信息不对称并非针对所有的信息[①]，而是针对影响正常决策的信息。这种不对称可以分为两类：第一类是买卖双方的信息不对称。如出租车司机与乘客之间的地理信息的不对称、医患之间的医疗知识信息的不对称、保险公司和投保人之间标的信息的不对称等。这些不对称极容易引起不公平交换。第二类是买方与买方之间、卖方与卖方之间的信息不对称。这类不对称在资本市场、股票交易市场中较为常见。内幕交易是这类信息不对称的典型代表。充满内幕交易的资本市场对中小投资者来说就是灾难。为了克服上述不对称，必须建立强制性的信息公开机制和激励公开信息的机制。

保持谈判力量的平衡要注意两点。一是要限制谈判力量的类型。例如，禁用以暴力、强制为后盾的力量。二是要限制垄断力量的使用。比如，限制企业滥用其垄断力量进行价格歧视、合谋定价、制定霸王条款等。垄断力量是导致力量不平衡的关键因素。

交换辅助程序的公平难以一概而论。能够体现公平精神的辅助程序有随机抽签、先来先得、轮流使用等。但在实际操作过程中，我们必须结合交换的目的、交换内容的性质来设计程序。以出售经济适用房为例，由于建设经济适用房的目的是解决中低收入者的住房问题，所以辅助交换程序

---

① 对于信息产品而言，应该公开多少相关信息，是一个实践上和理论上都很困难的问题。公开少了容易造成不公平的交换，公开多了容易被他人模仿，使生产者的合法利益受损。

必定要对购房者的收入进行限定，并采用随机抽签的方式来保证机会公平。又如公共交通的定价，公共交通的目的在于优化交通资源的配置，满足普通民众对交通服务的基本需求，所以公共交通采用固定票价、先来先得、实名购买、限购等方式来避免卖家利用垄断地位获取超额利润，保持买卖的公平，避免买家之间的恶性竞争。

三 交换结果的公平

等价交换是结果公平的基本要求。这里的等价是指它们的交换价值，其他价值是否相等是伦理学其他分支研究的对象。有三个备选项作为交换价值的标准：一是交换内容为主体带来的效用，二是生产交换内容的时间，三是充分竞争环境中的市场价格。笔者认为以前两者作为衡量结果公平的标准有不妥之处。

交换内容为主体带来的效用不适合作为衡量结果公平的标准。第一，第三方难以对效用进行跨人际的比较。困难体现在两方面。其一，由于效用是交换者对交换内容满足其偏好的主观评价，测量它有认识论上的困难。其二，由于效用是序数性的，而非基数性的，也就是说，交换主体能对效用排序，但无法准确地为效用赋值。第二，交换之所以会发生，正是因为同样的东西对不同的交换主体来说有不同的效用。交换主体总是希望用对自己效用低的东西换取对自己效用高的东西。如果交换不能带来预期效用的增长，交换则根本不会发生。由此可见，效用不可能也不应当作为衡量结果公平的标准。

劳动时间从供给方面抓住了交换价值具有社会性的特点。但劳动时间是一个难于观察和比较的参数，在实践中将其作为衡量结果公平的标准的可操作性不强，一些非劳动产物的交换更不宜用其衡量。

高竞争性市场中的价格应作为结果公平的标准。从本质上来讲，交换价值衡量的是某交换内容能够换取其他东西的能力。同等的交换价值意味着在一定社会条件下，交换各方所提供的交换内容能够换取大体相当的东西。决定交换价值的因素分别是有效需求和有效供给。由于交换是在一定的社会环境中进行的，对交换价值的评判也具有社会性和历史性。一旦交换者面对的社会环境和约束发生变化，某一事物的交换价值也会发生变化。只有在相对稳定的社会环境中，才会有稳定的交换价值。

在讨论结果公平时，我们应该选择的参照系是社会对该交换内容的一般评价。社会对某交换内容的一般评价的标准是充分竞争市场下的价格。因为在充分竞争的情况下，某一交换内容有大量的供给者、需求者和相应的替代产品的供给者，这时不存在能操纵价格的垄断势力，各方的信息状态也较为对称，交换的参与者能够较好地评估交换内容。完全竞争是充分竞争的极端状态。在完全竞争的市场环境中，市场各方均无法影响价格，买卖双方都是价格接受者（price-taker）。当出现垄断和谈判力量极端不平衡的情况时，我们可以将交易价格同假设或类似的充分竞争市场下的价格进行比较，来衡量结果不公平的程度。

由于交换价值的评判标准是社会对某交换内容的一般评价，那么当社会的一般评价不存在时，便很难从结果上断定交换是否公平。导致一般评价不存在的情况有很多。第一，该交换内容的供给和需求都非常少，无法形成一般评价。例如某些对于交换者来说具有纪念意义和象征意义的物品，对它们的需求和供给可能是唯一的，除了当事人之外，其他参与者难以评判其价值。第二，对于某些投资产品特别是风险极其不确定的投资产品来说，可能不存在一般评价。未来预期收益的不确定性会造成投资品市场价格的剧烈变化，一般的稳定的社会评价难以维持。当难以判断结果是否公平时，我们只能就过程来进行评价。

最后需要注意的是过程公平和结果公平的关系。第一，公平的交换过程容易形成可接受的、平等的、互惠的交换结果。在公平的交换过程中，人们能够很好地判断自己的利益和交换价值，不容易形成一边倒的交换结果。对交换价值的一般评判不是一朝一夕形成的。形成一般性的评判需要一个历史过程。这个历史过程是不同交换主体发现信息、相互交换信息的过程。当交换的各方对供给的信息、需求的信息、交换内容性质的信息都有了比较充分的把握时，对交换价值的一般评判才能达成。另外，社会不是静止不变的，大多数商业产品的供求状况会随着社会状况的改变而改变。对交换价值的一般评判也处于动态变化的过程中，加之有一般评判不存在的情况，就更突出了过程公平的重要性。第二，交换过程的公平并不能完全保证结果的公平。其原因有如下几点。首先，公平的交换过程并不排除错误，特别是无法排除人们信息上和认识能力上的错误与局限，而这些错误和局限会导致结果的不公平。其次，过程的公平无法排除意外事件对交换结果的影响。各种偶然事件会导致与交换相关的事实发生重大变化，影响交换的结果。例如，当战争引起恶性通货膨胀时，战前所达成的利息协定、租金协定，在恶性通货膨胀发生之后会变得对债权人和租赁者非常不公平，他们所获得的利息和租金的实际购买力会大幅缩水，甚至还不足以抵消成本。最后，某些交换者可能为了长期利益，在短期内自愿以低价倾销产品，自愿接受交换结果的不公平。

有的学者，如卡尔，认为不存在独立于程序的结果公平。[①] 他认为如果在交换之前就知道什么结果是公平的，那么就不需要过程公平了。在现实生活中，过程公平之所以重要在于交换者之间的博弈过程就像竞技比赛一样，终场之前，没有人知道结果。笔者不同意卡尔的这种观点。因为，竞技比赛和交换的区别在于每一场竞技比赛都是唯一的和独特的。不同的比赛之间难以进行类比。A 在比赛甲中取得了好成绩，并不意味着 A 就会在比赛乙中取得好成绩。但对交换价值的评价是对某类交换内容的价值评判，不同的交换之间存在很高的可比性。在一定的社会环境中，大多数交换内容都存在一般的评判标准。

四　自由市场与公平交换

为了探讨自由市场与公平交换的关系，我们必须首先明确什么是自由市场，自由市场中的自由包含怎样的内容，什么算作对自由的限制。当代对自由的讨论多集中在政治哲学领域，大量学者围绕积极自由和消极自由进行了深入的讨论。笔者对自由市场的讨论将借鉴美国学者杰拉尔德·麦卡勒姆（Gerald C. MacCallum）对自由的分析。[②] 在麦卡勒姆看来，自由是一种三位一体的关系。自由意味着一个行动者摆脱什么、去做或不做什么、

[①] Craig Carr, *On Fairness*, Aldershot: Ashgate Publishing, 2000, pp. 109 – 113.

[②] Gerald C. MacCallum, "Negative and Positive Freedom," *The Philosophical Review*, 1967, 76 (3): 312 – 334.

成为或不成为什么。自由的三个要素分别是行动者、对某种行为的阻碍以及去做什么事。就交换而言，行动者就是交换者，去做的事情就是交换，唯一需要讨论的是何种阻碍算作对交换自由的限制。一旦我们确定了这种阻碍的范围，我们也就明确了什么是自由市场。

从阻碍的类型来看，阻碍可分为自然的阻碍和人为的阻碍。对交换而言，自然的阻碍主要是空间和环境上的障碍。对交换的人为阻碍可以分为两类。第一类是市场内部的阻碍。这种阻碍针对的是个别的交换。个别的交换是否能成功，一方面取决于交换各方的意愿，另一方面取决于双方面临的竞争对手。他人的竞争是导致个别交易失败的重要因素。例如，竞争对手以低价促销的方式让交换主体失去了客户，妨碍了交换主体的生意。但市场竞争只是对个别的交换产生阻碍，即妨碍某个特定参与者的交换，不会从整体上减少市场中的交换总量。相反，激烈的竞争会导致产品质量的提高和价格的下降，从而扩大交换的总量。因此，我们不应该将市场内部的竞争视为对交换自由的限制。第二类是市场外部的阻碍，这种阻碍会从总体上减少交换的总量。其主要来源是权力部门[①]对交换的管制，以及各种人为地提高交换费用的措施。常见的管制手段包括价格管制、生产禁令、移民限制、制定质量安全标准、最低工资法、反垄断法、生态保护法、专利制度、设立特许经营权等。各种针对交换的税赋则提高了交换费用，减少了交换量，使得某些可以在低交换费用的环境中进行的交换变得不可能。针对交换的常见税赋有营业税、增值税、关税、印花税等。当然并非收税就意味着交换费用的上升，因为有的税赋是为了弥补公共服务的成本，而公共服务能降低交换费用，使交换变得更容易。只有当针对交换的税赋过高，超过了其所提供的公共服务所产生的效益时，税赋才会从整体上成为交换的阻碍。

那么，何种人为的管制与限制构成对市场自由的限制呢？根据戴维·米勒（David Miller）的看法，什么样的阻碍可以看作对自由的约束取决于

[①] 权力部门一般指政府和由政府组成的国际组织。他们有能力制定和执行各种限制交换的规则。此外，某些非政府组织，如黑社会，也有能力制约市场。

各方所承担的义务。① 如果人们有严格的保护儿童的义务,那么禁止雇用童工就不算对自由市场的限制。如果人们有严格的保护环境的义务,那么出于生态保护对交换的限制也不算对自由市场的限制。最推崇自由市场的是自由放任主义者,他们认为交换主体最主要的义务是不伤害彼此的财产权和各自的合法利益。除了保护财产权和市场主体的合法利益外,其他对交换的限制都减少了市场的自由。笔者将以此为自由市场的标准,来分析和讨论自由市场与公平交换的关系。②

如果依照自由放任主义者的自由标准,自由市场并不足以保证过程公平。

第一,自由市场并不能保证自愿交换。前文已经说明,信息状况是决定自愿的重要因素。在自由市场中,买卖双方并没有义务提供足够的信息来保证交换的自愿性。维持信息不对称是各方重要的竞争策略。唯一需要主动提供的信息是关于产品安全的信息,因为安全信息同对方的人身利益密切相关,伤害人身利益将会触碰自由放任主义者的底线。自由放任主义者认为寻找与交换相关的其他信息是交换参与者自身的任务,搜寻信息的过程正好可以用来发挥交换者的主体性。另外,自由市场会容忍某些被迫的交换,破坏交换的自愿性。

第二,自由市场能容纳极不平等的谈判。其一,自由市场并不排除交换的一方利用另一方对自己的依赖来签订霸王条款。其二,自由市场可以和垄断并存。同垄断市场相对的是竞争性市场,而非不自由的市场。自由市场反对行政垄断,因为行政垄断通过设置市场准入制和特许经营权等方式干涉人们使用自己财产的自由。但自由市场不反对其他形式的垄断,合谋、兼并等形成垄断的重要方式,都是人自由运用财产权的体现。如果任凭自由市场放任垄断,那么垄断力量操纵市场、控制价格的情况将毫无悬念地出现。当消费者面对滥用垄断力量的垄断厂商时,他们将处于极为不利的地位,最终破坏交换过程和结果的公平。

第三,自由市场的支持者会反对各种非市场力量对交换的限制。其中

---

① 〔英〕戴维·米勒:《对自由的约束》,载应奇、刘训练主编《后柏林的自由观》,江苏人民出版社,2007,第95页。
② 选取极端的情况,将会使问题更为清晰和突出。

也包括各种为了实现公平交换的辅助性程序。在自由市场中,任何交换都应该采取竞价交换的模式,任何市场都如同拍卖市场一样。以出售火车票为例,火车票应该实行浮动价格制,而不应是固定价格制。火车票的价格应该随时根据供求状况进行调整,而不应该采取先来先得、排队购买的辅助销售程序。市场机制是调节资源分配的唯一机制,任何对市场行为的干预都是对个人自由的干预。

相对于不自由的市场而言,自由市场更容易形成充分竞争的市场结构,进而有利于实现交换结果的公平,实现交换价值的平等。但是,由于自由市场并不一定都是高竞争性的市场,所以自由市场也不总是能够保证交换价值的平等。竞争性除依靠市场外,还需要借助政府和社会的力量。

结 语

寻求平等、可接受、互惠的均衡点是交换的内在目的,公平是其实现的重要保障。一方面,要结合交换的目的提出公平的一般性要求,即平等地遵守有维持交换目的的规则,按照恰当的比例进行交换等;另一方面,由于交换的种类繁多复杂,我们也需要在"实践智慧"具体的环境中权衡条件、目的以及把握现实中的"中道"。

An Enquiry on Fairness of Exchange

Xiao Jincao

Abstract:Exchange is kind of social activity and reciprocity, equality, and acceptability is the inner purpose of exchange of which we could define the meaning of fairness of exchange by virtue according to the theory put forward by Craig Carr. Information symmetry and balance of power in bargain of exchange process and equality of exchange outcome is basic principles of fairness of exchange. By comparing with justice, we could find some peculiar properties of fairness. In order to achieve fairness exchange, it is not necessary for us to distinguish highly competitive market and free market and the former plays an active role in achieving fairness.

Keywords：fairness of exchange；exchange process；exchange outcome；free market

善的分析[*]

徐 弢 顾 卿^{**}

【摘 要】 本文从日常生活中的某些判断出发，思考这些判断的评判价值，从而引出"什么是善"的问题，并对这个很平常，几乎被人们日常生活以及哲学考察中一笔带过的问题，做了深入细致的分析。本文分析出善具有三重意义。在第一重意义中提出了伦理学所关注的"善"的问题是不处理独特的、个别的、绝对特殊的事实的判断。在第二种意义中引出了决疑论所关注的"善"的问题是关注一些具体的事实判断，并且指出它与伦理学的不同。在第三重意义中探究了我们将如何定义"善"的问题。接下来探讨"善"不可定义，并举了"马"和"黄"的例子来说明诸如"善"这类的概念是一个整体，只能分析。

【关键词】 伦理学 善 决疑论 不可定义

不难指出，在我们日常生活中的某些判断，其中所蕴含的**真**[①]也毫无疑

---

* 本文根据 G. E. Moore, *Principia Ethica*（Cambridge：Cambridge University Press，1993，pp. 53 - 62）节选译出。乔治·爱德华·摩尔（G. E. Moore, 1873 - 1958），英国著名哲学家。他与戈特洛布·弗雷格（Gottlob Frege）、伯特兰·罗素（Bertrand Russell）、路德维希·维特根斯坦（Ludwig Wittgenstein）都是哲学分析传统的奠基人。

** 徐弢，安徽潜山人，哲学博士，湖北大学哲学学院副教授，硕士生导师，中华文化发展湖北省协同创新中心副研究员，湖北省道德与文明研究中心研究员；顾卿，湖北大学哲学系 2016 级硕士研究生。

① 文中加粗的真和假在行文中可理解为对与错。之所以译为真假是因为在英文中这种陈述是一种命题判断，用真假来做出回答。译作对与错的话在中文的语境中体现不出这种判断。——译者注

问是伦理学所关心的。每当我们说"某某是个好人"或"那个家伙是条恶棍"时，每当我们问"我应当怎么做？"或"对我而言照这样做是错的吗？"时，每当我们冒着风险去评论"戒酒是美德，醉酒是恶行"时，这些生活中的判断毫无疑问都是伦理学要讨论的问题和要陈述的观点。在我们问"什么是合理的行为？"的时候，才去争论行为本身的正确性，以及为诸如"人的品质是真是伪？"或"行为是道德的还是不道德的？"的陈述给出理由。在上述大量的例子中，我们罗列出的诸陈述当中涉及术语"美德""恶行""合理""应当""善""恶"中的任一个都是在做伦理判断。如果我们想讨论这些陈述的**真**，那么我们也应该讨论它们在伦理学中的观点。

但关于伦理学领域的定义还远远不够，这甚至是无可争议的。这一领域可定义为：所有此类判断，同时具足共性与特性的整体**真**。但是仍有一个疑问：什么叫具足共性与特性？对于这个疑问，那些公认的负有盛名的伦理学家们给出了不同的回答，或许其中没有一个回答是完全令人满意的。

如果举出上述例子，我们不至于错得离谱地去说它们全是关于"行为"的问题。这些关于我们人类行为的问题涉及什么是善，什么是恶，什么是对，什么是错。因为当我们说一个人是好人时，通常的意思是他的行为正当；当我们说醉酒是恶行时，通常的意思是喝得酩酊大醉是不正当的或是不道德的行为。实际上，"伦理学"与人类行为的讨论是密切相关的。在词源上就是这么联系的。行为毫无疑问是伦理判断最平常也最广泛的引人关注的对象。

因此，我们发现许多伦理学家倾向于接受把处理人类行为中"什么是善"或"什么是恶"这样的问题作为"伦理学"的确切定义。他们认为，对于这些问题的探究应适当地限定于"行为"或"实践"。他们同时认为，"实践哲学"讨论和它有关的一切事情。现在，撇开单词的恰当的意义不谈（因为语言的问题留给词典的编纂者和其他对文学感兴趣的人是合适的，而哲学，正如我们所见，与此无关），我想说的是，我打算用"伦理学"这个词概括比其具有更多内涵的东西，我想我的用词是有充分说服力的。我现在正使用它来对"什么是善"做一般性探究，无论如何，没有其他词汇能概括这种探究了。

伦理学毫无疑问包含"什么是善的行为"这一问题。但是，关于这个问题显然还没有刨根问底，除非告诉我们"什么是善"以及"什么是行为"。因为"善的行为"是个复合概念。诸行为不能用"善"来描述，因为其中一些行为肯定是恶的，还有一些行为算不上是善的也算不上是恶的。另外，除行为之外的其他事物也可能是善的。如果是这样的话，那么"善"就有某种为行为和其他事物所共有的性质。如果撇开所有善的事物单独考察善的行为，我们将有对这一性质进行错误认识的危险，即误认为这种性质不是行为和其他事物所共有的性质。于是我们即使是在伦理学这个狭隘的讨论上也会犯错，因为我们不知道什么是"善的行为"的真正定义。许多著作家犯过这个错误，从着眼于它们的探究到着眼于它们的行为。因此，我将首先通过考察通常意义上"什么是善的？"来避免这个错误。希望一旦得出任何确切的结论，我们解决"善的行为"的问题将会变得容易得多，因为我们都非常清楚地知道什么是"行为"。于是，这是我们的第一个问题：什么是善？什么是恶？并且我们把对这个（或这类）问题的讨论冠以"伦理学"的名称，因为无论如何，这门学科必定研究它。

但是，这是一个具有许多价值判断的问题。例如，我们说"我现在不错"或者"我昨晚吃得不错"这些陈述中的每一个都是对我们问题的某种回答，尽管也许是*假*的回答。同样，当 A 问 B 他应当送他儿子上怎样的学校时，B 的回答必定是一个伦理学上的判断。与此类似，对过去、现在、未来存在的任何人或任何事的称赞或遣责都是对"什么是善的"这一问题的某种回应。在这些情况下，某种个别的事例被判定为善的或恶的是以"什么"作提问"这"作回答的形式进行的。但是，细致严谨的伦理学不会以这样的形式回答问题。即便个例是数以万计此类回答中的一个，即便个例是*真*，没有一个个例能构成伦理学体系的一部分，尽管伦理学作为一门学科必须包括充分的理由和原则以决定整体的*真*。过去、现在、将来出现的人物、事物和发生的事件简直太多了，以至于讨论它们中每一个个例的是非曲直是任何学科都无法详尽的。因此，伦理学不处理这样的自然事实，即独特的、个别的、绝对特殊的事实。这样的事实在如历史学、地理学、天文学中不得不至少部分地加以处理。出于这个理由，伦理学家不做对个人进行忠告或规劝的事。

但是"什么是善？"还有另一个意义。"各种书都是善的"是一个回答。

尽管答案明显为**假**,因为有些书确实很糟。对此类伦理的判断的的确确属于伦理学范畴,尽管我不打算处理许多此类判断。例如,"快乐是善"这一判断,伦理学应当讨论其**真**,尽管这远没有另一个判断重要,那就是我们将花费很多时间讨论的"唯有快乐本身是善"。这样的判断出现在一些伦理学的著作中,这些著作罗列了一个"美德"的清单,比如亚里士多德的《伦理学》。但是正是这同一类具体的判断,构成了一般认为与伦理学不同且远逊于伦理学的学科——决疑论。我们了解到决疑论不同于伦理学,那是因为决疑论更具体和特殊而伦理学更普遍。值得注意的是,决疑论不处理任何绝对特殊的事物——特殊仅指它与普遍事物之间有能够完全精确区分的界限。这里说的特殊不是上面提到的特殊,即这本书很特殊,A 的朋友的忠告很特殊。决疑论的确更倾向于特殊,而伦理学更倾向于普遍,但是,这意味着它们仅在程度上不同,而不是类别上。当"特殊"与"普遍"在这种通常且非常精确的意义上使用的时候,才是一般所说的情况。迄今为止,伦理学允许列出各种"美德"清单,或指出理想的诸要素,这跟决疑论没什么区别。两者都是处理普遍性的东西,就跟物理与化学处理普遍性的东西一样。正如化学旨在发现氧气的组成成分,无论它出现在哪,也无论是这个或那个特殊的氧气样品。决疑论同样旨在发现善的行为,无论它们何时存在。在这方面,伦理学和决疑论都划归于如物理学、化学、生理学一类学科中,绝对不同于如历史学、地理学这样的学科。值得注意的是,由于其详尽的特性,决疑论的研究更接近于物理学和化学的研究而非通常所安排给伦理学的那一类研究。正如物理学不满足于发现光是通过以太传播的,需进一步发现对应于不同颜色的以太波的特殊属性那样,决疑论也不满足于发现"仁慈是一种美德"这样的普遍法则,它需进一步发现每种不同形式的仁慈的相对价值。因此,决疑论的诸形式是伦理学理想的一部分,伦理学没有这一部分就不算完备的伦理学。决疑论的缺陷不是原则的缺陷,人们对其目标没有异议。它不成功仅仅是因为它处理的主题太有难度,以我们现在的知识状态不能充分地处理。决疑论者一直不能在他处理的情况中区分这些情况的价值所依赖的诸要素。因此,他们经常把现实中两种仅在某些方面相似的情况误认为是价值上的相似。正是这些错误对这些研究产生了有害的影响。因为决疑论是伦理研究的目标,所以它不可能在我们研究之初被不大可能出错地尝试，而只能在我们研究之后。

　　我们的问题"什么是善？"可能还有另一种意义。在第三种意义下，我们试图不去追问哪个事物或哪些事物是善的，而是追问如何定义"善"。这种探究仅属于伦理学的范畴，而不属于决疑论，而且这是我们首先要探究的。

　　应该给予这种探究特殊的关注。因为如何定义"善"这个问题是伦理学中最为基本的问题。事实上，除了其反面"恶"之外，"善"所意味的东西是伦理学所特有的唯一简单的思考对象。因此，这个定义是伦理学定义中最为关键的，而且关于它的错误理解会牵涉出一大堆错误的伦理判断，这远比其他问题严重得多。除非充分理解这一首要的问题，并且清楚明白地认识到其正确的答案，否则，从系统知识的观点看，伦理学的其他问题同样是无用的。前面讨论的两类**真**的伦理判断可能的确由那些不知道这一问题答案的人做出，也由那些知道这一问题答案的人做出。而且，不用说，这两类人过着同样好的生活。但绝对不能认为，在缺少这一问题的正确答案的情况下，最为普遍的伦理判断是同等有效的。我在这里将表明，一些最为严重的错误主要由于相信一个错误的答案。而且，除非知晓这一问题的答案，否则，任何人在任何情况下都不会知道什么是任何一个伦理判断的根据。作为一门系统的科学，伦理学的主要任务是给出认为这个或那个"善"的正确理由，而不是在知晓这一问题的答案之前，认为这些理由无法给出。因此，除非事实上错误的答案会导致错误的结论，目前的探究也是伦理学最为必要和最为重要的部分。

　　那么，什么是善？善如何定义？现在，这可能被认为是一个语词的问题。一个定义的确经常是用其他一些词来解释某个词。但这不是我想要的定义。除了词典编纂学，这种定义在任何研究中都绝对不可能具有终极的重要性。如果我想要这种定义，我本应该首先考察人们是如何普遍使用"善"一词的，但是我的任务不是考察由习惯所确立的该词的恰当用法。如果我试图用它来指称通常并不是它指称的某些东西，举个例子，如果我声称，无论何时，我使用"善"一词被理解为通常用作指称"桌子"的对象，那么，这样使用的话，我的确很愚蠢了。

　　因此，应该在我认为它通常被使用的意义上使用这个词，同时我不急于讨论它这样使用时我是否正确。我的工作仅仅是我所研究的对象或观点（是对也好，是错也好）所代表的词的通常用法。我要探讨的是该对象或观点的本性，并极力想达成一致的看法。

但是，如果我们在这一意义上理解该问题，我就此问题的回答似乎非常令人失望。如果我被问到"什么是善"，我的回答是：善就是善。回答到此为止。或者，如果我被问到如何定义善，我的回答是：善不能被定义。并且关于善我只能说这些了。这样的回答看起来很令人失望，但是它们也非常重要。对于那些熟悉哲学术语的读者来说，我可以通过下述说法来阐释它们的重要性。关于善的命题全部都是综合的，而绝不是分析的。坦率地说，这可不是微不足道的小事。可以用更通俗的话说，如果我是对的话，谁也不能把"快乐是唯一的善"或"善是可以欲求的"这样的公理强加于我们或借口说这是"善这个词的真正意义"。

那么，我们来考察一下这个观点。我的看法是，"善"是个简单的概念，就如"黄"是个简单的概念一样。正如你无论用什么办法也不能向那些不知道"黄"是什么的人解释"黄"一样，你也不能解释"善"。这类定义通过词的指称描述对象或概念的真实性质，而不是仅仅告诉我们这个词通常的意义。只有当所讨论的对象或概念是复合的东西时，这类定义才是合理的。你可以给"马"一个定义，因为马有许多不同的属性和特征，这些属性和特征可以列举出来。但当你全部列举之后，把一匹马简化为最简单的项时，你就不能再定义这些项了。它们不过是你所想到或感知到的东西，对于那些不能想到或感知到它们的人来说，你永远也不能通过任何定义使他们知道其性质。这也许会遭人反对，我们可以向别人描述一个他们从未见过或从来没想过的对象。比如，我们可以让人理解什么是奇美拉①，尽管他从未听说过或从未见到过。你可以告诉他，奇美拉是一种怪物，它有雌性狮子的头部和躯干，在其背部中央的位置长出一个山羊头，其尾巴则是一条完整的蛇。因此，你所描述的这个怪物就是一个复合物，它完全由各个部分组成，对于每一个组成部分我们都很熟悉：蛇、山羊、雌狮。我们也熟悉各个部分组合起来的方式，因为我们知道雌狮背部中央

---

① 在希腊神话中，奇美拉是集狮头、羊头、蛇为一体的吐火怪物。这里也指复合物，即由不同已知的最简单部分组合而成的复合对象。——译者注。

的位置在哪以及尾巴由哪里长出。我们之所以能定义我们事先不知道的诸对象，是因为它们都是复合的，它们都由部分组成，这些部分经初步考察，也都可以类似地这样定义。不过，最终都能简化为最简单的部分，就不能再被定义了。而我们说的"黄"和"善"不是复合的，它们是那类简单的概念，定义由它们构成，它们不可再被定义。

当如《韦伯斯特字典》里说的那样，"马的定义是'马属四足类有蹄动物'"时，实际上，我们可能想到三类不同的事情。（1）我们可能仅仅认为："当我说'马'时，你理解我正在谈论一种属四足类有蹄动物的马。"这可以被称为一种独断的语词定义：我不是在这个意义上说善是难以下定义的。（2）正如《韦伯斯特字典》释义的那样，我们也可以说："当大部分英国人说'马'时，他们说的是一种属四足类有蹄动物的马。"这可以被称为恰当的语词定义：我不是在这个意义上说善是难以下定义的。因为的确有可能了解人们是如何使用一个词的，否则，我们永远不能知道"善"可以翻译成德文的"gut"以及法文的"bon"。（3）当我们定义马时，我们可能想到某些更为重要的东西。我们可能想到我们大家都知道的一个确定的对象是以确定的方式组成的。它有四条腿、一个头、一颗心脏、一个肝脏等，所有这些部分以相互间确定的关系组合在一起。在这个意义上，我否认善是可以定义的。我要说，它不由这样的部分组成，当我们想到它时，我们仅仅只是在心里用这些部分来替代它。如果我们想到的只是马的所有部分以及构成方式而不是其整体的话，我们或许可以同样清楚正确地想到一匹马。我是说，我们可以像现在所说的那样，正确地想一匹马如何不同于一头驴，只是没有刚才想得那么容易罢了。但是，我们却不能用任何这样的东西来替代善，当我说善难以下定义时，就是这个意思。

不过我担心我仍然没有消除阻碍人们接受"善是难以下定义的"这一命题的首要困难。我并不是说，善物即善的东西是难以下定义的。如果是那样的话，我将不必写伦理学的著作了，因为我所写作的主要目的是促使人们发现那一定义。正是因为我认为我们在寻求定义"善物"时并不容易出错，我现在才坚持说善是难以下定义的。我必须努力解释一下两者的区别。我假定，"善"是一个形容词，那么，"善物"即善的东西必定是形容词性的"善"所使用的名词。这个形容词所使用的必须是这个名词的整体，并且，这个形容词必须总能真正使用到这个名词。但是，如果这个名词是这个形容词所使用的，那么它一定是不同于形容词的事物，并且是这个事物的整体，无论它是什么，都将是我们对善物的定义。现在，除了"善"也有可能有另外的形容词使用这个事物。例如，它可以是充满快乐的，也可以是智慧的。如果这两个形容词真的是其定义的一部分，那么，快乐和智慧是善，当然也是对的。而且许多人认为，如果我们说"快乐和智慧是善"或如果我们说"只有快乐和智慧是善"，我们就是在定义"善"。是的，我不否认这类性质的某些命题有时也被称作定义，我还不是很清楚该词是如何在一般意义上使用到这一点的。我只希望人们能够理解，我并没有这个意思，即当我说不可能有善的定义的时候，如果我再次使用这个词，我也不是这个意思。我的确完全相信，有诸如"智慧是善的，而且唯有智慧是善的"这样形式的某些真命题。如果找不到，那么我们对善物的定义就是不可能的。综上所述，我相信善物是可以定义的，但我坚持认为，善自身是难以下定义的。

因此，如果我们通过说某物是善的断定属于某事物的特质，那么，就"定义"这个词最重要的意义而言，"善"是不能被定义的。"定义"最为重要的意思是，一个定义陈述了总是构成一整体的各个部分是什么。在这个意义上，"善"是没有定义的，因为它是简单的、没有部分的。它是无数不可被定义的思想中的一种，因为它们是根本项，无论什么可被定义的思想都依据它们而被定义。再三考察得知，显然有无数个这样的项。除了通过分析，我们不能再做任何定义，只要分析得足够深入，我们可以考察出不同于其他任何东西的事物。这种根本差异解释了我们所定义的整体的特性。因为，每一个整体都包含了某些部分，其他整体同样如此。因此，在争论"善"意指一个简单且不可定义的特质时，并不存在什么内在困难。还有许多这种特质的例子。

例如，我们可以考察一下"黄"这个概念。我们或许试图通过描述其物理等价物来定义它。我们会陈述，为了使我们感知到它，我们正常的眼睛会接收到什么样的光振刺激。但是稍加反思就足以发现，这些光振本身并不是我们所说的黄。它不是我们所能感知到的东西。的确，我们永远不能发现它的存在，直到我们能第一时间被不同颜色专属的特质的差异所吸引。我们之所以能说这些振动，是因为它们与我们实际感知到的黄在空间上相对应。

然而，关于"善"，通常就会犯这类简单的错误。就如所有黄的事物产生某种确定的光振一样，所有善的事物也有某些善的属性。事实上，伦理学旨在发现具有善属性的事物的其他属性。但是太多的哲学家认为当他们命名那些其他属性时，他们实际上正在给善下定义。这些属性不仅仅是"其他"，而是绝对完全地与善相同。我提议将这种观点称作"自然主义谬误"。

The Analysis of Good

Xu Tao, Gu Qing

Abstract：This article at the beginning of some judgments in daily life, try to puzzle out the value of these judgments. Thus it is an enquiry to "what is good?" On this problem which is very ordinary, almost overlook by the daily life of people and the investigation of philosophy, made a thorough and detailed analysis. And the three meanings of good have been analyzed. In the first part, the question of "good", which ethics concerns, is not to deal with unique, individual and absolutely special factual judgments. In the second part, the problem of "good" which is concerned by the casuist pay attention to some specific factual judgments and it differ from ethics. In the third part, the question of how "good" is to be defined has been drawn. Next, we discuss the indefinable of good, and give the example of "horse" and "yellow" to illustrate the concept of good as a whole, which can only be analyzed.

Keywords：ethics; good; casuistry; indefinable

"应当给予"和"可以要求"的美德

周海春　蔡赟玥[*]

【摘　要】　西方道德哲学传统奠基在独立的理性行动者之上,这一传统遇到了很多挑战。从人与人之间的接受—给予关系思考美德和伦理问题是一个新的理论方向。如果不充分给予,就是只要求不给予,自私自利就描绘了这种情况。如果只是强调"应当给予"而不肯定"可以要求",人就会被想象为一个超然的强者而不是一个弱者,一个具有脆弱性和依赖性的生命。给予和要求之间要具有一定的对应性,具有充分的连续性和流动性。既要肯定"应当给予",也要肯定"可以要求",两种美德的平衡是一种理想的伦理关系。

【关键词】　美德　应当给予　可以要求

西方启蒙运动以来建立起来的伦理学传统无疑已经发展得非常成熟,但也遇到了很多挑战,当代西方伦理学家也在不断思考新的伦理学路径。而这些新的思考路径,总的趋势是转向对人与人的关系的思考,这种转向虽然依然保留了个体与个体之间关系的基本理论底色,但也会涉及人伦关系中的角色问题。借助中国传统伦理资源,思考伦理学问题,是当代伦理学创新的一个重要出路。

---

[*] 周海春(1970~　),内蒙古扎兰屯人,湖北大学哲学学院教授,博士生导师,湖北大学高等人文研究院研究员,中华文化发展湖北省协同创新研究中心首席专家;蔡赟玥(1979~　),女,四川南充人,湖北大学哲学学院硕士研究生。

现代道德哲学非常强调个人的自主性和独立选择的能力，或者说特别强调独立的理性行动。比利时的米歇尔·梅耶认为扎根于个人或自我的道德理论失败了。"截至现在，道德观念的大错在于想把它们扎根在个体身上，扎根在'我'身上（康德的'我应该做什么？'属于这种做法），以达到某种仁慈、仁善情感方或对其他人的友好情感方（休谟、斯密、叔本华），或达到理性所要求的某种普遍化，理性本身已经被视为普遍的。"① 当把伦理的视角触及人与人的关系领域的时候，人与人之间的接受和给予关系就进入了伦理思考的视野。

麦金太尔的《依赖性的理性动物：人类为什么需要德性》一书初步勾勒了他构建德性伦理学的思考方向。麦金太尔认为，人类的苦难和脆弱性以及由这种脆弱性决定的人需要他人的帮助，从而导致人与人之间具有依赖性的关系是人类状况的核心。基于这一核心的认知，自然应该把人类的脆弱性、苦难以及其他与依赖性相关的事实当作道德哲学思考的起点。"我们从最初的动物状况发展成独立的理性行动者所需要的德性，与我们面对和回应自己与他人的脆弱性和残疾所需要的德性，其实属于同一系列的德性，即依赖性的理性动物特有的德性，我们的依赖性、理性和动物性必须被置于相互关系之中来理解。"② 把依赖性作为重要的伦理思考的起点，必然要推导到人与人的相互关系。在人与人的相互关系中，麦金太尔非常重视接受和给予的关系。他说："在人类和海豚的生活中，都有某些接受和给予的模式贯穿，甚至超越特定个体的一生。"③ 这样一来，德性和伦理理论的构建就可以推到人与人之间的接受和给予关系分析这一基础之上，并在这一分析的基础上找到伦理学开展新的理论的可能性。

对脆弱性和依赖性的关注，针对的是那种把道德奠基在独立的理性推理者之上的强者的或者强势的道德。在这一道德话语下，道德的主体被理解成脱离了动物性的理性人，而且是具有较好的理性推理和行动能力的人，是理性的、健康的、独立的人。在这一道德话语下，病人、伤残者、

---

① 〔比〕米歇尔·梅耶：《道德的原理》，史忠义译，知识产权出版社，2015，第8页。
② 〔美〕阿拉斯戴尔·麦金太尔：《依赖性的理性动物：人类为什么需要德性》，刘玮译，译林出版社，2013，第9页。
③ 〔美〕阿拉斯戴尔·麦金太尔：《依赖性的理性动物：人类为什么需要德性》，刘玮译，译林出版社，2013，第68页。

年幼和年老的弱者自然只是被当成道德慈善的对象来看待。而从依赖性的话题过渡到对人与人之间的给予和接受关系的探讨，则涉及对人与人之间那种带有情感互助与不加计算性的接受与给予关系和制度化规范的接受与给予关系二者之间关系的界定。而这两种关系的区分又涉及道德的基础到底应该建立在哪一种关系的基础上这一问题。显然，现代以来，占主流的道德思考基本上都建立在被制度化规范了的权利义务关系以及由此衍生出来的道德范畴基础之上。这一现代道德思考则是与对礼尚往来的道德体系的批判相伴随的。随着对现代道德体系的反思的开展，以及对古式社会交换形式的研究的开展，礼物—交换的道德的价值重新被部分学者所肯定。

莫斯毫不掩饰自己的观点："因此，人们能够而且应当回归古式的、基本的道德；由此我们将重新找到一些生活与行动的动机，其实这些动机目前仍被为数众多的社会与阶层所熟稔：当众赠礼的快乐、慷慨而精当的花费所带来的愉悦、热情待客与公司宴庆的欢欣。"① 在莫斯看来，人们知道给予，在给予中能够有所获得，这是人类智慧和团结的永恒秘诀之一。"只要社会、社会中的次群体及至社会中的个体，能够使他们的关系稳定下来，知道给予、接受和回报，社会就能进步。"② 显然，仅仅靠市场交换或者制度化的体系所规范的接受和给予关系并不足够维系良好的社会运转，建立在制度体系基础上的道德体系也不是完备的社会道德体系。"因此，我们在生活中所采用的原则其实都是些由来已久的原则，而且在未来仍会有效：这就是要走出自我，要给予——无论是自发的还是被迫的；这种原则是不会错的。"③ 在经过现代道德文明的洗礼之后，承认不加计算的接受和给予关系的道德价值，并不应该简单地回归到古式的礼物交换道德体系，而是要构建一种更为合理的接受和给予的社会关系体系，从而为社会道德体系奠定良好的根基。"在此基础之上，礼物—交换的道德脱颖而出。而我们恰

---

① 〔法〕马塞尔·莫斯：《礼物——古式社会中交换的形式与理由》，汲喆译，陈瑞桦校，商务印书馆，2016，第117页。
② 〔法〕马塞尔·莫斯：《礼物——古式社会中交换的形式与理由》，汲喆译，陈瑞桦校，商务印书馆，2016，第152页。
③ 〔法〕马塞尔·莫斯：《礼物——古式社会中交换的形式与理由》，汲喆译，陈瑞桦校，商务印书馆，2016，第119页。

恰希望看到,我们的社会能够趋向于一种完全可以与之媲美的同样类型的道德。"① 要把伦理学开展奠基在给予和接受关系的分析之上,仅仅局限在麦金太尔和莫斯的论述的基础上还是不够充分的,需要进一步在理论上进行探讨。

一 "应当给予"的美德

麦金太尔并没有给接受和给予关系以明确的定义,但是他说明了一个问题,即从经验上看,个体处于一个给予和接受网络的特定位置上,这种关系从孕育延伸到死亡。

关于接受和给予关系的本质,麦金太尔指出:"使独立的实践推理者出现并得以维持的那些关系就是一些他们从一开始就有所亏欠(in debt)的关系。"② 亏欠和应当是属于一个系列的范畴。"'应该'(ought)是'亏欠'(owe)的过去式,但是被用作现在式:如果 a 应该做 G,那么 a 在某种意义上就负有一个义务,他/她/它必须做 G。"③ 应当可以表现为"亏欠"。"亏欠"自然就有"偿还"的要求。"亏欠""尚未",需要去填平。应该意味着亏欠,亏欠意味着义务。接受和给予关系网络中的个体处在亏欠的地位上,那么对于这个个体的美德的一个基本要求就是认识这种亏欠,并应当反过来给予他人关心。关心他人、帮助他人、给予他人就是人基本的道德义务。这种亏欠的关系实际上是具有普遍性的,包括那些表面上看来给予大于接受的情况。比如那些身处逆境的人,他们接受的给予显得不够充分,还有那些通过自己的努力有所获得的人,都容易让自己感觉到自己并不亏欠谁什么。但是即便如此,他们依然是处在接受和给予的网络之中的,他们依然有所接受,并有所亏欠。他们放弃给予他人关心,并且缺乏认识自己有所亏欠,不能够正确看待自己成长过程中所得到的来自他人的给予,就表现为一种缺乏美德的行为。他们会觉得世界亏欠了自己,自私自利的

---

① 〔法〕马塞尔·莫斯:《礼物——古式社会中交换的形式与理由》,汲喆译,陈瑞桦校,商务印书馆,2016,第118页。
② 〔美〕阿拉斯戴尔·麦金太尔:《依赖性的理性动物:人类为什么需要德性》,刘玮译,译林出版社,2013,第81~82页。
③ 〔澳〕约翰·L. 麦凯:《伦理学:发明对与错》,丁三东译,上海译文出版社,2007,第67页。

行为是公平正义的。这种认识堵塞了他们通往美德的道路。

人在接受和给予关系网络中的亏欠并不一定是一种可以明确计算的关系，是一种对称的关系，而是具有不对称性。麦金太尔讨论了接受和给予主体之间的对称性和不对称性的问题。从不对称性来讲，"但我们通常从一些人那里接受，而另一些人需要我们给予"①；从对称性来讲，则是"有时候那些依靠我们的人正是我们从他们那里有所接受的人"②。

其实不仅仅在主体上存在不对称的情形，在涉及接受和给予的媒介、内容物的时候，这种不对称性和不可通约性更为明显。比如在世代网络中，受到时代发展水平的限制，父母给予子女的付出和子女给予父母的回报之间无法通约。个体的脆弱性表现在很多方面，依赖性也有不同的表现，需要得到的帮助本身具有很大的随机性和不确定性。

人的亏欠的地位是由人的社会关系网络所决定的。海德格尔甚至认为亏欠的概念都无法表达人生这种境遇。"此在向来所是的那一尚未反对把自己作为亏欠来阐释。"③ 因为在亏欠中，"现有的不齐全可以通过积齐诸片段而勾销"④，"此在这种存在者的齐全不能由这种'陆续'拢齐片段的办法组建起来"⑤。事物之间具有一定的普遍联系是一个没有多大疑问的哲学结论。不过关于普遍联系的方式却可以有不同的哲学思考。中国魏晋玄学的"崇有论"强调个体事物是"偏"而不自足的，因为不自足，自然是依赖外在事物的，是需要"外资"的。个体的人、一定的群体和民族、一定的国家都不具有绝对的自足性，都需要和其他人、其他民族和国家有一定的"外资"关系，从而有不同程度的独立性和依赖性。个体不能自给自足是一个基本的经验事实。这个基本的经验事实决定了个体有外在的需要，而需

---

① 〔美〕阿拉斯戴尔·麦金太尔：《依赖性的理性动物：人类为什么需要德性》，刘玮译，译林出版社，2013，第81页。
② 〔美〕阿拉斯戴尔·麦金太尔：《依赖性的理性动物：人类为什么需要德性》，刘玮译，译林出版社，2013，第81页。
③ 〔德〕马丁·海德格尔：《存在与时间》，陈嘉映、王庆节译，生活·读书·新知三联书店，2006，第283页。
④ 〔德〕马丁·海德格尔：《存在与时间》，陈嘉映、王庆节译，生活·读书·新知三联书店，2006，第279页。
⑤ 〔德〕马丁·海德格尔：《存在与时间》，陈嘉映、王庆节译，生活·读书·新知三联书店，2006，第279页。

要的满足需要依赖一定的对象。这样就在个体生命之间发生了接受和给予的关系。接受的关系可以表现为主动地索取和占有，也可以表现为对其他个体给予的接纳。给予的关系可以是主动给予，也可以是被动给予。因为个体抱有不同的动机和目的，有不同的情感动因，有不同的理性判断和价值指导，所以这种关系表现出丰富多彩的道德和伦理内容。但有一个基本点是确定的："使我们成为独立的实践推理者所需要的关心，如果要行之有效，就必须是对人本身无条件的关心，而不管结果如何。这就是我们现在反过来应当给予（give）他人或将来应当给予他人的关心。"① 从接受和给予关系来思考德性和伦理问题，显然是一个可取的思考方向。

"给予"本身是一种美德，而"应当给予"则是美德的基本要求。在日常生活中，经常可以听到"应当"这一词语，类似的还有"应该""要""一定要"等用语。这些词语都在不同程度上表达着某种"应当"的要求。"'一定要'要比'应该'更强。"②"应该"和"有义务"是什么关系呢？"但是在其他方面'应该'类似于'有义务'，只不过更弱：如果 a 应该做 G，那么它只是部分地有义务做 G。"③"有义务"的要求程度强于"应该"，而"责任"则在程度上强于"义务"。"如果 a 有责任做 G，那么这就如同它被做 G 束缚住了：一个责任是一个看不见的绳索。"④ 把"应当给予"当成一种基本的美德，就是要确认人"一定要给予""应该给予""有义务给予""有责任给予"。

"应当给予"的美德也基于一定的"是"。"是"不同于"应当"，但很多内容表达"应当"时讲的却是"是"，只有了解"应当"话语所说的"是"才能确定"应当"表达的真实语意。当"应当"话语主要的表达内容是"是"的时候，表达的人就成了伦理上的客观自然主义者。客观的自然主义者认为，"一个人应当做 X"，"应当"能够借助"是"来定义，"应

---

① 〔美〕阿拉斯戴尔·麦金太尔：《依赖性的理性动物：人类为什么需要德性》，刘玮译，译林出版社，2013，第82页。
② 〔澳〕约翰·L. 麦凯：《伦理学：发明对与错》，丁三东译，上海译文出版社，2007，第70页。
③ 〔澳〕约翰·L. 麦凯：《伦理学：发明对与错》，丁三东译，上海译文出版社，2007，第68页。
④ 〔澳〕约翰·L. 麦凯：《伦理学：发明对与错》，丁三东译，上海译文出版社，2007，第67~68页。

当"包含客观的因果及主观的理由。因为，如果违背了这一事实，就会产生不好的结果。应该包含了理由，"有人认为，'存在着一个 a 做 G 的理由'是与'a 应该做 G'大致一般的同等表达"①。a 和 G 之间有因果关系，同时 a 认识了这种因果关系，a 自由地、自愿地选择对 G 承担自己的责任或者义务，G 就构成了 a 的"应当"。如"红灯亮的时候就应当停车"，如果你停车了就是道德的，否则就是不道德的。道德就表现在你的行为符合这样一个"应当"。为什么一定要符合"应当"才是道德的呢？这是由客观的因果事实和主观的理由所决定的。不停车可能会撞死人，一个理性的人需要认识到这一点，然后以之为主观停车的理由，这样做就符合"应当"的要求了。"应当"实际上就是基于对客观事实的因果关系的主观认识对需要采取的行动的一种规定。"应当给予"是一种基本的美德就是因为曾经接受过，接受和给予之间具有一定的事实上的因果关系。接受构成了给予的原因，接受意味着亏欠，意味着将来要偿还的果报，而给予则是对接受的偿还。"应当给予"是一种基本美德就是强调这一表述描述了接受和给予是人生基本的事实，对这一事实的认知对道德行为的发生具有关键性的影响。

"应当给予"中的"应当"强调对"是"的自觉认识，同时也具有主观自然主义者的"应当"色彩。应当给予即希望给予，给予能够让人生获得满足，获得爱。由于给予并不一定是对称的，"应当给予"中的"应当"也依赖直觉。什么时候给予、对谁给予可以用从直觉而来的道德行为进行调节。给予的习惯养成很重要，但也要看到，一旦成为习惯就呆板了，直觉的敏锐性也是给予的美德所需要的。

"应当给予"中的"应当"也表达赞成的感情。应当表示赞同、同意、赞美本身，表示态度。应当给予就是赞同给予、同意给予、赞美给予。认识到人生置于接受和给予网络中的事实，是对人生实际的自我反省，而"应当给予"则是自我限定和自我超越。人生基本的"是"是有一个亏欠需要弥补和补足。这个补足是"是"要求的。人完成了给予的过程，"应当"就被给予的事实填平了，人就会觉得心安理得。强调"应当给予"的美德也有规约主义的意味，"应当给予"就是把给予作为规定和约束，并指导行为。

---

① 〔澳〕约翰·L. 麦凯：《伦理学：发明对与错》，丁三东译，上海译文出版社，2007，第 70 页。

二　"可以要求"的美德

　　如果不充分给予，就是只要求不给予，自私自利就描绘了这种情况。如果只是强调"应当给予"而不肯定"可以要求"，人就会被想象为一个超然的强者而不是一个弱者，一个具有脆弱性和依赖性的生命。一个依赖性的生命是有要求的，就像"崇有论"讲的那样，要"存宜"。给予和要求之间要具有一定的对应性，具有充分的连续性和流动性。充分的给予总是意味着充分的要求的满足。不过"可以要求"中的"可以"具有一定的限定性，"可以"意味着"基本""普遍"，是建立在脆弱性和弱者的基础上的。

　　与"应当给予"一样，"可以要求"也有基于社会制度体系的较为明确的尺度。

　　从资格或者要求权的角度来看，接受和给予关系网络承认人有不受特定尺度决定的要求权。"权利"这一概念总是和资格、要求、尺度相关。正因为人曾经被给予，而且这种给予是个体生存和发展的条件，不管这种给予是否充分或者优良，人存在的条件就是被给予或者被恩赐。这种恩赐也可能以一种功利的或者带有惩罚的形式出现。人生存还有一个基本的条件就是可以提出要求。这种要求权可以是基于社会角色而来的，比如父母对子女具有一定的要求权，也可以是基于给予和接受的交换契约而来的，还可以是基于法律和制度而来的，权威性命令、职务或角色、契约和许诺等都可以形成要求权。因为个体曾经给予，这是一个过去的行为，所以个体现在有对这个过去的给予行为提出回报的权利。马克思指出："权利，就它的本性来讲，只在于使用同一尺度。"[①] 法律和权威性命令、职务或角色、契约和许诺构成了一种尺度，在一定的尺度下，一方拥有权利，另一方就会有相应的责任。这一意义上的责任必然和权利相关。权利的语言往往需要借助责任的语言来理解。"应当给予"是人的责任同时意味着"可以要求"是人的权利。

　　基于一定的制度体系形成的给予和要求关系，具有一定的市场交易关

---

① 《马克思恩格斯选集》第三卷，人民出版社，2012，第364页。

系的特征。市场交易关系讲究一手交钱一手交货，互动是即时性的，当然也有期货等拉长互动时间的情况；礼物关系则具有延时性，当然恩义的发生是很讲究时机因素的。市场交易关系具有一定的匿名性，尽管交易的主体可以熟知，但重点不在于和谁交易，而在于交易的是什么，交易主体之间并不把重点放在彼此关系上面，当然也有力求发展人际互动关系来稳定市场交易关系的行为；礼物关系主体是明确的，具有个体情感的参与，有建立人际连接的愿望。赠予时给出的是自我的某种成分，予人就是予己。市场交易中客观性因素更为突出，理性要求也比较高，而礼物关系更为突出情感活动和情义的因素。市场交易关系的计算性色彩很浓厚，而礼物关系恰恰要求某种模糊性。市场交易关系中金钱和商品因素被突出出来，而报恩中更多地突出了礼物的色彩。市场交易关系关注的是实际的资本，而礼物关系形成的是象征性资本。当然，作为人际互动的形式，二者之间总是存在某种过渡性关系和过渡状态，总体上完成人际互动。只有在接受和给予的总体性关系中把二者有机结合起来才能准确把握社会互动的整体特征。

礼物关系和市场交易关系都涉及交换，都包含接受和给予的关系。从整体的呈献体系的角度来理解当代社会更为符合社会生活的实际。当代社会本身就是传统和现代交织的社会。莫斯认为，古式社会的基础在于给予、接受和回报这三重义务。莫斯认为古代社会的基础不是交换，而是交换—礼物或者礼物—交换。礼物范式就是要把社会看作其成员做出给予或不给予的种种决定的合力。这种范式并不单纯存在于家庭、邻里、同事和朋友的领域，同样存在于企业和行政机构。从社会整体来看，给予和交换的关系带有整体性，构成了整体的呈献体系。其中"礼物范式"具有基础性，麦金太尔认为理性的交换关系受到不加计算和不可预期的给予和接受规范，理性的交换关系也往往通过不加计算的给予和接受关系来维持，甚至受到不加计算的给予和接受关系支配。礼物关系和市场交易关系之间存在一些交叉性，礼物关系变成手段后则成了市场交易关系的变化形态，而市场交易关系力求维持稳定和长期的交易，必然辅以礼物关系，从而把交易关系转化成人情关系和礼物馈赠关系。就像麦金太尔所言，市场交易关系的维持就必须内嵌于那种不加计算的给予和接受这种非市场交易关系中。情感纽带和市场交易关系在很大程度上都预设了给予和接受的规范。"应该给予"和"可以要求"可以有有明确尺度和标准的"应当给予"和"可以要求",这种关系可以用权利和义务关系来表达,与其相应的范畴还包括"责任"等概念。"可以要求"是一种权利,"应该给予"是一种责任和义务。这样的接受和给予关系其实就转换成了遵守角色伦理的要求,扮演好自己的社会角色,也就符合了社会规范体系要求的给予和要求。接受和给予关系演变成对角色伦理和相应美德的认识和觉悟。接受和给予关系受到角色和社会体系的调节。

Y可能会提出所谓过分的要求,过分就是超过了彼此共同承认或者共同面对的尺度,从而超出了自己所能够拥有的权利。自然X没有责任通过给予满足Y的权利需求,进而也不能说X缺乏责任的美德。X也可能为Y做过更多的事情,但那要归入如下的美德的范畴中去了。

> 倘使我在街角碰到一个陌生人,他礼貌地向我要火柴,我应当给他吗?我想,大多数人会认为我应当给他火柴的,并且任何一个好心肠的有理性的人都会给陌生人火柴的。或许一个有真正美德的人还会做更多的事。他会友好地、愉快地微笑着回答,甚至会自愿地为陌生人点燃香烟。①

对这个事例,可以有不同的理解。

其一,基于某种规则尺度的权利和责任的理解。在这种情况下,X过去、现在和将来与Y之间都不存在权利和责任的对应关系。"但是,我肯定没有责任给一个人火柴,他是谁?他没有权利要求我,他没有权威命令我履行任何行为,我不欠他什么。为人们做好事似乎不错,但是按照定义,好事不是法律上或道德上要求我做的事。我是一个高尚的人,在这件事上我没有丧失荣誉;我也没有违背自己的责任,无论它是法律的责任抑或是道德的责任;我既未破坏人定的规则,也没有破坏上帝的规则。所以,你

---

① 〔美〕汤姆·L. 彼彻姆:《哲学的伦理学》,雷克勤等译,中国社会科学出版社,1990,第264页。

们没有权利指责我。"① 这个例子中这个人的责任概念，是和权威命令、法律上或道德上的"要求"密切相关的，从权威命令、法律上或道德上的要求来看，显然，在这里的这个"我"没有"被要求"。

X 对 Y 负有责任，其实从 X 是被动的角度来看，就是 X 可以"被要求"。"一切义务与责任，无论是权威性的指令和禁令所强加的，抑或是通过接受或继承了公职、职务或角色所带来的，抑或是由于许诺和签订契约所自愿承担的，都具有共同的特性：被要求。"②

费因伯格强调责任的"被要求性"，自然就和美德很难兼容了。因为美德除了要完成"被要求"的以外，还要完成更多。另外，"被要求"有很多理由，显然费因伯格强调基于权威命令、法律上或道德上的"被要求"来考察这件事情。在这种情况下，要反思是否有权利要求，反思自己是否有责任来满足别人的权利需求。Y 有权利要求或者命令 X 吗？X 欠 Y 什么吗？有法律或惯例规定 Y 可以要求 X 吗？抑或上帝要求 Y 向 X 借火？显然不是很明显，上帝怎么会同意 Y 吸烟呢？

其二，无明显尺度的"要求"和"被要求"构成了"美德性"。其实对方既然提出了要求，就有要求了，既然他提出要求，在这么多的人中选择了你来要求，肯定有一定的理由，这个理由尽管从法律上或者一般信念中的道德规则上不成立，但要求本身是现实的。

第一种回应的情况。X 给 Y 火柴，虽然没有明显的规则表示 Y 有权利要求，但对方有要求，X 不问原因直接满足了 Y 的要求，这是低级的美德。

第二种回应的情况。X 给 Y 点燃香烟，这是美德，因为 X 做了比 Y 要求的还要多的事情。

第三种回应的情况。X 不给 Y 火柴也不点燃香烟。不给的理由，不是权利和责任的理由，而是善心和爱心的理由。反思满足其要求对其是善是恶。在这里，考虑了 Y 本身行为的善恶。吸烟对 Y 不好，如果 X 给 Y 点烟，

---

① 〔美〕汤姆·L. 彼彻姆：《哲学的伦理学》，雷克勤等译，中国社会科学出版社，1990，第 264~265 页。
② 〔美〕汤姆·L. 彼彻姆：《哲学的伦理学》，雷克勤等译，中国社会科学出版社，1990，第 265 页。

显然烟对 Y 的伤害与 X 就有了关联，X 倒是做了一件坏事情。作为美德的责任显然要了解因果，比如 Y 的行为自身的因果，以及 X 和 Y 所可能采取的行为带来的可能的因果。哪种是一般作为责任的美德呢？哪种又是真正意义上的美德呢？其中哪种才是真正的负责呢？显然，第三种情况是真正的 X 对 Y 负责，履行了 X 对 Y 的责任。作为美德的责任是在 Y 对 X 有要求的前提下，X 带有智慧地认识这种要求，并做出恰当的反应。

第四种回应的情况。Y 要 X 为其点烟，X 却劝告 Y 戒烟，且提供相关的戒烟的资讯和帮助。Y 要求的是 A，而 X 给予的是 B。哪种是负责呢？X 更对 Y 负责，因为 X 比 Y 更能理解什么是对 Y 好的。Y 经常会提出一些超出职责或者法律和惯例的要求给 X，并且认为这些就是 Y 的权利，X 是满足还是不满足呢？一个具有美德的人，恰好需要充分认识与自己相关的因果，而不管这种相关性是什么。

在这里，换一种宽广的思路来理解。可以"被要求"可以从美德的角度来理解，就是我可以满足你的要求。这种满足可以是社会名誉、财产和权势等方面的满足，也可以是人性、道德品格和心理方面的满足。有有明显理由的被要求，也有没有明显理由的被要求。有有明显理由的给予，也有没有明显理由的给予。没有明显理由的给予，可以理解为尽了人性的责任，就是"尽性"。

三 确认"应当给予"和"可以要求"的美德的意义

承认"可以要求"就是承认欲求的合理性。依据康德的看法，欲求有高级的欲求和低级的欲求。"欲"和"求"在《论语》中是分开使用的，孔子也强调随心所欲。这个随心所欲之欲求是高级欲求，是对仁的欲求。这种"求"是否也会带来世俗利益的求？孟子区分了天爵和人爵，可欲和求得到的是理义，而涉及个体利益的求则是求之有道、得之有命的。确认"可以要求"的美德需要从不同的层面来看。

从高级欲求的角度来看，要求的是自我完善，是心的仁爱和羞恶本身，承认这个可以要求，就是承认良心自由，承认人有追求自我道德完善的自由和权利。这种权利是人人平等的，因为人人都可以依凭自己的善心成为圣贤。

从低级欲求的角度来看，这种欲求是有限制的，是有局限性的欲求。"可以要求"要符合道义。这个道义的基本点是接受和给予相配的正义。而这种相配的正义可以是基于伦常关系和市场交易关系或者契约以及社会制度体系的规范而产生的。合乎伦常关系以及社会制度体系的道义的要求是求之有道。有限制就是得之有命。从这一意义上来看，确认"可以要求"的美德就是要遵守制度正义。

这样来看，确认"可以要求"的美德具有两个层次的意义。第一个层次，只有确认"可以要求"才能保护个体完善自我的价值，并普遍地肯定人性向善。第二个层次，承认人"可以要求"的权利是市场交换以及社会制度，甚至是伦常交往中推动社会正义的力量。

承认"可以要求"的美德意义，就是要承认弱者应当得到照顾。这种照顾不考虑弱者的社会贡献和个人的付出与给予。不管个体的生命是否曾经有贡献，只要拥有生命，就应得到基本的关怀。这从给予者的角度来看，就是拥有慈悲和慷慨的美德的表现。

在一个具有较好的社会制度正义的社会体系下，强者也可以要求，这种要求被社会制度体系所规范和调节。

确认"应当给予"，就是承认全心全意为他人服务具有崇高的美德地位。把给予当成人生活的价值和意义的人具有较高的美德地位。全心全意的给予需要具备一定的"无我"品质，"应当给予"的美德承认忘我的道德价值。

确认了给予，就确认了道义的价值。"义"总是涉及牺牲和奉献。确认给予的道德价值，也就要求确认回报的道德意义。给予的前提是不明确的，在不明确的情况下的给予，表面上看是给予，但也可能具有回报的属性。不预设前提的给予就是最好的对他人和社会的回报。

"可以要求"和"应当给予"应当同时成立，否则，只是要求，社会就会失去平衡，而只是给予，也缺乏道德实践的基础。"可以要求"和"应当给予"的美德还需要进行进一步详细论证，并在这一基础上思考道德建设的相关问题，这是有助于美德理论的再建和美德实践的。

The Virtues of "Should Be Given" and "Can Be Requested"

Zhou Haichun, Cai Yunyue

Abstract: The tradition of western moral philosophy is based on independent rational actors, which has met many challenges. It is a new theoretical direction to think about virtue and ethics from the perspective of accepting and giving relationship between people. Selfishness describes the situation where insufficient giving, or simply asking for nothing, is the condition. If the emphasis is on giving without being certain that one can ask, one will be imagined as a detached strong person rather than a weak one, a life with vulnerability and dependence. There should be a certain correspondence between giving and demanding, with sufficient continuity and fluidity. We should affirm not only "should give", but also "can request", the balance between the two virtues is an ideal ethical relationship.

Keywords: virtue; should give; can request

效用与情感[*]

——休谟与斯密美学观之比较

李家莲　雷云峰[**]

【摘　要】 作为18世纪英国情感哲学的典型代表，休谟与斯密的哲学思想有非常紧密的联系。在美学领域，二者的美学思想虽有千丝万缕的关联，彼此却又互不相同。通过聚焦于美的本质、美的根源和美的功能这三个问题，本论文深入阐述了二者美学思想的异同，并以此为基础勾勒了18世纪英国情感主义美学思想的历史发展脉络。

【关键词】 斯密　休谟　情感　效用　合宜性

18世纪的英国是启蒙的时代，由于启蒙的发生地在苏格兰，因此又被称为"苏格兰启蒙运动"。相对于以理性取胜的德国启蒙运动，这场启蒙运动是一场重视情感的启蒙运动，诞生了沙夫茨伯里、哈奇森、休谟和斯密等情感主义思想家，他们把情感视为解读一切哲学问题的金钥匙。亚当·斯密与大卫·休谟同为这个时代的情感哲学家，学界对他们的理论的研究

---

[*] 本文系教育部青年基金项目"情感主义视域下的道德知识学研究"（13YJC720011）、国家哲学社会科学基金重点项目"国家治理现代化框架下协同推进德治与法治研究"（17AZX015）之阶段性研究成果。

[**] 李家莲（1976～　），女，湖北建始人，湖北大学哲学学院暨高等人文研究院副教授，在浙江大学经济学院做博士后研究，主要研究方向为近代英国伦理思想史；雷云峰（1991～　），湖北人，湖北大学哲学学院美学专业2014级硕士研究生。

也一直是一个热门话题。不过，在研究过程中，学界对二者的定位是不同的，休谟多被作为哲学家或历史学家来进行研究，而斯密却几乎完全被视为一个经济学家。事实上，斯密不仅仅是一位经济学家，更是美学家和道德学家。早在创作《国富论》之前，斯密就已经创立了一套哲学世界观的理论体系，在该理论体系中，美学思想是重要内容，然而，由于被经济学家的光环所笼罩，国内外学界对斯密的研究大多是从政治经济学角度去研究《国富论》以及从伦理学角度去研究《道德情操论》，斯密的美学思想却罕有人研究，甚至在学界有一部分学者并不认为斯密是一个美学家，并认为斯密理论中不存在美学理论。斯密的美学思想一直未能在学界得到充分重视。事实上，斯密不仅有独特的美学思想，而且他的美学思想与18世纪的沙夫茨伯里、哈奇森和休谟等人的美学思想有紧密的传承关系。不过，令人欣慰的是，近年来，斯密的美学思想逐渐受到学界关注，对斯密美学思想的研究也日渐升温。以18世纪英国美学史为背景，以文本细读为基础，通过对休谟与斯密的美学思想进行对比研究，可以发现两人在研究美学问题的过程中，都非常重视研究美的本质（什么是美）、美的根源以及美的功能这三个问题。通过聚焦这三个问题来阐述休谟与斯密的美学思想的异同，本文试图勾勒出18世纪英国情感主义美学思想的历史发展脉络。

一　美的本质

在17世纪的英国，学界普遍将对人性的研究作为哲学研究的基石，所有的科学研究都围绕人而展开。然而，尽管此时的英国哲学普遍确立了以人性为基础的根本性原则，但不同哲学流派对人性的理解不尽一致。大致而言，此时的英国哲学对人性的理解形成了两种不同的流派：一派是以情感为基础的情感主义流派，该流派认为，不论人性如何复杂，最终都会通过主体对象本身的情感表现出来，所以情感是人性的表现形式；另一派是以排斥情感为主要特征的理性主义流派，该流派认为，情感是混乱无序之物，无法为人类社会、道德或审美提供秩序，因此，研究哲学，首先就要排斥情感，并确立理性的基础性地位。休谟和斯密均属于情感主义流派，他们所创立的美学思想又被称为情感主义美学。他们把人性视为情感性的存在，认为情感是人性的本质，研究美学，首要问题是研究美的本质或什么是美的问题，而要阐明美的本质或什么是美，唯一可靠的做法是从情感入手。休谟和斯密在研究美学的过程中都从情感的视角出发，二者对美的本质或什么是美有相似的理解。

在休谟看来，美能让审美主体产生愉悦的情感，"美是一些部分的那样一个秩序和结构，它们由于我们天性的原始组织，或是由于习惯，或是由于爱好，适于使灵魂发生快乐和满意"①。审美主体通过外在感官感知到对象之后，若该对象能给主体带来愉悦的情感，那么，它就是美的，反之，它就不美。"各种各样的美都给予我们以特殊的高兴和愉快；正如丑产生痛苦一样，不论它是寓存于什么主体中，也不论它是在有生物或无生物中被观察到。"② 一位对手工艺品有兴趣的人，在某一手工艺品展览会上看见一件做工精细、精美绝伦的手工艺品，当他通过人眼这个外在感官感知到这件手工艺品后，他会通过经验、自己的喜好等认知观念来判断从外在感官感知到的这件手工艺品的印象，当这个印象非常符合他的观念判断时，他心理上会对这件手工艺品产生满意或愉悦的感受，从而对这件手工艺品做出美的判断。对于休谟从情感视角来解读美的本质的这种做法，斯密持赞同态度。在《道德情操论》第四篇中，斯密说道："任何体系或机器，如果合适产生预定的目的，它的这种合适性，会赋予整个体系或机器某种合宜或美的性质，并且使我们一想到它便觉得愉快。这一点是如此显而易见，任何人都不会没注意到。"③ 斯密在其中列举了房间中椅子摆放的例子来证明这个观点。椅子在房间中的摆放布置会引起审美主体的关注，当审美主体走进房间，通过外在感官感知到房间中的椅子摆放后，如果这个印象不符合他自己的认知观念，他就会产生不高兴的情绪，从而不厌其烦地将这些椅子摆放到他所认为的该摆放之处。当椅子重新摆放完毕后，房间里的椅子摆放布置便符合了他之前的认知观念，他的心中就会产生愉悦的感受，从而认为这样的布置才是合宜的，才是美的。正如斯密所说："终究是此一

---

① 〔英〕大卫·休谟:《人性论》，关文运译，商务印书馆，2016，第 330 页。
② 〔英〕大卫·休谟:《人性论》，关文运译，商务印书馆，2016，第 329 页。
③ 〔英〕亚当·斯密:《道德情操论》，谢宗林译，中央编译出版社，2009，第 220 页。

方便，使那个安排布置得他欢心，并赋予它全部的合宜性与美。"① 因此，对于什么是美，斯密与休谟一样，都认为只有当审美对象能激发审美主体心中愉悦的情感的时候，审美主体才会认为该对象是美的，即美的本质就是令人愉悦的情感。在此基础上，如果进一步探究什么样的令人愉悦的情感才能构成美的本质，或者说，美的根源或标准是什么，我们发现，休谟和斯密的观点出现了差异。不仅如此，在讨论美的功能问题的时候，二者的观点也出现较大的差异。因此，本文接下来将以美的根源和美的功能为核心问题详细讨论休谟和斯密的美学思想之异同，并以此为基础勾勒出18世纪英国情感主义美学思想的历史发展脉络。

二 美的根源

虽然斯密与休谟在美的本质问题上持有相同看法，二者都主张把美的本质视为一种令人愉悦的情感，但是，在随后对美的更深入的研究中，即对于情感令人愉悦的原因或美的根源问题，两人的观点便出现了很大的分歧。

休谟认为美的根源是效用。既然令人愉悦的情感构成了美的本质，那么，什么样的事物能激发审美主体产生愉悦的情感呢？或者说，令人愉悦的情感之愉悦的根源来自何处？在休谟看来，客观事物之所以能激发审美主体产生愉悦的情感，是因为该客观事物符合审美主体的审美需求，而只有客观事物能产生相对应的效用才能达到满足审美主体审美需求的目的。休谟在其著作《论怀疑派》中列举了圆圈的例子。一个圆圈之所以会被审美主体认为是美的，并不是因为这个圆圈本身在审美主体看来就是美的，这个圆圈本身并不存在任何美的标识，其属性中也并不存在任何美的标识，只有当审美主体认为它是美的的时候它才是美的。而审美主体认为它是美的，则必然是因为这个圆圈所产生的效用能满足审美主体的需求，从而令审美主体心中产生了愉悦的情感。对于某些外部结构比例不平衡，审美主体看来不协调或者不美观的事物，只要其构造对审美主体能产生益处，即能满足审美主体的审美需求，就会受到审美主体的赞许。正如休谟在其著

---

① 〔英〕亚当·斯密：《道德情操论》，谢宗林译，中央编译出版社，2009，第221页。

作《道德原则研究》第五章论"效用为什么使人快乐"中举例说的那样，一艘船，按照善于航海的人的设计建造出来，可能在视觉效用上会不协调、不美观，却会受到人们的赞许，因为这艘船有利于在大海中航行。而根据几何规则设计出来的、比例协调美观的船却容易在海上夭折。所以正如休谟所说："如果我们能够表明这个特定的构造对我们所意向的用途的必需性，为它辩护又将是何等令人满意！"① 因此，在休谟看来，客观事物所产生的效用是令审美主体产生愉悦的情感的源泉，也即审美主体认为美的根源所在。

然而，斯密在美的根源问题上并不赞同休谟提出的效用理论。在斯密看来，如果美仅仅只是来自客观事物的效用，那么美就被打上了功利主义的符号。而事实上，美不应该被打上功利主义的符号，美应该是一种自然而然的东西。对此，斯密通过列举房间中椅子的摆放以及人的性格与行为等一系列例子来反驳休谟的观点。房间里的椅子的效用就是给人坐，而椅子在房间里不论怎么摆放，都不会影响人坐的这个效果，然而人还是会不怕麻烦地将散乱摆放的椅子重新按照秩序摆好。很明显可以看出，其中这个重新摆放椅子的过程又给人增添了一道麻烦，对人进房间直接坐下的这个效果是有影响的，休谟的效用理论在这里似乎就行不通了。所以"为了获得某种方便或欢乐而在手段上做出的精确装备与安排，竟然时常比这方便或欢乐本身更受重视，尽管所有手段上的装备安排，其全部价值似乎就在于获得这方便或欢乐"②。这就表明，审美主体在其审美判断中，对客观事物产生效用的过程的追求程度高于对客观事物产生效用的追求程度。同样，对于人的性格与行为，斯密通过节约这一性格的例子来反驳休谟的观点。节约对于人本身而言，因其节约，能让人放弃眼前的快乐，忍受某些不必要的痛苦，这绝对是对人产生不利的效果，然而节约这种性格却会得到人们的赞许，旁观者也必定会给予节约性格的当事人以赞许的情感。因此，休谟的效用理论在这里也就不成立了。

在斯密看来，美的根源不会来自客观事物或人所产生的效用，而是来自人与人之间的同情（sympathy）。同情是斯密全部道德学说和美学思想的

---

① 〔英〕大卫·休谟：《道德原则研究》，曾晓平译，商务印书馆，2015，第63页。
② 〔英〕亚当·斯密：《道德情操论》，谢宗林译，中央编译出版社，2009，第221页。

关键词，指的是旁观者和当事人就同一处境所产生的相同情感，在道德学说中，同情是道德善恶的判断标准，在美学中，同情是美丑的根源所在。也就是说，在审美主体的情感与旁观者的情感相一致的时候，才能激发审美主体愉悦的情感以及旁观者对当事人的赞许。斯密认为："我们比较在意的，经常是旁观者的感觉，而不是主要当事人的感觉；亦即，我们比较重视的，经常是当事人的处境在旁人眼里显得如何，而不是他的处境在他自己眼里显得如何。"① 在斯密看来，不论是对于客观事物，还是对于人的性格与行为来说，美均来自审美主体与旁观者的同情，只有审美主体的情感与旁观者的情感相合宜时，客观事物或性格与行为才能被称为美。例如，我们为何把士兵牺牲自己生命的行为称为美的行为？因为该行为能获得当事人和旁观者的同情。无论士兵还是长官，都很重视自己的生命，然而士兵明白，长官有带领部队赢得战争胜利的能力而自己没有，因此，当枪弹威胁长官的性命，士兵因为考虑到长官能带领部队赢得战争胜利并能保全更多人的性命而选择牺牲自己的性命换取长官的平安时，也意味着这种牺牲换取了更多人的利益，因此会得到更多人的赞许。所以，当他那样做了之后，他的行为的确在旁观者眼中显得非常合宜、非常伟大。正如斯密所说："我们所以对这种行为感到钦佩，与其说因为我们看出这种行为的效用，不如说因为我们觉得这种行为不仅合宜，而且是出乎意料的合宜，因此，是伟大、尊贵与崇高的合宜。这种行为的效用，当我们认真考虑到它时，无疑会以一种新的美丽属性归附给这种行为，因此会更加使这种行为得到我们的赞赏。"②

三 美的功能

正如休谟和斯密对美的根源有不同的认识，二者对美的功能也有不同的理解，前者所理解的美的功能具有功利主义色彩，而后者所理解的美的功能则和功利主义没有关联。

休谟主张，美的功能在于能给人带来某种有益的效用。休谟主张美的

---

① 〔英〕亚当·斯密：《道德情操论》，谢宗林译，中央编译出版社，2009，第224页。
② 〔英〕亚当·斯密：《道德情操论》，谢宗林译，中央编译出版社，2009，第237页。

根源是效用，即美来自客观事物的有用性。在休谟看来，客观事物产生效用，那么必然会对审美主体产生与之相对应的效果。既然美就是令人愉悦的情感，那么也就是说客观事物被审美主体认为是美的，在于客观事物对审美主体产生了有益的效用。以航船为例，善于航海的人设计出来的船正是因为更有利于人在海洋中驾驶，能给人带来更大的益处，所以才被他人所赞许。同样，对于德性来说，人的行为举止都受到自身的德性的影响，所以人的行为的好坏也就在于其自身的德性的好坏。好的德性能使人的行为对他人或社会产生益处，因而也就会被他人所赞许。反之，坏的德性则会使人的行为有损于他人或社会的利益，因而也就会被他人所谴责。正如仁慈的性格能使当事人感受到关怀，因而缓和了当事人的消极情绪，这对当事人来说是一个有益处的效果。"社会性的德性具有一种自然的美和亲切，这种自然的美和亲切最初先于一切训导和教育，把这些社会性的德性推荐给未受教化的人类的敬重，并博得他们的好感。"① 因此在休谟看来，美的德性能正确指引人的行为举止，并能引导人的行为举止对他人或社会做出有益的贡献。如休谟所说："我们在何种程度上重视我们自身的幸福和福利，我们就必定在何种程度上欢呼正义和人道的实践，惟有通过这种实践，社会的联盟才能得到维持，每一个人才能收获相互保护和援助的果实。"②

斯密认为美不应该被打上功利主义的符号，美应该来自旁观者与当事人的同情。因此，美的功能就不会和效用或功利相关。那么，美的功能到底是什么呢？

对于个体而言，美对人的功能体现在两个方面。其一，体现在人与人之间的互通的情感之中。斯密认为美来自旁观者与当事人之间的情感共识即同情，唯有实现了同情，双方的情感才是合宜的，也只有在双方的情感均具有合宜性的情况下，旁观者才能通过想象感知到当事人在此时处境中的情感，并且此时当事人的情感才会得到旁观者的认可。在这个意义上，欣赏美，就意味着旁观者和当事人的情感具有一致性，这种一致性本身就是同情，而同情本身即使不知道同情的原因也能使人产生愉悦的感受，

---

① 〔英〕大卫·休谟：《道德原则研究》，曾晓平译，商务印书馆，2015，第65页。
② 〔英〕大卫·休谟：《道德原则研究》，曾晓平译，商务印书馆，2015，第65页。

"无论同情感的原因是什么，或同情感是怎样被引发的，最让我们觉得愉快的事，显然莫过于发现他人的感觉和我们自己心里头全部的情绪相一致"①。因此，当事人也会感知到旁观者对其所产生的认同情感，继而当事人心中也会产生愉悦的情感。在这种情况下，审美能使旁观者与当事人更好地实现互相理解。也只有在更好地互相理解对方情感的情形下，人与人之间的情感才能更加融洽，从而使人享受"同伴的欢乐"。其二，对个体而言，美还具有另一个功能——让人寻找到真正的幸福。斯密在《道德情操论》中指明，财富固然能使人幸福，但幸福不仅仅在于财富。然而在现实社会中，还是有很多人错误地认为，坐拥财富就是坐拥幸福。财富在斯密看来"不过是硕大无比、异常费力的机器，被设计来给身体提供少许碎屑的便利，但构成这些机器的许多发条与零件极其精致纤细，必须受到最小心翼翼的呵护照料才可维持在堪用的状态，尽管我们给予无微不至的照料，它们也随时就会轰然崩塌粉碎，并且在它们崩塌瓦解时，压碎不幸拥有它们的主人"②。真正的幸福并不是坐拥财富，那么何谓真正的幸福？在斯密看来，真正的幸福是人能自由自在地活着，随时能享受到身心的宁静与自由，正如斯密在《道德情操论》中所说："在身体自在和心情平静方面，所有不同阶层的人民几乎是同一水平、难分轩轾的，而一个在马路边享受日光浴的乞丐，则拥有国王们为之奋战不懈的那种安全。"③ 然而人如何寻得自身的宁静？对此斯密表明："无论人类的心灵在什么时候不幸失去了平静，要使它恢复平静，与人共处和交谈，无疑是最有效的两贴药方；而这药方，同时也是保持自得其乐与满足的心情所迫切需要的那种平静与愉快的性情的最佳防腐剂。"④ 其中，与人共处和交谈就是人与人的情感相互交流磨合的手段，也就是人与人之间的情感达成相合宜的过程，当人与人的情感达成共识的时候，也就是"药方"的效用达到最大的时候，共处与交流的双方的情感也将最愉快，从而人的心灵也就会重获宁静。因此美的功能不仅能促进人与人之间的互相理解，还能让人看清幸

---

① 〔英〕亚当·斯密：《道德情操论》，谢宗林译，中央编译出版社，2009，第8页。
② 〔英〕亚当·斯密：《道德情操论》，谢宗林译，中央编译出版社，2009，第225页。
③ 〔英〕亚当·斯密：《道德情操论》，谢宗林译，中央编译出版社，2009，第227页。
④ 〔英〕亚当·斯密：《道德情操论》，谢宗林译，中央编译出版社，2009，第21页。

福的真谛，使人通过合宜的方式去追求真正的幸福。

对于社会而言，美的功能在于它能推动社会文明的发展，能促进社会资源的分配。财富正如斯密所说的是由各种复杂的"零件"所组成的一个硕大的"机器"，人无法轻易获取财富。对于这个复杂且庞大的"机器"，人往往不会将其切割开来单独看待，而是"自然会把它，和它所赖以产生的那个体系、机器或配置的组织秩序，以及其规则协调的运转状态，搞混在一起"①。也正是因为人将这些极其复杂的"机器或配置"综合起来看待，人便会觉得"那些乐趣是某种宏伟、美丽与高贵的东西，十分值得人为了得到它而经常如此轻易付出的那一切辛劳与焦虑"②。这也就表明，从人的视角来看，财富等极其复杂的"机器"在社会中被赋予一种美丽的属性，人正是被这美丽的属性所诱惑，才愿意付出辛劳去求得这些美的东西。斯密在《道德情操论》第四篇中指出，虽然人错误地将追求财富这一手段当成了目的，但是，"幸好自然女神是如此这般的哄骗了我们。正是此一哄骗，最初鼓舞了人类耕种土地，构筑房屋，建立城市与国家，并且发明与改进了各门学问与技艺"。③ 因为没有什么人能凭空获取财富，即使是一座金山摆在一个人的面前，他也需要通过自身的挖掘以及提炼才能获得金子。所以人要想获取自己所需求的利益，就需要通过自身的劳作或者创作创造出有益于他人的成果，并将这个成果与他人交换得到自己所需求的利益。正是这个自身劳作或者创作创造出的有益于他人的成果推动了社会各门学问与技艺的发展，正是基于这样的原因，社会文明才能缓慢地向前发展。与此同时，对于那些坐拥财富的人，不论其多么吝啬，除去他本人消耗的资源外，剩余的资源还是会以各种方式流向为他提供方便的人群当中，如一位富豪拥有一座金山，金山本身不能给他带来任何益处，他只有将这座金山开发出金子来才能拿金子到社会上去换得更多的财富，然而他自己是无法完成这个开发金子的工作的，此时他只能通过付出利益的形式让工人来为他完成这项工作，此时工人就从他这里获得了自己赖以生存的资源。正如斯密所说："他们被一只看不见的手引导而做出的那种生活资源的分

---

① 〔英〕亚当·斯密：《道德情操论》，谢宗林译，中央编译出版社，2009，第225页。
② 〔英〕亚当·斯密：《道德情操论》，谢宗林译，中央编译出版社，2009，第226页。
③ 〔英〕亚当·斯密：《道德情操论》，谢宗林译，中央编译出版社，2009，第226页。

配,和这世间的土地平均分配给其他所有居民时有的那种生活资源分配,几乎没有什么两样。"①

五 结论

在18世纪的英国,美学始于经验主义,经验主义认为知识源于经验,除了感官感觉到客观对象的经验外,别无其他的存在。随着英国经验主义哲学的发展,以经验为对象的美学逐步发展成一种情感主义美学,沙夫茨伯里、哈奇森、休谟和斯密等人均认为美是始于情感的。休谟的美学观表明美源于效用,并指明人要有益于他人和社会。而斯密通过批判效用论的方式来表明美不应该被打上功利主义的符号,美应该来自自然人性之中的美好。斯密希望通过自己的论证来使世人走出审美误区,重新建立一种合宜的审美判断。休谟的美学思想对后世的学者有深远的影响,如在德国哲学家康德的关于纯粹鉴赏判断的讨论中也能找到休谟美学思想的影子。虽然后人对斯密的美学思想缺乏整体研究,但斯密美学思想在他自身的哲学体系中占据了重要地位,理解斯密的美学思想是解读其著作《国富论》《道德情操论》的关键钥匙。虽然在此前的时代里斯密美学思想一直未受到学界的重视,但是在近些年,学界对斯密美学思想的研究日渐升温,所以斯密美学思想也为近代情感主义美学流派提供了重要的借鉴。总之,二者的美学思想体现了18世纪英国美学的独特色彩,也为西方现代美学的发展奠定了独特基础。

Utility and Emotion

A Comparison of Hume and Smith's Aesthetics

Li Jialian, Lei Yunfeng

Abstract: As a typical representative of the British Philosophy of emotion in

---

① 〔英〕亚当·斯密:《道德情操论》,谢宗林译,中央编译出版社,2009,第227页。

the eighteenth Century, Hume and Smith's philosophy are closely related. In the field of aesthetics, although the aesthetic ideas of the two are inextricably linked, but they are different from each other. By focusing on the essence of beauty, the source of beauty, and the function of beauty of these three questions, this paper expounds the similarities and differences between the two aesthetic ideas. On this basis, the historical development of British affective aesthetics in the eighteenth Century is outlined.

Keywords: Smith; Hume; emotion; utility; propriety

从马里坦位格思想反思康德"理性存在者"之缺陷

徐　瑾　马雪莲*

【摘　要】 "存在"绝非抽象观念,没有离开存在者的存在;存在始终与"实体"联系在一起。作为人的存在的形而上学表现为人不仅是质料性的"个体",更是形式性的具有实体性、关系性、目的性的"位格"。与之相比,康德"理性存在者"忽视了人的感性存在的道德意义,忽视了"我"与"他者"关系性的道德意义,最终导致忽视了存在所应当具有的实体性。

【关键词】 存在　位格　理性存在者

"一个哲学家,如果他不是一个形而上学家,则将无以成为哲学家。"① 在现当代对关涉形而上学最重要范畴之一"存在"进行探讨的哲学家中,马里坦无疑是重要代表之一。他从存在出发提出了自己的"位格"(persona)思想,并在这一点上完全区别于康德道德哲学中的"理性存在者"(rational being)。

---

* 徐瑾(1976~　),湖北蕲春人,湖北大学哲学学院教授,中华文化发展湖北省协同创新中心、湖北省道德与文明研究中心研究员;马雪莲(1995~　),女,湖北仙桃人,湖北大学哲学学院2018级伦理学专业硕士研究生。

① 〔法〕雅克·马里坦:《存在与存在者》,龚同铮译,贵州人民出版社,1990,第17页。

一 存在的形而上学

"形而上学"(metaphysics)一词来源于公元前 1 世纪安德罗尼库斯在编撰亚里士多德关于存在、本体、实体的论文、讲稿和笔记以专门解释经验范围以外的范畴时将其置于"物理学之后"的直译。亚里士多德将思辨科学分为三类:物理学、数学、第一哲学。他认为"作为存在的存在"(to on heei on)是哲学的最初规定,也即就自身而言的、普遍的作为实体(ousia)的存在,而哲学正是这样一门寻求本原和最高原因的科学。① 西方古典形而上学就是关于作为存在的存在的学问。

马里坦的理论承袭于托马斯·阿奎那,而阿奎那的存在理论主要继承于亚里士多德。在这里有两种非常重要的影响西方哲学界两千年的对立观点,即柏拉图学说与亚里士多德学说。简而言之,二者的最主要区别表现为亚里士多德认为具体个体才是实体而不是柏拉图所说的普遍的、抽象的理念。在亚里士多德看来:严格来说只有个别事物才是实体,因为它们在存在上不依存于其他主体,其他一切主体都依存于它们;它们在逻辑上不被其他主体所断言,却断言其他一切主体,所以"一切实体似乎都意指个别事物",因为"它们是其他一切事物的基础"。② 也就是说,当我们谈到"存在"时不能抛弃具体"存在者",唯有在具体存在者之中才能洞察到真实的存在,也就是如上所述的"存在"始终和"实体"紧密联系在一起。马里坦的存在的形而上学就是如此:"形而上学不论及存在的概念;任何一门科学都不止步于概念;所有的科学都透过概念而深及实在。形而上学不是关于存在概念的科学,而是关于存在本身的,而存在本身则是由关于存在物的科学论述的。"③

扼要而言,马里坦的存在的形而上学具有两个基本特征。第一,存在绝非抽象概念(这是他的理论出发点)。如上所述,当我们谈到存在的时

---

① 〔古希腊〕亚里士多德著,苗力田编《亚里士多德选集·形而上学卷》,中国人民大学出版社,2000,第 73 页。
② 〔古希腊〕亚里士多德:《工具论》,李匡武译,广东人民出版社,1984,第 14~16 页。
③ 〔法〕雅克·马里坦:《存在与存在者》,龚同铮译,贵州人民出版社,1990,第 25 页。

候，存在并不是任何外于具体实存的抽象物（如某种体现本质的观念），而柏拉图的"理念论"、斯宾诺莎的作为唯一实体存在的自然、康德预设的作为人的本质性存有的"理性存在"者恰恰是这种抽象概念的代表，从亚里士多德关于存在的形而上学传统来说，这实际上是对"什么才是存在"的曲解。马里坦认为，任何时候，我们谈到人的"本质"都不能与"存在"相分离，没有任何抽象的、离开存在的所谓本质，即便这是近代以来哲学家们所普遍推崇的作为人的本质的理性（这也是康德哲学的出发点，他认为抽象理性是人的本质，先验的理性的绝对律令是无须依赖于任何具体存在的存在）。第二，没有离开存在者（及其行动）的存在。当理智（在一个判断中）言说"这个存在物在此或存在"的同时，存在物的观念必须是呈现着的，从逻辑上来说，关于存在物的观念在主体的因果关系的秩序中是先于关于存在的判断的，而关于存在的判断在形式意义上的因果关系的秩序中则先于关于存在物的观念。而要获得一个存在物的观念，则其行动必须在一个判断中被证实或把握，因此马里坦说："判断所涉及的可理解性，较之经由概念或观念传达给我们的东西更富于神秘性；它并非通过概念得以表达，而是通过那个确认或否认的行动本身得以表达的。"① 这里的存在物（于人则指具有丰富个性的"位格"）已经不是像康德所说的作为抽象的普遍本质的理性范畴，而是"某个具有隐在的多面性的思维客体的无限丰富性和超普遍性，从类推的意义上说，它渗透入万事万物并且以其不可简约的多样性沉积在每一个别事物的核心本身之中：它不单单是它们所是的那个东西，而且是它们的存有的行动"②。换言之，存在必须是现实的通过行动展现出来的存在。

由此可以看出，马里坦在谈到存在的时候始终围绕的核心是作为实体存有的具体存在者（及其在行动中的展现），于人来说，这就是对以精神为本质的具体存有物的考察；在他看来，人（man）不仅仅是一个质料性的"个体"（individual），还是一个形式性的"位格"。

---

① 〔法〕雅克·马里坦：《存在与存在者》，龚同铮译，贵州人民出版社，1990，第16页。
② 〔法〕雅克·马里坦：《存在与存在者》，龚同铮译，贵州人民出版社，1990，第25页。

二　作为人的存在的形而上学

在马里坦看来，人的本质是不可能通过把人当作"客体"的方式来获知的，这正如自笛卡尔以来近代理性主义者做的那样，把人当作一个（孤立存在的）客体加以这个或那个方面的分析，这实际上了解的只是作为"主体的对象"的可理解性的某个片段，而不是对"主体自身"的整全把握。因此马里坦认为必须将人当作"主体"来加以了解，不过，这种对自身存在的直观了解是无法加以概念化的，从实践的角度而言（康德也认为实践理性高于理论理性），它依据主体的内在倾向对道德问题和主体自身做出正确的判断而将其"形式"呈现在我们面前，"对于人而言，自发的自由成了自律的自由，替代者成了位格，详言之，成为一个整体，即凭借着那个实体本身和它的精神性心灵的存在而保持自身存在的整体，亦即通过将自己确立作自己的目的来行动的整体。……惟有位格是自由的；惟有位格拥有（在下述两词的充分意义上）内在性和主体性——因为它包含着它自身并且在它自身内运动"①。

"位格"从何起源呢？古希腊没有"位格"（hypostasis/persona）而只有作为抽象物存在的不与"实体"相联系的"人格"（prosopon/prosopeion），"人格"仅仅是一个"面具"，不具有任何本体论的内容。"位格"与"人格"的最大区别就在于是不是实存。"位格"具有本体论存有的含义，位格之为位格"是不同种类的本质行为的具体的、自身本质的存在统一，它自在地——因而不是为我们的——先行于所有本质的行为差异，位格的存在是为所有本质不同的行为'奠基'"②。也就是说，"被我们唤作'位格'的东西，既非一种可视见的物，亦非一种对象。最重要的一点，位格乃是一种动态的存有"③。最初作为基督教义范畴而存在的"位格"是阐述"三位一体"的关键，公元381年东西方教父于"君士坦丁堡大公会议"

---

① 〔法〕雅克·马里坦：《存在与存在者》，龚同钤译，贵州人民出版社，1990，第57页。
② 〔德〕舍勒：《伦理学中的形式主义与质料的价值伦理学》，倪梁康译，生活·读书·新知三联书店，2004，第467页。
③ 〔德〕马克斯·谢勒：《谢勒论文集：位格与自我的价值》，陈仁华译，台北：远流出版公司，1991，第9页。

最终确立了"三一神学"的正统表达,由此"位格"一词在 3~4 世纪得以被广泛使用。在中世纪以来的基督教神父思想中(如希腊教父卡帕多西亚,拉丁教父德尔图良、奥古斯丁、阿奎那等),一个"位格"通常就是指一个具有理性的不可分割、独立存在的实体,而且正是因为作为"位格"存在的人是上帝的形象(the image of God),所以在这种神—人之间受造和交通的关系下人才拥有理性、自由意志和爱,才能获得最终的救赎。可以说,"位格"在西方文化传统里不只是一个中性的、描述的用词而是一个本身就拥有内在道德价值的范畴。

马里坦的"位格"思想基本上秉承了教父哲学的传统,在讨论作为人的存在的形而上学的时候,他极力强调亚里士多德的"形式"与"质料"学说。在亚里士多德看来,"万物在变化,什么被什么所变,又变成什么。被什么所变,被最初运动者;什么在变,质料;变成什么,形式"①。形式是质料的原因,也是质料的目的;对于人来说,质料与形式的区别就是"个体"与"位格"的区别。在马里坦看来,"个体"指的是基于质料的存在,即使是群居性的动物如蜜蜂、蚂蚁等也只是"个体";对于人来说,人首先是作为质料性的"个体"而存在的,但是和社会性的动物不同,人更是具有崇高精神性、神圣性的"位格","它的存有本身组成了纯粹的、绝对的超越的存有。不像物质性存在的个体性的概念,位格性的概念不仅与质料相联系,而且与存在的最深层的、最高贵的维度相联系——它根植于精神之中"②。

对于作为存在的人来说,存在不是一个抽象概念,它不能离开作为具体"位格"实有的存在者及其行动,因此与康德抽象、孤立、自足的"理性存在者"不同,马里坦认为位格的天性是趋向交通,"位格性就是人的精神,而且这种内化于人的位格性使人超越于所谓的独立性;位格的主体性和莱布尼茨所说的孤立的、没有门和窗户的单子毫无共同之处;它要求知

---

① 〔古希腊〕亚里士多德著,苗力田编《亚里士多德选集·形而上学卷》,中国人民大学出版社,2000,第 286 页。
② Jacques Maritain, *The Person and the Common Good*, fourth printing, Translated by John J. Fitzgerald, University of Notre Dame Press, 1985, p. 40.

识和爱的交流"①。正是由于这个原因,位格要求过一种社会的生活,要求服务于共同善(common good)。马里坦也承认,尽管人类的位格是一个独立的整体性存有,是所有自然本性中的最高贵者,人类的位格却处于位格性的最低层次——无法摆脱自身质料性存有的脆弱,不得不经常处于贫乏、悲惨、穷困以及被欲望所支配的境遇之中,当人进入由同类组成的社会的时候,对环境的依赖使他觉得自己是整体的一个部分,并认为整体的共同善高于部分的善。但是马里坦强调的是:为了自身位格性的完善人类需要与社会中其他成员(位格)交流以提升自我,这就要求社会共同善必须向作为每个成员的位格做出"回向",这就是说,作为整体进入社会的是位格,而作为部分进入社会的是个体;整体的共同善在何种意义上超越于个人的善,这只有当它有益于个人并重新将利益分配给他们且尊重其尊严时才如此。

概而言之,马里坦所说的"位格"具有以下三个方面的基本特征:"实体性"(substance),即作为形式存有的实在;"关系性"(relation & becoming),这包括"存在即关系"的内涵,以及位格在社会中与他者交通的历史生成和不断完善;"目的性"(end),即神圣性,位格必然指向一个完善的目的(完美的位格),神圣性是人之所以具有自由意志、理性、直观等能力的形上依据。在马里坦的哲学中,对人的存在的形而上学考察构成了其理论前提和基础,而且从整个道德哲学来说,如果在探讨道德原则乃至普适伦理时离开了对人的先验考察,这种探讨就是缺乏形上根据的(遗憾的是,当代应用伦理学研究中的某些倾向恰是如此)。

三 反思"理性存在者"的缺陷

如上所述,当我们从马里坦的关于人的存在的形而上学考察(位格)的角度来反思康德道德哲学中作为理论出发点的"理性存在者"(人)时,可以看到,忽视人的感性存在以及关系的道德意义导致了理性存在者"实体性"的丧失(这亦必然导致道德律不能得到实践上的践行)。

---

① Jacques Maritain, *The Person and the Common Good*, fourth printing, Translated by John J. Fitzgerald, University of Notre Dame Press, 1985, p. 42.

(一)忽视了理性存在者的存在的感性向度的道德意义

康德拒绝将感性存在(包括质料性存有的身体)作为理性存在者(人)的本质的部分,人的自由仿佛与其从身体中分离出来的程度成正比。实际上,身体把人定位在世界里,犹如锚把船定位在海中一样。我们每个人都生活在经验世界里,身体使我们置身其中,并把我们展示给世界,而且,既然人(理性存在者)是康德道德形而上学所追求的"道德律"的行为者,身体就必然是行为者发起行动的地方,就必然是一个人行动与经验的中心。正是身体确定了人的"在场"和行动的所在,并极富意义地成全了人的实体的"自在",才为整个人的"自我存在"提供了基础,如果完全抛弃人的感性存在的向度而探讨抽象思辨法则,法则如何才能为感性存在的人所接受和"敬重"?

马里坦虽然强调"位格"的精神性,但并不意味着要抛弃作为"个体"具体存有的身体,因为位格的丰富特性与个体紧密联系在一起,位格性的提升以个体性的克服为基础。而且,正是身体赋予了"位格"很强的社会价值感,如果我们在某种程度上不能在身体上体会到正义或非正义,不能体会到"道德律"的现实践行,那么这些道德术语就只能是不真实的。"如果抛弃位格性,心灵就会变得枯萎,对真理和善的感觉就会变得恶化;如果抛弃个体性,人就会变得犹如空中的浮沙一样虚幻不实。"[①]

(二)忽视了理性存在者的存在的关系向度的道德意义

虽然康德道德形而上学的建立过程着眼于建立一种"我"和"他者"共同遵守的普遍法则,他论述的出发点却是孤立的理性存在者,对"我"与"他者"之间的关系没有做深入探讨。由此导致的一个困境就是唯动机论,在康德看来只要保证"自我"的道德动机符合"道德律"就足够了,当然康德并非抛弃结果,但是在面临伦理境遇的冲突时,康德往往无法给出一个究竟如何去践行道德律的解决方案,其义务论始终难以解决感性存在的人如何践行道德律的难题。

---

① Jacques Maritain, *The Person and the Common Good*, fourth printing, Translated by John J. Fitzgerald, University of Notre Dame Press, 1985, p. 46.

马里坦则认为:"'三位一体'(divine trinity)本身就是一个关系性的整体,是神性的本质,它同时也是由三者组成的相互关联的共同善。相对于这个整体来说,组成'三位一体'的社会的'三位'绝不是部分,因为它们是完全相等的,它们本身就是整个整体中的三个整体。"① 换言之,"三位一体"就是"位格性"与"关系性"的统一;关系对于人的重要性可以说没有关系就没有存在,因为存在始终是交通中的存在,不可能有任何外于关系的孤立的、静止的存在;任何对存在的关系向度的忽视都必然导致理念与现实的分裂。

(三)忽视了理性存在者的存在的实体向度的道德意义

由上述两点必然会得出这个结论,既然作为"道德律"践行主体的"理性存在者"忽视感性存有、关系的道德意义,那么就必然流于一种纯粹理论的预设,必然失去其实存性,这也是康德道德哲学屡屡被批评"流于形式化"的主要原因。

"作为形式的人类灵魂以及作为非形式的物质一起构成了一个实体,这个实体既是肉体的,又是精神的。灵魂并不是如笛卡尔所相信的,因其是一个思想的存在而是一个完全的存在;身体也不是另外一个广延性的完全质料的存在。灵魂和质料是同一个实际存有的存在物的两个实体性的并存,而这个同时拥有灵魂和肉体的存有物就是人。"② 在马里坦看来,"位格"的首要特性就是实存,可以说,"位格"和"存在"最终是同一个概念;位格不是存在的某种特殊状态,不是由外加的某种东西构成的,而是"存在自身的完满",存在被允许完全成为其所是与应所是。忽视实体的存在必然导致理性推导出的"道德律"只是空乏的形式(康德的抽象"形式"并非亚里士多德作为实体的"形式"),因为存在并不等于本质,把握本质必须在存在中,而且必须在具体的存在者中。

对实体性的忽视导致康德道德哲学无法做出正确的适合复杂经验境遇

---

① Jacques Maritain, *The Person and the Common Good*, fourth printing, Translated by John J. Fitzgerald, University of Notre Dame Press, 1985, p. 57.
② Jacques Maritain, *The Person and the Common Good*, fourth printing, Translated by John J. Fitzgerald, University of Notre Dame Press, 1985, p. 36.

的伦理冲突的判断,康德自己也承认"意志与道德律的完全的适合就是神圣性,是任何在感官世界中的有理性的存在者在其存有的任何时刻都不能做到的某种完善性"①,也不能对某些非普遍化的善加以肯定,如耶稣殉难的道德意义就因其不可普遍化而不适合于"道德律"的界定,甚至在具体现实社会中也无法覆盖所有的人,如植物人是不是作为"人是目的"的理性存在者? 从这个意义上来说,或许"理性存在者"所导致的这种现实践行性的缺乏正是阿奎那所说的实践上的"善的缺失"吧。

综上所述,在对哲学所应当涉及的"存在"范畴的研究中,马里坦的思想无疑是很有特色的,他的理论对康德道德哲学的反思或许未必切中肯綮,但这无疑能够使我们对存在、位格、康德(马里坦)理论的理解更加深入。

On Defect of Rational Being of Kant from Maritain's Ideology of Person

Xu Jin, Ma Xuelian

Abstract:Being is not only a kind of idea but about substance, and it has indivisible relationship with entity. To man, existence means that man is not individual and is a person who has three characteristics which about substance, relationship, and purposiveness. The intellectual being of Kant's theory has initial paradox that is lack of essence of substance because it ignores the moral meaning of perceptual existence of man, and moral meaning of relationship of I and the other.

Keywords:being; persona; rational being

---

① 〔德〕康德:《实践理性批判》,邓晓芒译,杨祖陶校,人民出版社,2003,第 167 页。

理论探讨

传统价值观现代转换初期的困境及其超越[*]

——从马克思主义早期传播视角分析

陈翠芳 肖 勇[**]

【摘 要】 五四运动前,中国传统价值观向现代转换已经历了长时间艰难曲折的探索,虽初有成效,但也面临多种矛盾,陷入了重重困境。如何确定价值观的时代性,应立足于哪个阶级来取舍价值观,中国社会历史特点和现实需要是什么,怎样与之相结合,应如何处理各种矛盾等,这些问题困扰着当时的探索者。马克思主义在中国的早期传播为价值观现代转换提供了新的方向,确立了现代价值观,站在无产阶级立场,并结合中国现实,以科学方法处理价值观转换中的种种矛盾,从而破解了传统价值观现代转换初期的困境,正确引导了中国价值观现代转换和建设。

【关键词】 传统价值观 现代转换 马克思主义早期传播 现代价值观

---

[*] 本文系湖北省教育厅人文社会科学研究重大项目"生态文明建设中利益共享的理论与机制研究"(18ZD009)之阶段性成果。

[**] 陈翠芳,湖北大学马克思主义学院教授、博士生导师,湖北青少年思想道德教育研究中心研究员,研究方向为马克思主义哲学;肖勇,湖北大学马克思主义学院博士研究生,研究方向为马克思主义哲学。

在近代中国社会内忧外患、生死存亡之际，改造社会和人民成为当务之急，而长期支撑中国社会和人民的传统价值观向现代转换也成为必然的选择。传统价值观现代转换初期即从鸦片战争到五四运动前，中国仁人志士进行了艰苦探索，取得了初步成效，但又陷入重重困境。马克思主义在中国的早期传播，为传统价值观向现代转换开辟了新的方向，破解了初期困境，取得了丰硕成果。弄清这一问题，能更全面地认识马克思主义对拯救中国的历史价值，也有助于我们在新时代更好地坚持和发展马克思主义。

一 传统价值观现代转换初期的探索过程及成效

传统价值观向现代转换的探索始于明末清初，当时的早期启蒙者从不同方面对传统价值观进行了批判，呼唤着平等、自由、理性等新的价值观，力图促使传统价值观内在地走向现代，但受到社会经济政治等条件限制，成效甚微。当中国社会1840年后遭受西方强国的侵略和凌辱时，传统价值观再次成为人们审视的主题，从此正式开始了向现代价值观转换的艰难历程。在传统价值观现代转换初期即五四运动前，社会主题因中国人对民族危机原因的认识差异而有阶段性区别，但初期探索者都不同程度地触及了传统价值观，并积极思考和努力求解。

洋务运动创办者认为，中国受欺凌的主要原因是军事武器落后，为了拯救中华民族，他们鼓励学习西学，创办新式学堂，并选派年轻人到日本、法国等国学习，积极开展洋务，专门成立以制造机器、军械为主的机构等。洋务运动的主要任务集中在器物层面，其背后起支撑作用的价值观是"中体西用"论。张之洞在洋务运动结束之际对此做了清晰的表述："四书五经、中国史事、政书、地图为旧学，西政、西史为新学，旧学为体，新学为用，不使偏废。"① 洋务派所了解和专注的西学主要是其军械技术，至于西政、西史涉及极少，因为在他们的理解中，西学仅仅在军械等器物上优越于中国，其价值仅此而已。旧学即中学，其实质是三纲五常，包括国家政治、民众伦常，关系民族之根本，在他们心目中是不容更改的。张之洞

---

① 张之洞：《劝学篇》，上海书店出版社，2002，第41页。

论述称,"三纲为中国神圣相传之至教,礼政之原本,人禽之大防"①,而"五伦之要,百行之原,相传数千年,更无异义。圣人所以为圣人,中国所以为中国,实在于此"②。如此,中学为体,西学为用,有了其成立的根据。

"中体西用"论被清晰表述时,维新变法已兴起,无论是其主张还是表述者的动机,其保守性甚至落后性都昭然若揭,然而,它从强敌那里吸取新的价值内容,开始破开改变中国传统价值观的坚冰。其一,它首次公开承认中国及其思想存在不足,而他国特别是西方"蛮夷"之国有优胜于中国之处,改变了"天朝大国"的心态。其二,它初步动摇伦常道德至高无上的地位,而开始关注物质利益等对国家强盛的作用。李鸿章在书信中说:"西洋各国到处准他人寄居贸易,而乃日益强盛。"③ 可见,重视利益、发展商贸、精器强兵等,被公开提升到国家强盛的高度,这严重冲击了几千年来重农抑商的经济理念、重义轻利的道德观念、以仁义治天下的政治观念。"中体西用"论价值观正式开启了中国传统价值观现代转换的征程。

维新变法致力于仿效西方而实行政治制度变革,是中国首次资产阶级思想解放运动,对于经营了两千多年封建君主专制的中国,这种变革必然极大地冲击着作为政治制度精神支柱的价值观。首先,维新人士尖锐批判封建价值观的内核即君主专制,倡导西方式的民权。严复认为:"西洋之言治者曰:'国者,斯民之公产也,王侯将相者,通国之公仆隶也。'而中国之尊王者曰:'天子富有四海,臣妾亿兆。'臣妾者,其文之故训犹奴虏也。夫如是则西洋之民,其尊且贵也,过于王侯将相,而我中国之民,其卑且贱,皆奴产也。"④ 他在中西文化对比中批判中国君贵民贱的封建观念,也指出传统价值观变革的方向。谭嗣同则强烈抨击封建君统,高扬"君末民本"思想,甚至仿西方民主论,认为君由民举,也可由民废,而举或废的标准都在于君主是否能为民办事、服务民众。他深入分析:封建君统的思想武器是"三纲五常",它使人不敢想、不敢言、不敢行、没有丝毫自由自主,其中的"三纲"约束力更强,因为"三纲之慑人,足以破其胆,而杀

---

① 张之洞:《劝学篇》,上海书店出版社,2002,第3页。
② 张之洞:《劝学篇》,上海书店出版社,2002,第12页。
③ 中国史学会主编《洋务运动》第1册,上海人民出版社,2000,第268页。
④ 王栻主编《严复集》第1册,中华书局,1986,第36页。

其灵魂"①。谭嗣同由此揭露了封建君主专制奴役人民的价值观根源。其次，维新派倡导自由、平等、人权。历史上早有民贵君轻之论、君舟民水之喻，维新派在此基础上超越了君民关系论，借西方天赋人权论，从理论上强调人人平等、人人自由。康有为在1885年完成的《实理公法全书》中指出"人类平等是几何公理"；变法失败后，他仍坚持："人人独立，人人平等，人人自主，人人不相侵犯，人人交相亲爱，此为人类之公理而进化之至平者乎！"② 严复以进化论为理论依据，认为近代西方能强盛，一个重要原因是人人能自由平等地参与社会竞争，形成优胜劣汰的竞争局面，整个社会充满活力。比照西方，他主张中国政治制度应"以自由为体，以民主为用"③，这样才能达到国家强盛。最后，维新派主张培养和塑造"新民"。维新变法失败后，梁启超总结教训，认为国民素质不高是维新变法失败的重要原因，他试图继续维新变法者未竟事业，1902年创办《新民丛报》，将其所写文章都署上含有"新民"之类的笔名，意欲提升国民素质，培养"新民"。同时，他主张以"国家"取代"朝廷"，以"国民"取代"臣民"，从名称和内涵上改变封建社会结构，并破除各种奴性，特别是破除"心中之奴隶"，使每个人做自由自主的人，拥有独立人格，因为"中国数千年之腐败，其祸极于今日，推其大原，皆必自奴隶性来，不除此性，中国万不能立于世界万国之间。而自由云云，正使人自知其本性，而不受钳制于他人，今日非施此药，万不能愈此病"④。改造国民素质，培养有道德、有智慧、有独立人格的"新民"，将维新变法的价值目标引向深处，也成为新文化运动的前奏和先声。

辛亥革命与维新变法的着力点相同，是针对封建帝制的政治变革，也可算是对维新变法的继承，但是它超越了维新变法的改良性，而是以暴力形式展开了一场真正的政治革命。在那种特殊历史时期，如何对待革命，本身就表明价值观偏向，"20世纪初的十年期间，如何认识和实行'革命'的问题，成为新旧价值观冲突的核心内容"，"许多先进知识分子已经把

---

① 蔡尚思、方行编《谭嗣同全集》下册，中华书局，1981，第348~349页。
② 康有为：《孟子微》，中华书局，1987，第23页。
③ 王栻主编《严复集》第1册，中华书局，1986，第22~23页。
④ 梁启超：《致康有为书》，载陈书良选编《梁启超文集》，北京燕山出版社，1997，第698页。

'革命'视为自己一种新的理想,一种新的价值观"①。同时,辛亥革命成功地摧毁了封建帝制,建立了中华民国,冲毁了传统价值观赖以存在的社会政治根基,必然引发一场深刻的思想革命和价值观革命,迫使传统价值观不得不发生转变,而变革传统价值观的目标和方向,则是辛亥革命所追求的西方式资产阶级民主革命的目标和方向。这一点在辛亥革命前就已了然于革命领袖孙中山之心。1905 年,他在《同盟会宣言》中论道:"所谓国民革命者,一国之人皆有自由、平等、博爱之精神,即皆负革命之责任。"②这表明,辛亥革命是近代资产阶级民主革命,其价值观是资产阶级民主主义的价值观。辛亥革命的旗帜是"三民主义",强调民族、民权、民生,而民权是其核心和根本,也是辛亥革命的实质。民权体现在民主、平等、自由、博爱等诸多方面,这些都在中国历史上第一部民主主义宪法即《中华民国临时约法》中得到明确的规定。这部宪法首次全面而明确地规定人民享有的"自由权",从身体、住宅的自由权,到言论、集会、结社、信教等自由权,几乎无所不包。民权主义中民主最为重要。对此,孙中山结合欧美经验、中国革命实践、中国历史特点和教训,竭力论证"中国非民主不可"的几大理由,并得出结论:"余之民权主义,第一决定者为民主。"③ 辛亥革命捣毁了传统价值观赖以生存的政治制度根基,为传统价值观现代转换创造了必要条件。

新文化运动总结洋务运动以来的几次大变革,认为它们失败的原因在于没有从根本上变革,因为要改造社会,必先改造社会中的人,而改造人,最根本的是要改造人的思想观念。于是,新文化运动以改造人的思想观念特别是人的价值观为主要任务。与之前的变革活动相比,新文化运动直接以价值观的转换为主题和使命,以极端方式痛斥传统价值观。鲁迅认为中国历史由无数大大小小的人肉筵席排列而成,它是人吃人又被人吃的残酷血腥的筵席,而造成这种惨象的罪魁祸首则是封建礼教。他号召青年人起来掀掉这延续几千年的人肉筵席,彻底清算吃人的礼教。而要完成这种任

---

① 宋惠昌:《人的发现与人的解放:近代中国价值观的嬗变》,四川人民出版社,2008,第 260 页。
② 《孙中山选集》上卷,人民出版社,1956,第 68 页。
③ 《孙中山全集》第 7 卷,中华书局,1985,第 60~61 页。

务则需要输入西方价值观。陈独秀接续道:"欲建设西洋式之新国家,组织西洋式之新社会,以求适今世之生存,则根本问题,不可不首先输入西洋式社会国家之基础,所谓平等人权之新信仰,对于与此新社会、新国家、新信仰不可相容之孔教,不可不有彻底之觉悟,勇猛之决心。"① 新文化运动在价值观上推陈出新,它绝对否定传统价值观,极力推崇近代西方价值观,以非此即彼的决绝方式进行着价值观的选择。这种极端的态度在当时就招致许多非议,然而,它受当时复辟帝制和尊孔等恶劣倒退情形所迫,是不得已的矫枉过正。新文化运动斗士们勇敢迎击倒退逆流,直接以价值观改造为时代变革主题,而且以极端方式痛斥传统思想而推崇西方思想,使中国传统价值观现代转换实质性地展开,就此而言,新文化运动具有真正的现代启蒙意义。

二 传统价值观现代转换初期遇到的困境

传统价值观现代转换初期,一批探索者认识到价值观上的中西、传统与现代的矛盾和冲突,进行了艰苦努力,虽取得了初步成效,但遇到了较多难题,陷入了重重困境。

1. 对价值观时代性矛盾处理不当

1840 年后,特别是五四运动前后,中国传统价值观向现代艰难转换之际,大量西方思想及其价值观涌入中国,一时间,中国社会上存在多种价值观,从时代性上大致可分为三类——古代的、近代的、现代的,对应于具体社会形态,分别为封建主义价值观、资本主义价值观、社会主义和共产主义价值观。这三大类价值观具有巨大的时代跨度,但由于种种复杂原因,都同时出现于神州大地,为正在谋求现代转换的中国提供了多种选择。

洋务运动主张"中体西用",固守传统价值观之根本,希望在不变革传统价值观的前提下,尽量借鉴西方先进科学技术,特别是西方先进的军事技术和武器。这种价值观虽有应时而变的积极态度和自觉作为,也符合中国人偏好渐进变化的心理习惯,但它分割了文化的"体"与"用",在义理

---

① 任建树等编《陈独秀著作选》第一卷,上海人民出版社,1993,第 442~443 页。

上存在矛盾，而且在大变动大震荡的时代，显得过于保守，一旦遇到阻力，往往缺乏冲破障碍去突破自我的勇气，极容易后退。张之洞1898年发表的《劝学篇》极力维护名教，就充分表明了这一特点。这就不难理解为什么洋务运动最后会演变成变法维新的反对力量。

戊戌变法、辛亥革命和新文化运动三者虽有多方面差异，但在价值观上都选择和推崇近代西方资本主义价值观，只不过其重点和方式有所区别，或侧重于西方政治价值观，或侧重于西文思想价值观；或付诸变革实践，或付诸思想论战。这类选择代表着时人所能了解和接受的进步价值观、先进价值观，对中国传统价值观具有最强的冲击和震动，也承载着许多中国人的期望。然而，这类选择也面临时代性的矛盾。戊戌变法期望在封建帝王庇护下实行近代西方资本主义的政治价值观，将两个时代的价值观机械地捏合在一起，既不科学，总体上也是保守的。辛亥革命以革命行动摧毁了传统价值观赖以生存的社会政治制度，为传统价值观现代转换创造了根本性条件，但在处理传统价值观与近代西方价值观矛盾时过于乐观，轻视传统价值观的影响力，忽视近代西方价值观在中国生根之艰难，使复辟帝制的野心和行为有可乘之机。袁世凯、张勋等人复辟的心态和行为，从一个侧面反映了当时中国社会大多数人的思想状况。新文化运动价值取向十分鲜明，即以近代西方资本主义价值观为标准和目标，激烈批判并彻底否定传统价值观，决意按照近代西方模式创造全新的中国、全新的中国社会和全新的中国人。新文化运动对中国社会的变革直接触及根本即传统价值观，努力以价值观变革来带动整个社会的变革，并且将变革的方向设定为近代西方资本主义价值观，这具有极大的进步性。但是，中国封建社会价值观延续两千多年，根深蒂固，早已融入中国人的灵魂和血液，近代西方资本主义价值观如何才能在古老中国立足？新文化运动斗士们在考虑这一问题时情感多于理智，也没有正确处理中国传统价值观与近代西方价值观的矛盾。

"十月革命"为中国送来了马克思主义，也为中国传统价值观的现代转换提供了一种全新的选择。马克思主义所主张和追求的是现代价值观，它超越近代资本主义的价值观，指向新的更高级社会——社会主义社会和共产主义社会。然而，在传统价值观现代转换初期，马克思主义在中国的影响还很小，中国虽对它有所介绍，但大多持客观态度，信奉者无几，在介绍中还存在不少误解,基本上将马克思主义归于近代西方思想中的一种,还没有认识到马克思主义价值观的现代性、未来性。

在传统价值观现代转换初期,由于中国社会面临内外多重矛盾,又处于多个时代交织和纠缠之中,正确处理价值观的时代性矛盾显得尤为困难,仁人志士们虽然都以不同方式在谋求传统价值观的现代转换,但对价值观时代性矛盾处理不当,特别是没有站在时代最前沿即超越资本主义的现代社会思考和分析,致使其努力成效有限。

2. 在阶级立场上的落后性

在传统价值观现代转换初期,封建地主阶级的统治地位摇摇欲坠,最后被推翻,但其直接和间接影响力依然存在,有时还很强大。而辛亥革命后,中国尚没有新的阶级占据统治地位。同时,资产阶级也在发挥作用,但其具有复杂的构成,部分成为帝国主义在中国的附庸,畸形地存在着,谋求其生存空间和社会地位。工人阶级人数少,力量分散而弱小,处于社会底层,阶级意识淡薄,在五四运动前还没有真正觉醒。这种阶级状况,极大地影响了变革价值观的仁人志士们的阶级归属,整体而言,他们的阶级立场都具有保守性、落后性。

从历史地位和作用演变看,阶级的先进性总是突出地体现于新兴阶级。就当时中国存在的几大阶级而言,在阶级先进性上,由封建地主阶级、资产阶级到无产阶级依次提升。无产阶级最为先进,最具有革命性,标示了历史进步方向。但是,在传统价值观现代转换初期,还没有自觉代表无产阶级的价值追求,传统价值观变革者总体上代表的是落后阶级。洋务运动代表封建专制下的既得利益者,以维护封建地主阶级的统治为初衷,希望为封建地主阶级注入新的活力,不图全面变革,更拒绝根本性的政治变革。这是洋务运动的原则和特征,也是其失败的重要原因。戊戌变法对传统价值观的批判集中于对封建政治价值观的批判,将封建名教与西方近代资产阶级价值观相对立,并委婉地站在资产阶级立场。辛亥革命是资产阶级民主革命,孙中山站在时代更高处,痛斥资本家为"无良心者"[①],所追求的理想社会也具有社会主义成分,强调人民为一国之主等。这表明孙中山及

---

① 《孙中山选集》上卷,人民出版社,1956,第95页。

其"三民主义"思想在一定程度上突破了资产阶级局限。尽管如此,辛亥革命的根本性质仍然是资产阶级民主革命,主要代表资产阶级利益。

在传统价值观现代转换初期,变革传统价值观的各种思想探索和实践尝试都具有特定的历史价值,体现不同程度的进步性和革命性,但在阶级立场上,或维护封建地主阶级,或代表资产阶级,总体上都具有落后性和保守性,从而使传统价值观现代转换步履沉重而迟缓。

3. 与中国社会现实相脱离

中国传统价值观现代转换初期的探索与整个中国社会现代转换相伴随,在基本方向上也保持一致,都是向西方学习,从西方寻求救国救民的希望和对策,各阶段在此方向上只是程度不同。

洋务运动只肯定西方的技术特别是军事武器制造技术,向西方学习也停于器物层面,拒绝西方的价值观,但基本方向也是借鉴西方。戊戌变法主张学习西方政治体制,触及价值观的政治层面,给君主专制的中国带来巨大震动。康有为等极力推崇西方的天赋人权论,将人人生而平等视为一条几何公理,并以当时所了解的最新科学即进化论为理论根据。谭嗣同在猛烈批判"三纲五常"时只肯定其中的朋友一伦,其原因是它与西方的价值观中的平等和自由相近,可见,西方价值观成为他评判中国传统价值观的标准。严复在批判封建名教时指出:"西洋之言治者曰:'国者,斯民之公产也,王侯将相者,通国之公仆隶也。'而中国之尊王者曰:'天子富有四海,臣妾亿兆。'臣妾者,其文之故训犹奴虏也。夫如是则西洋之民,其尊且贵也,过于王侯将相,而我中国之民,其卑且贱,皆奴产也。"① 严复比较自觉地以西方价值观这一利器劈砍中国传统价值观。梁启超竭力塑造的"新民"也以拥有西方式民主、自由、平等观念等为基本素质要求。新文化运动对西方价值观倍加推崇,更是将向西方学习发展到极端。陈独秀在批判传统价值观时强调西方进步的根源在于个人主义:"西洋个人独立主义,乃兼伦理、经济二者而言,尤以经济上个人独立主义为之根本也。"② 他认为,要想拯救中国,学习西方是必由之路,而且应全面地学习西方,其中首要的和根本的是学习西方的价值观。

---

① 王栻主编《严复集》第 1 册,中华书局,1986,第 36 页。
② 陈独秀:《独秀文存》,安徽人民出版社,1987,第 82~83 页。

西方在当时被视为先进文明的代名词,向西方学习也合乎逻辑。然而,如何学习西方,学习的最终目的是什么,如何学习才符合中国的实际,如何才能促进中国传统文化和价值观走向现代,等等,这些问题并没有引起初步探索者们更深刻的思考。当时传入中国的西方技术、文化、价值观实质上是资产阶级性质的,其依附的社会是资本主义社会。初期探索者们认为学习西方最终需选择资本主义制度,建立资产阶级政权。然而,近代中国沦为半殖民地半封建国家,虽然资本主义经济已产生并有了一定发展,但受帝国主义的控制,官僚买办资产阶级成了帝国主义的傀儡,而民族资产阶级和小资产阶级具有软弱性、妥协性,这表明中国资产阶级无力将中国引向资本主义社会。因而,被寄予巨大希望的西方价值观,脱离了中国现实,在中国找不到可以栖身的社会基础,也不能在民众中获得广泛的认同和遵循,最终难以落地生根,不能成为中国社会及中国价值观从传统走向现代的核心引领。

4. 缺乏科学思维方法

价值观是文化的核心,是一个社会诸多方面的长期沉淀,其变迁必然会牵一发而动全身,异常艰难。中国传统价值观现代转换不仅是价值观的时代性变迁,而且包含中国与西方的文化矛盾和民族矛盾,更加错综复杂。在处理这些矛盾和冲突时,初期探索者受各种因素影响而缺乏科学思维方法。

一是缺乏整体思维。社会是有机整体,经济、政治、军事、科技、思想文化和价值观等众多领域及其相互作用构成一个完整的社会,要变革或改造一个社会,需尽可能地全面展开,才能有所成就。传统价值观现代转换初期的探索者往往为应急或纠错而执于一端,缺乏整体思维。洋务运动面对西方列强的侵略,直观地认为中国的落后和失败主要在于军事武器技术的不足,而在政治制度、思想文化和价值观等方面,中国却优越于西方。于是,张之洞等洋务派专注于学习西方的军事武器技术,将军事武器技术与社会其他方面相割裂,忽视了中国军事武器技术落后的社会和思想根源。因此,洋务运动极力维护传统价值观,将其称为"体",以显其根本性地位,甚至拒绝和阻止对传统价值观的批判和变革,结果,其武器救国的愿望无法实现。维新变法运动从政治制度上进行变革,力图改变中国盛行了几千年的官僚体制,与洋务运动相比,这是较大进步,使社会变革走向深处。但是,它依靠拥有至上权力的皇帝推行变革,这具有明显矛盾和空想性,在思维方式上也是机械的、片面的。我们知道,无论这位皇帝如何开明,或变革愿望多么强烈,其变革的底线都是不损害其自身利益,不动摇君主专制的根本。因为,皇帝是整个君主专制政治制度的一环,而且是至关重要的一环,皇帝与官僚构成与君主专制体制息息相关的整体,不可分割,否则,皇帝不可能有效地进行统治。辛亥革命消除了传统价值观的政治制度根基,但是,作为思想意识核心的价值观具有相对独立性,其根本性改变依赖于整个社会的全面变革,这一过程十分缓慢。如果不能及时地进行其他方面的变革,原有变革成果就会得而复失。辛亥革命建立西式政治体制即共和政体后,价值观又回到革命之前甚至更加保守,从反面说明在价值观变革中整体思考和行动的重要性。缺乏整体思维是中国传统价值观现代转换初期探索存在的局限,也是其探索成效有限的重要原因。

二是缺乏辩证思维。虽然中国传统文化蕴含丰富的朴素辩证法思想,但传统价值观现代转换初期的探索者受不同条件的影响而丢弃了朴素辩证法,又缺乏辩证思维,态度和言行常常较偏激甚至陷入极端。洋务运动倡导的"中体西用"论,虽然承认西学的优势,认识到中国社会存在不足,也批判封建思想,但源于对传统价值观的热爱和坚守,强调中学为"体",为根本,为核心,西方思想文化只是"用",即只有器物层次上的价值,完全没有根本性意义。在思维方法上,"中体西用"论将"体"与"用"相割裂,将精神内核与实践功效相分离,是机械思想。因为,一种事物的实践功效总是由其精神内核所支配和主宰的,由"体"所派生,展示"体"的特性,以免无所遵从和归依;同时,一种事物的"体"必然要借助于特定的"用",通过相应的实践功效而现实化,发挥其现实作用,才不致空洞和抽象。"体"与"用"是相辅相成、有机统一的。如果分割二者,将违背辩证法,也会导致实践的失误。为了有效抵制复辟帝制、重尊孔教的逆流,新文化运动以极端方式表达其价值取舍,对传统文化、儒家价值观持绝对否定态度,进行激烈尖锐的批判,而对西方民主、平等、自由等价值观则一味称赞、极端推崇,虽然这种极端方式事出有因,情有可原,但它毕竟与辩证法相背离,是形而上学的思维方式。

中学与西学的矛盾，从根本上说是中西价值观的矛盾，在中国传统价值观现代转换过程中，一方面，这种矛盾包含先进与落后、现代与传统的矛盾，先进取代落后、现代取代传统是历史的必然，但它涉及对传统的落后的价值观中优秀成分的辨识和继承，也面临传统、落后与现代、先进的价值观之间的过渡、衔接、融合的难题；另一方面，这种矛盾还包含中国与西方的民族矛盾，在近代，中西民族矛盾以西方侵略中国为主要表现方式，面对强于中国又侵略中国的西方，中国人产生了理性与情感的矛盾，这在不同程度上干扰了中国人对西方价值观和中国传统价值观的正确判断和选择。在这种复杂情况下，中国传统价值观现代转换也异常艰难。要正确处理传统与现代、中国与西方的关系，避免思想动荡和反反复复，特别需要理性、整体、辩证的科学思维。

三 马克思主义对传统价值观转换初期困境的超越

马克思主义带着"十月革命"的胜利欢呼声进入中国，最初只有李大钊等少数思想者急切地介绍、宣传和信仰，而五四运动极大地推动了马克思主义在中国的传播，扩大了马克思主义的影响，吸引了一些进步知识分子。中国共产党的成立标志着马克思主义在中国有了最先进的组织依托，从此，马克思主义逐步成为中国社会革命的指导思想。马克思主义在中国的早期传播为中国挣脱贫弱落后走向独立强盛带来了新的希望，也摆脱了传统价值观现代转换初期的困境，为价值观现代转换确立了正确的理论指导。

1. 追求现代价值观

在中国传统价值观现代转换初期，中国先进分子猛烈批判封建主义价值观，所追求的方向是近代西方价值观，这也是当时中国人所能了解到的现代文明的代表，这种价值追求在一定范围内反映了社会发展的基本趋势，是对中国传统价值观的超越。然而，以近代西方价值观为现代价值观的典范和标准，不论动机如何良好，客观上都高估、美化了西方价值观，而有意无意地忽视了其局限和弊端。马克思主义产生于现代文明时代，是独特而先进的现代思想，它吸取了近代西方价值观的优秀成果。同时，马克思主义创始人立足于历史前沿，批判资本主义社会，深刻分析和批判近代西方价值观，揭露近代西方价值观的矛盾和虚伪，致力于彻底突破近代西方价值观的局限，超越资本主义的价值观和社会形态，而代表共产主义社会的价值观，追求真正的自由、平等、博爱、公平、正义，是真正意义上的现代价值观、先进价值观。马克思主义在中国的早期传播，确立了价值观转换的现代方向，使中国传统价值观的现代转换既冲破了封建主义价值观的藩篱，也突破了资本主义价值观的局限，有了全新的内涵和目标。

2. 代表无产阶级利益

马克思主义有鲜明的阶级立场，它代表的是无产阶级及其利益，而不是封建地主阶级的，也不是资产阶级的。马克思主义创始人明确声明了这一立场。马克思指出："哲学把无产阶级当做自己的物质武器，同样，无产阶级也把哲学当做自己的精神武器。"① 这里，马克思从哲学上阐明了其理论与无产阶级的密切关系。马克思主义是无产阶级理论，是为无产阶级服务、谋求无产阶级利益的理论。正如列宁总结的："马克思的哲学是完备的哲学唯物主义，它把伟大的认识工具给了人类，特别是给了工人阶级。"② 马克思主义的阶级立场明确而坚定，更为重要的是，它代表的是最先进的阶级，这赋予马克思主义先进性和革命性。

随着马克思主义在中国的早期传播，中国早期马克思主义者逐步确立了其无产阶级立场。李大钊最早表明自己的马克思主义态度，要求否定一切特权，实行平民社会，将一切权利归还于全体人民。③ 陈独秀在转变为马克思主义者后，批判旧民主主义，认为这种"民主主义只能够代表资产阶级底意……不能代表劳动阶级底意"，但它"往往拿全民意来反对社会主义"，实质上是为资产阶级政权而欺骗人民的诡计。④ 从这种批判中可以看出，陈独秀所拥有的是劳动阶级、无产阶级的阶级立场，代表"绝对没有财产全靠劳力吃饭的人"的利益。在其后来思想发展中，陈独秀明确强调无产阶级是民主的主体，声明他所追求的民主，是"被征服的新兴无产劳

---

① 《马克思恩格斯选集》第1卷，人民出版社，2012，第16页。
② 《列宁专题文集·论马克思主义》，人民出版社，2009，第68页。
③ 参见李大钊：《平民主义》，载《李大钊文集》上卷，人民出版社，1984，第609页。
④ 陈独秀：《民主党与共产党》，载任建树等编《陈独秀著作选》第二卷，上海人民出版社，1993，第219页。

动阶级,因为自身的共同利害,对于征服阶级的财产工商界要求权利的旗帜"①,并主张"用革命的手段建设劳动阶级(即生产阶级)的国家,创造那禁止对内对外一切掠夺的政治法律"②。中国早期马克思主义者以劳动人民特别是无产阶级为其阶级立场,认识到中国革命的目的是为广大劳动阶级服务,中国革命的领导者只能是无产阶级,中国民主革命必须依靠无产阶级领导才能取得成功,革命目标是建立无产阶级政权。毛泽东对此总结道:"十月革命帮助了全世界的也帮助了中国的先进分子,用无产阶级的宇宙观作为观察国家命运的工具,重新考虑自己的问题。"③ 从此,无产阶级立场作为一个原则,为中国马克思主义者始终坚守和传承。

中国早期马克思主义者无产阶级立场的确立,为中国革命确定了正确方向,也使中国传统价值观现代转换有了正确方向,即追求无产阶级的价值观,也就是追求最先进阶级的价值观,从而克服了传统价值观现代转换初期探索者在阶级立场上的保守性和落后性。

3. 确立了科学思维方法

科学思维方法对正确处理价值观中的各种矛盾至关重要。马克思主义不仅是一种科学理论,也是一种科学思维方法。马克思主义创始人一再告诫人们,他们的理论不是教条,不是现成的公式,而是指南,是研究的方法。针对将马克思主义神圣化教条化的现象,恩格斯反复强调:"马克思的整个世界观不是教义,而是方法。它提供的不是现成的教条,而是进一步研究的出发点和供这种研究使用的方法。"④ 20 世纪初,西方马克思主义者卢卡奇也从方法上理解马克思主义,指出:"马克思主义问题中的正统仅仅是指方法。它是这样一种科学的信念,即辩证的马克思主义是正确的研究方法,这种方法只能按其创始人奠定的方向发展、扩大和深化。"⑤ 马克思主义在中国的早期传播,使传统价值观现代转换寻找到科学方法,克服了

---

① 任建树等编《陈独秀著作选》第二卷,上海人民出版社,1993,第 49 页。
② 陈独秀:《谈政治》,载任建树等编《陈独秀著作选》第二卷,上海人民出版社,1993,第 164 页。
③ 《毛泽东选集》第 4 卷,人民出版社,1991,第 1471 页。
④ 《马克思恩格斯选集》第 4 卷,人民出版社,2012,第 664 页。
⑤ 〔匈〕卢卡奇:《历史与阶级意识——关于马克思主义辩证法的研究》,杜章智、任立、燕宏远译,商务印书馆,1999,第 49 页。

中国传统价值观现代转换初期的极端和片面。

一方面，中国早期马克思主义者从整体上分析传统价值观的产生和变化。李大钊从经济物质条件和社会结构上分析儒家价值观兴衰的原因，并从封建家庭制度和社会制度上揭露中国妇女不平等的根源，他在《万恶之源》中认为，中国封建家族制度是万恶之源，它将妇女作为牺牲品，满足家族利益，甚至供人荒淫作乐。他提出解放妇女的方法："一方面要合妇人全体的力量，去打破那男子专断的社会制度；一方面还要合世界无产阶级妇人的力量，去打破那有产阶级（包有男女）专断的社会制度。"① 李汉俊在翻译日本学者山川菊荣的《妇女之过去与将来》时受其影响，也从社会制度上分析妇女解放的条件和途径，化名为李人杰，在《星期评论》1920年新年号上发表长文《男女解放》，认为妇女受压迫受奴役的原因在于经济上不独立，而更深层次的原因是私有制，"私有制是万恶之源"，只有推翻私有制，才能实现妇女解放和平等。② 陈独秀在《妇女问题与社会主义》《我们为什么要提倡劳动运动与妇女运动》《我的妇女解放观》等文章中，主张将妇女问题与社会问题相联系，将妇女运动与劳动运动、社会主义运动相结合。中国早期马克思主义者开始将社会作为有机整体，分析各种社会问题，分析价值观问题，这种认识克服了初期探索者认识上的片面性和机械性。

更加难能可贵的是，中国早期马克思主义者从人类社会和国际社会分析中国问题，批判了当时中国没有资本家、没有工人、没有无产阶级等论断，强调资本家的本性是相同的，无论其发展程度如何，也不管其人数多少，中国资本家，包括自生的和外来的，都同样残酷地剥削工人。同时，他们从整个世界范围分析认为，中国工人、中国无产阶级既受本国资本家剥削，又受其他国家资本家剥削，并指出，中国工人解放必须与全世界无产阶级解放相结合，才能真正实现。陈独秀的观点具有代表性，他指出："中国既然不能离开世界而独立——即各国亦不能离开世界而独立——那么经济情形，当然与世界有密切的关系了。所以我们要改造中国，第一要明

---

① 李大钊：《战后之妇人问题》，《新青年》第6卷第2号，1919年2月15日。
② 参见田子渝等《马克思主义在中国初期传播史（1918—1922）》，学习出版社，2012，第173页。

了世界的经济政治现状是怎样,第二要明了中国的经济政治现状与世界各国的关系是怎样。"① 在这种整体思维下,传统价值观的现代转换应与整个传统社会现代转换相统一,中国社会对民主、自由、平等的价值追求,必须纳入世界各国进步甚至人类解放事业。

另一方面,中国早期马克思主义者辩证地处理价值观中的矛盾。如何处理传统价值观和西方近代价值观的矛盾、价值观内在矛盾,直接关系到传统价值观现代转换的成效。在马克思主义指导下,中国早期马克思主义者辩证客观地对其进行分析和取舍。李大钊是这方面的典型代表,他认为,传统价值观与现代价值观具有连续性、传承性,同时又是新陈代谢的,新道德等价值观发展"只有前进,没有反顾;只有开新,没有复旧……只是重生,只是再造,也断断不能说是复旧。物质上、道德上,均没有复旧的道理"②。这种观点坚持了唯物辩证法联系和发展的基本观点。同时,在处理价值观内在矛盾时,李大钊批判了当时的两种极端主义。对于个人与社会的矛盾,李大钊指出:"个人与社会,不是不能相容的二个事实,是同一事实的两方面;不是事实的本身相反,是为人所观察的方面不同……离于个人,无所谓社会;离于社会,亦无所谓个人。故个人与社会并不冲突。"③对于自由与秩序的矛盾,他认为:"我们所要求的自由,是秩序中的自由;我们顾全的秩序,是自由间的秩序。只有从秩序中得来的是自由,只有在自由上建设的是秩序。个人与社会、自由与秩序,原是不可分的东西。"④在此基础上,他针对当时个人主义和集体主义的激烈争论,提出要确立"真正合理的"个人主义和社会主义、集体主义,并指出,"真正合理的个人主义,没有不顾社会秩序的;真正合理的社会主义,没有不顾个人自由的";真正的自由,"是在种种不同的安排整列中保有宽裕的选择的机会";真正的秩序,"不是压服一切个性的活动,是包蓄种种不同的机会使其中的各个分子可以自由选择的安排"⑤。辩证分析价值观的内在矛盾,是中国早

---

① 陈独秀:《关于社会主义问题》,载任建树等编《陈独秀著作选》第二卷,上海人民出版社,1993,第472页。
② 《李大钊文集》下卷,人民出版社,1984,第151页。
③ 《李大钊全集》,河北教育出版社,1999,第578页。
④ 《李大钊全集》,河北教育出版社,1999,第579页。
⑤ 《李大钊全集》,河北教育出版社,1999,第579页。

期马克思主义者掌握和运用马克思主义方法的重要体现,也为中国传统价值观现代转换提供了一把金钥匙。

4. 与中国社会具体实际相结合

中国早期马克思主义者较自觉地将马克思主义普遍真理与中国社会具体实际相结合,创造性运用和发展马克思主义。马克思主义理论是不断变化发展的,不仅要随着时代而变化发展,也要与具体民族国家具体实际相结合,表现出不同特点。马克思恩格斯在分析不同民族国家工人协会革命斗争的主动权时指出:"因为同一个国家的工人的各种队伍和不同国家的工人阶级的发展水平必然是极不相同的,所以,实际运动也必然以十分不同的理论形式反映出来。"① 在谈到无产阶级如何夺取政权时,马克思强调:"我们从来没有断言,为了达到这一目的,到处都应该采取同样的手段。"② 这体现了马克思主义的发展性和开放性。

中国早期马克思主义者继承了马克思主义的基本原则,将马克思主义理论与中国具体实际相结合,与中国的实情"实境"相结合,根据中国社会历史传统、现实需要等选择无产阶级革命的方式和策略。中国社会及其价值观由传统向现代转换具有复杂而独特的环境和多重使命,其现代转换的本身起点主要是封建主义社会,又别无选择地处于世界资本主义包围和冲击中,于是,它不仅要完成推翻封建君主专制的民主主义革命,又要反对帝国主义,完成民族革命,取得民族独立和解放。而这两种革命是同一过程,如果加以分割,就不可能成功。③ 因此,中国无产阶级领导的民主革命是新民主主义革命,其文化和价值观"既不是资产阶级的文化专制主义,又不是单纯的无产阶级的社会主义,而是以无产阶级社会主义文化思想为领导的人民大众反帝反封建的新民主主义"④。中国早期马克思主义者在接受马克思主义时就重视中国社会的特殊性,就开始了马克思主义中国化,将这两重任务融为一体并同步进行,他们努力"使马克思主义在中

---

① 《马克思恩格斯全集》第32卷,人民出版社,1974,第255页。
② 《马克思恩格斯全集》第18卷,人民出版社,1964,第179页。
③ 参见宋惠昌《人的发现与人的解放:近代中国价值观的嬗变》,四川人民出版社,2008,第250~251页。
④ 《毛泽东选集》第2卷,人民出版社,1991,第706页。

国具体化,使之在其每一表现中带着必须有的中国的特性"①。与中国历史传统、现实需要相符合,是马克思主义在中国落地生根、开花结果的前提,也是中国在传统价值观现代转换过程中对各种价值观取舍应遵循的基本原则。

总之,马克思主义在中国的早期传播,摆脱了传统价值观现代转换初期的困境,为中国传统价值观现代转换提供了现代价值目标、无产阶级立场、科学思维方法,并满足了当时中国社会的现实需要,为传统价值观的现代转换指明了新的方向,从此指引着一代代中国马克思主义者追求和践行社会主义的现代价值观。

The Dilemma of the Modern Transformation of Traditional Values at Initial Stage and Its Transcendence
—An Analysis from the Perspective of Early Dissemination of Marxism

Chen Cuifang, Xiao Yong

Abstract: Before the May Fourth Movement, the transformation of Chinese traditional values into modern has undergone a long difficult and tortuous exploration, although achieved initial results, it has also faced various contradictions and has fallen into difficult situations. These problems such as how to determine the age of values, should be based on which class to choose values, what is the reality of Chinese society, how to combine with it, how to deal with various contradictions, etc., plagued the explorers at that time. The early dissemination of Marxism in China provided a new direction for the modern transformation of values, established modern values, took the position of the proletariat, and combined with the reality of China, and scientifically handled various contradictions in the transformation of values. Thus it surpasses the difficulties in the early stage of the

---

① 《毛泽东选集》第 2 卷,人民出版社,1991,第 534 页。

modern transformation of traditional values and correctly guides the modern transformation and construction of Chinese values.

Keywords: traditional values; modern transformation; early dissemination of Marxism; modern values

高校法学人才培养中伦理教育的
实践探索[*]

邱 秋 李紫玲[**]

【摘 要】 法律伦理教育是法学教育的核心,对于高校法学人才的培养意义重大,应当充分重视。高校法学专业要在实践探索中坚持加强实务型课程建设,完善实践教学体系;联合培养,共建教学基地,构建"高校—实务部门联合培养"机制;以科学研究和社会活动为抓手,为伦理教育开拓"第二课堂",培养具有法律职业伦理的法学人才。尤其是通过模拟法庭实战演练和法律诊所实践教育等实践教育活动,培养学生法律职业伦理素养。

【关键词】 伦理教育 法学人才培养 实践教学

法律伦理一般包括法律制度伦理与法律职业伦理两个方面。法律制度伦理主要指贯穿于法律制度体系中的价值准则,法律职业伦理则指法律职业者在职业活动中以及其他社会活动中应当遵守的各种道德规范。[①] 法律伦理既有一般道德规范的特点,也有基于法律职业的特性而产生的特殊道德

---

[*] 本文系湖北省高校省级教学研究项目"法学专业协同创新人才培养模式研究——以湖北经济学院为例"(项目编号:2016372)之阶段性成果。
[**] 邱秋,女,湖北经济学院法学院教授;李紫玲,女,湖北经济学院法学院助教。
[①] 万勇华:《我国法律伦理教育的现状及其对策分析》,《长春工业大学学报》(高教研究版) 2012年第4期,第19~22页。

要求，往往在特定的法律中加以确认，主要依靠法律职业者的内心信念、传统习俗、社会舆论和职业纪律等保障实现。① 本文主要讨论伦理教育的实践建设，因而更加强调后者，即法律职业伦理。具体来说主要探析在保证学生认可法律自身及运行的正当性，熟悉法律条文等知识性基础上如何将其正确的人生观、价值观内化于心，外化于行，在实践中真正做到忠于法律，坚持法律至上，维护法律正义，公平对待当事人，勤勉高效，廉洁自律。

一 法学人才培养中加强伦理教育的必要性

随着中国特色社会主义进入新时代，我国对法治建设提出了新的要求，对法律人才的培养也提出了新的要求，即要求其不仅具有扎实的专业知识，更要具有较高的法律伦理素养。因此，在法学人才培养中加强伦理教育十分有必要。

（一）加强法律伦理教育是落实"全面依法治国"基本方略的重要举措

党的十九大报告将"全面依法治国"作为坚持和发展中国特色社会主义的基本方略之一。全面依法治国，不仅要有健全的法律体系，而且要有高素质的法律人才。所谓高素质的法律人才，习近平总书记在2017年5月3日考察中国政法大学时的讲话中指出，对法治人才的培养，不仅要求具有较高的法律实务技能，还要求具有较高的法律伦理素养。

高校法学教育是法治人才培养的第一阵地，是向社会输送法律人才的重要渠道，是法律职业人才培育的源头。在人才培养中加强伦理教育，培养法学专业学生具有坚定的法律信仰、强烈的社会正义感、正确的法律价值观对于他们未来在法律职业过程中自觉维护社会公平、追求社会正义、培养高尚的职业情操具有十分重要的意义。因此，高校培养的法律人才法律伦理素养如何，直接关系到法律职业队伍的整体素质，进而关系到全面依法治国方略的落实。

---

① 喻玫、王小萍：《法学教育中的法律伦理教育问题研究》，《河北法学》2006年第12期，第196~200页。

（二）伦理教育在法学教育中地位举足轻重

近年来，伴随着高等教育整体办学规模和人才培养数量的迅速扩大，我国法学教育中一些问题也逐渐凸显，"尤其体现在注重法律知识和技艺的传授而忽视对学生人生观、价值观的教育，在司法考试和就业率等指挥棒的驱使下，法学教育呈现功利短视的面貌，法学教育的繁荣背后难以遮蔽法律伦理教育的匮乏"①。基于当前法学教育的这一现状，伦理教育在法学教育中的核心地位更应被重视。

伦理教育应处于法学教育的核心地位，其意义自是不言而喻。一般来说可总结为四点。一是促进法律人自由人格的养成。即使教育始终与个体精神的自由发展保持和谐一致，捍卫和弘扬人性中的崇高和圣洁，促进法律人自由人格的养成，使之成为法律至上信仰的内在根基和保障。二是促进法律人法治践行能力的提升。法律伦理教育通过对人的伦理观念的熏陶以及对伦理思维能力和伦理行为能力的训练，使未来的法律人无论在立法还是执法过程中都能进行正确的伦理判断和选择，能够从伦理的角度对法律进行审视和解释，从而更好地解决法律关系中各种利益主体之间的冲突，在法律适用过程中更好地实现法律效果和社会效果。三是促进法律制度的伦理性完善。在单纯的法律技术和知识教育之外，法律伦理观念的教育有助于帮助学生深刻体会每一个具体的法条背后支撑它的伦理价值理念，通过法律伦理教育引导学生全面反思和批判现行的法律制度，把握法制发展的伦理方向，从而促进法律制度的伦理性完善。四是促进社会整体法治氛围的形成。法律的价值不仅仅在于它提供一种社会行为规范，更重要的是它蕴含着人们对公平正义的追求和向往。法律人往往被视为正义的化身，秉持公正、刚正不阿的职业行为对于广大民众而言，则是关于法治理念和精神的最直接最有效的感悟，法律人的伦理观念和伦理行为客观上能起到引领社会德性、匡扶社会正义、促进社会整体法治氛围形成的作用。②

---

① 胡之芳：《论法学教育中的伦理之维》，《高等教育研究学报》2017年第1期，第10~15+41页。

② 胡之芳：《论法学教育中的伦理之维》，《高等教育研究学报》2017年第1期，第10~15+41页。

(三)加强伦理教育是法学人才培养目标的题中应有之义

法学专业培养目标就是培养具有比较完整的法学专业知识和理论体系、法律专业思维、法律职业伦理和法律应用能力的专门人才。"单方面的法律知识传授无论如何丰富、如何成功,都不能说是成功的法学教育。法学院在法律知识的传授之外还应关注受教育者思想能力与伦理能力的培养,因为前者关系一国法律制度的成长,后者则关系一国法律制度的健康。"① 培养具有良好的司法职业道德、强烈的司法责任感的法治人才是高校法学专业人才培养的重要目标。如果缺乏独立的理想信念和伦理价值观念的持守,容易沦为所谓精致的利己主义者。②

2011 年 12 月 23 日,教育部、中央政法委员会联合发布了《关于实施卓越法律人才教育培养计划的若干意见》,该意见对法学高等教育提出了明确的要求,强调要强化学生法律职业伦理教育和强化学生法律实务技能培养。美国著名法学家 E. 博登海默有个形象的比喻:"如果法律制度的主要目的在于确保和维护社会肌体的健康,从而使人民过上有价值的、活跃的生活,那么就必须把法律工作者视为'社会医生',其服务应当有益于法律终极目标的实现。"③ 这个比喻深刻地道出了法律人的伦理性——肩负着捍卫社会正义和保障人权的重任。可见法律伦理教育对于高校法学人才培养之重要性。法律伦理教育不光要落实到法学人才培养的理论之中,更需要从实践上加强。法学院应当为学生建立一个比较完整的专业知识和理论体系、一种独特的专业思维、职业伦理修养和理论联系实际的法律实践能力。

二 法学人才培养的法律伦理教学实践

法学人才培养的法律伦理教学实践,通常可以从两个不同的角度理解

---

① 齐延平:《论现代法学教育中的法律伦理教育》,《法律科学(西北政法学院学报)》2002 年第 5 期,第 12~21 页。
② 胡之芳:《论法学教育中的伦理之维》,《高等教育研究学报》2017 年第 1 期,第 10~15 + 41 页。
③ 〔美〕E. 博登海默:《法理学:法律哲学与法律方法》第八十三节"法律教育之目的",邓正来译,中国政法大学出版社,1999。

和开展：一是从其内容的角度，相对于理论教学而言，是指直接以培养学生的实践能力而不是以传授理论知识为目的的教学活动，它包括课堂内的实践教学和课堂外的实践教学；二是从其形式的角度，相对于课堂教学而言，是指课堂教学之外的、以一定的实践工作和法律实务为载体的、以培养学生的实践工作能力为直接目的的体验式教育活动。

基于法律伦理教育的重要性，各高校在培养法学人才时多对其有相当的认识和重视。然而，由于法律伦理具有抽象的特点，一般伦理教育多采取对伦理原则和伦理规范进行理论灌输的方式，难以真正提高学生伦理意识和伦理能力，效果有限。事实上，法律伦理教育应当采用与法律伦理属性相契合的教学方式。以湖北某省属高校为例，该校法学院通过实践探索和教学改革，基本形成一套法学伦理教育的培养体系，取得了良好效果。具体来说，主要包括以下几个方面。

（一）加强实务型课程建设，完善实践教学体系

法学是具有鲜明实践指向的学科，因而实践教学是高校法学院本科人才培养工作中的重要环节，高校法学院可以为法学专业学生从"进"到"出"系统开设实务型教学课程，形成完备的实践教学体系。该校法学院目前主要拥有环境政策法律模拟实验室、模拟法庭、LETS 新型法学实验软件系统等多个实践教学平台，可以让学生在校内实践立法、执法、诉讼等众多法律运行环节。具体来说，新生入学将首先学习法律职业技巧类课程，如辩论技巧、法律文书写作、律师事务等，在培养新生职业化思维的同时，逐步引导他们建立法律自学能力。运用这些职业技能和专业知识，法学院在学生二年级暑期阶段，组织与安排学生进行实习实训、暑期社会实践。凭借积累的实习实训、实践经验，法学院为三年级学生开设齐全的模拟法庭课程，涵盖刑事诉讼法、民事诉讼法、行政诉讼法等，为学生大四毕业实习打下良好基础。这些实践课程使整个法学实践教学形成了连贯性、延续性、多样性、全面性等特点。

总体来看，学院通过专业综合改革、试点学院项目，目前已经初步建立"实务分类指导、技能分解训练、基地内外共建、课程贯穿全程"的实践教学体系，鼓励与组织学生在进行扎实的专业知识和技术学习的同时，

通过到公检法司、律师事务所等单位实习，认识社会，接触法律实务，提高实务能力，将专业理论知识和法律实践紧密结合，了解行业发展，熟悉专业知识，将所学知识灵活而充分地运用到实际工作中去，做到知行合一。

（二）联合培养，共建教学基地，构建"高校—实务部门联合培养"机制

随着国家对培养应用型法学人才工作的重视，特别是"卓越法律人才培养计划"的启动和实施，法学实践教学基地建设已明确地被确定为"人才培养基地"申报和考察的重要条件。为此，有的高校热心于签合同，企业及法律服务机构热衷于挂牌子，这种缺乏科学规划和合理布局的爆发式签约造成了"设立（挂牌）多建设少""基地多学生少""索取多互惠少"等一些不利于实践教学基地共建工作可持续发展的情况，法学实践基地的实效性并不显著。

构建"高校—实务部门联合培养"机制，可以以"校政行企"合作为驱动机制和培养模式，落实与实务部门"共同制定培养目标、共同设计课程体系、共同开发优质教材、共同组织教学团队、共同建设实践基地"的人才培养模式，强化人才培养环节的社会属性与实践属性，努力拓展合作育人的深度和广度。目前，法学院和最高人民法院、湖北省高级人民法院、湖北省人民检察院、武汉市中级人民法院、武汉海事法院、孝感中级人民法院等24家单位建立合作关系，为学生提供实习、实训平台。同时积极聘请行业兼职教师，加强行业兼职教师对学生的直接指导。近几年共聘请行业兼职教师近50人，覆盖众多相关政府机关、企事业单位。行业兼职教师实务经验丰富，年龄结构和学历结构比较合理，在指导学生实习、实训方面有丰富的实践经验，有力推进了法学人才培养中伦理教育的实现。

（三）以科学研究和社会活动为抓手，为伦理教育开拓"第二课堂"

法学院以环境资源法学为重要的学科发展方向之一，已建成一个省级人文社科研究基地。研究基地在立足科学研究，加强教师学术梯队培养的同时，也积极挖掘研究中心科研育人的功能，指导学生了解、加入水事研究，促进学生专业成长，培养学生较强的专业使命感，培养他们成为生态水资源研究与保护的一员。另外，法学院历来重视学生社团建设，尤其是结合法学入世的特点,鼓励学生结合专业为社会服务。不仅组建了以学生为主导的法学堂,为需要帮助的人提供力所能及的法律咨询服务,还成立了社会工作服务中心,关怀弱势群体。通过这些社会活动,学生夯实了课堂知识,提高了职业实践能力,尤其是以专业知识和人文情怀向弱势群体提供帮助、咨询等,加强了其职业伦理认识和社会责任感。

三 法学人才培养的法律伦理体验教育

法律伦理教育不是空洞的说教,它服务于法治实践,并最终要接受法治实践的检验。课堂教学受其形式和内容的限制,缺乏真实的情感交流和经验积累,学生能形成一定的法律道德认知,但对学生的法律道德品行的形成影响甚微。因此,课堂教学之外的、以一定的实践工作为载体的、以培养学生的实践工作能力为直接目的的体验教育,成为法律伦理教育不可或缺的重要一环。学生通过亲身参与和实践,直面各种法律利益的冲突,感受不同身份的法律职业人的使命感和责任感,强化其法律伦理观念。体验教育具体而言,包括模拟法庭实战演练、法庭旁听、法律援助、法律诊所实践教育、专业实习等方式,其中,以模拟法庭实战演练和法律诊所实践教育最具代表性,被广为采用。

(一)模拟法庭实战演练

法学学科从本质上来说就是实践性学科,法学专业从本质上讲也是实践性很强的专业。模拟法庭实战演练是实现法学教学目标和法学专业人才培养目标的有效途径。模拟法庭实战演练以鼓励学生主动参与、主动探索、主动思考、主动实践为基本特征。模拟法庭这种实践性的教育活动既有助于法学知识目标和法律实务能力目标的实现,又有助于思想教育目标的实现,即让学生在实践中把握法律职业伦理标准,确立自己作为法律人所应有的行为操守,培养学生具备法律信仰和法律精神,具有法律理性和法律人格。

以湖北某省属高校为例,在模拟法庭教育教学实践活动中,在课程安排、师资配备、模拟法庭实验室建设等方面都进行了行之有效的探索。在具体的模拟法庭实践演练中,从前期的"选择典型案例—确定角色人选—

庭审前学习观摩—公布评价标准",到中期的实务模拟,再到后期的总结点评,都有精心的设计和安排。在这种模拟法庭实战演练中,学生能够直接感受到法律的威严和神圣,深刻领悟法律职业者的崇高使命感和责任感,对于法官如何追求司法公正、律师如何维护当事人的合法权益、检察官如何最大限度地保障国家和公众的利益等,都有亲身体验,这样,无形之中就提高了法律道德意识和法律伦理素养。

(二)法律诊所实践教育

法律诊所实践教育,即仿效医学院学生在医疗诊所临床实习的做法,在有律师执业资格的教师指导之下,将法学专业学生置于"法律诊所"中,为处于生活困境而又迫切需要法律援助的人提供法律咨询,"诊断"其法律问题,为其开出"处方"。法律诊所实践教育一般由课堂教学和案件代理两部分组成,其最大优点在于培养法学专业学生的职业技能、职业道德意识和职业伦理素养,以实现法学理论与法律实践的统一。

法律诊所实践教育,对于法学专业学生法律伦理的培育大有裨益。一方面,学生通过亲身接触法律案例以及案件的处理过程,可以培养律师的思维方式,把握律师的职业伦理;另一方面,学生在办理真实案件的过程中,需要开展一系列法律实务活动,培养了团队协作精神。此外,学生在给社会弱势群体提供免费法律援助的过程中,不仅可以伸张正义,维护当事人的合法权益,而且能够确立公平正义的法律观念,增强社会公益心和社会责任感,从而为今后从事法律职业奠定良好的伦理基础。[①]

Practical Exploration of Ethical Education in the Cultivation of Law Talents in Colleges

Qiu Qiu, Li Ziling

Abstract: Legal ethics education is the core of law education, which is of

---

① 王学华:《论法律诊所教育对我国法学教育的启示》,《江南大学学报》(教育科学版)2007年第4期,第66~69页。

great significance to the cultivation of law talents in colleges and universities, and should be paid full attention to. The law specialty in colleges and universities should insist on strengthening the construction of practical courses and improving the practical teaching system in practice exploration; jointly cultivate and build bases to explore the mechanism of "joint cultivation of colleges and universities and practical departments"; take scientific research and social activities as the starting point, open up a "second classroom" for ethical education, and base on the cultivation of laws. Legal professionals of professional ethics, especially through practical education activities such as mock court practice and legal clinic education, cultivate students'legal professional ethics literacy.

Keywords: ethics education; law talent training; practical teaching

关于进一步推进湖北生态文明建设的调研报告[*]

林季杉　徐菲菲[**]

【摘　要】 推进湖北生态综合治理与加快湖北生态文明建设是湖北文明建设的重要组成部分。湖北生态综合治理和生态文明建设取得的成就主要表现为发展了生态产业，优化了生态环境，建立了体现生态文明要求的目标体系、考核办法、奖惩机制，推动生态文明建设逐步走上规范化、法制化、制度化轨道，显示了从源头上、制度上扭转生态环境恶化趋势的决心。但也存在明显问题。如生态文明建设认同度不高且不均衡，生态综合治理意识不强，生态综合治理和生态文明建设不到位，生态文明建设体制机制不完善。下一步，湖北生态综合治理和生态文明建设必须创新生态文明建设体制机制，构建环境友好型产业体系，推行绿色生活和弘扬生态文化，加强重要生态系统保护与修复。

【关键词】 湖北　生态　综合治理　文明建设

2012年，湖北省第十次党代会站在构建战略支点、引领中部跨越的高度，做出建设"五个湖北"的重大战略部署。自此之后，湖北省在物质文

---

[*] 本文系2018年湖北省思想库项目"湖北推进生态综合治理与加快生态文明建设研究"之结题成果。

[**] 林季杉，华中科技大学哲学系副教授，湖北大学高等人文研究院副研究员；徐菲菲，湖北大学哲学学院2017级硕士研究生。

明、精神文明、生态文明、社会文明、政治文明五个方面均取得了显著成效。这为湖北省构建战略支点、引领中部跨越提供了精神驱动力和文化、生态支撑。近年来，习近平总书记对中国生态文明建设道路做出了重要论述。这为湖北省进一步推进生态综合治理和加快生态文明建设指明了方向。

生态文明指的是人类在发展经济的同时，从维护社会、经济、自然系统的整体利益出发，尊重和保护自然，实现人与自然和谐共生、良性循环、持续繁荣。最近几年，理论界特别是哲学界就推进湖北省文明建设尤其是加快湖北省生态综合治理与生态文明建设展开了学术研究，形成了一系列学术成果。如戴茂堂教授等在湖北人民出版社出版的专著《湖北省文明村镇建设研究》就湖北省文明村镇建设的历程、经验、问题、方略和机制进行了专题讨论，尤为仔细地探讨了湖北村镇的生态文明建设这一话题。戴茂堂教授等认为，湖北村镇的生态文明建设在发展生态农业、营造生态环境、构筑生态文化、树立生态道德和打造生态社会五个方面取得了一定成绩，但湖北村镇的生态综合治理与生态文明建设在自然生态和社会生态两个方面都面临突出的问题，并指出问题产生的主要原因是农业的经营模式粗放、农民的生态意识淡薄和生态知识欠缺、村镇的生态建设投入不足。戴茂堂教授等还认为提升湖北村镇的生态综合治理能力和湖北村镇生态文明建设水平主要应该开展如下工作：加大农村生态保护资金投入，制定科学合理的生态文明建设规划，建立乡村可持续发展模式，美化农村人居环境，引导农民转变生活方式，加强生态法规建设和监管力度等。孙友祥教授等在长江出版社出版的《县域治理发展研究报告（2015）》中发表的《湖北省县域生态治理的路径选择与政策研究》一文认为，湖北省初步建构了环境保护与生态治理的组织体制，积极规划了县域生态建设与环境保护的总体方案，形成了政府环境管制与生态补偿相结合的生态治理政策体系，但生态治理仍然存在生态保护与经济发展矛盾突出、环境监管体制不健全、政府监管环境能力薄弱、生态治理与环境保护政策低效、公民生态意识欠缺且生态治理参与度不高等诸多问题。李若瑶等在社会科学文献出版社出版的《文化发展论丛·湖北卷·2016》中发表的《文明湖北建设的几个问题》一文认为，湖北省对"五个文明"重视程度不一样。相对而言，物质文明和精神文明更受重视，而生态文明尤其是政治文明更容易被忽略。民众因为不能从真正意义上去理解和把握文明的意蕴,也就不会自觉地产生对生态文明建设的热切期盼。文章认为要积极培育生态综合治理和文明建设的主体,既要鼓励先进,还要照顾多数,既要树立典型,还要尊重民众,把先进性的期待同广泛性的要求结合起来,充分调动每一位湖北人的巨大热情和创造精神,引导不同觉悟程度的人们一起向上,形成凝聚千万人民的强大精神力量,以推进生态综合治理和加快生态文明建设。

总体上看,湖北推进生态综合治理与生态文明建设问题的研究已经取得初步成果,但也存在诸多需要进一步解决的问题。比如何谓生态、何谓文明、何谓治理等还需要进一步界定,湖北生态综合治理与生态文明建设的总体情况还有待进一步调查,推进湖北生态综合治理方面存在的突出问题还需要进一步细化,关于湖北生态文明建设存在的主要问题的解决对策还缺少可操作性。因此,进一步开展湖北推进生态综合治理与加快生态文明建设研究十分必要,且具有重要的应用价值。

一

推进湖北生态综合治理与加快湖北生态文明建设是湖北文明建设的重要组成部分。"湖北推进生态综合治理与加快生态文明建设研究"课题组于2018年6~7月,围绕推进生态综合治理与加快生态文明建设的基本现状、存在问题、解决对策等问题,进行了为期2个月的问卷调查、专题访谈、数据分析和文献整理。课题组共发放问卷3000份,回收问卷2854份,有效回收率为95%。专题访谈20人次。本次调查与访谈区域涉及湖北省武汉市、宜昌市、十堰市、黄冈市、孝感市、荆州市等地。在调查、访谈、文献整理和数据分析的基础上,课题组形成了关于进一步推进湖北生态综合治理与生态文明建设的研究报告。报告对湖北生态综合治理和生态文明建设的基本现状做出了描述,重点分析了湖北生态综合治理和生态文明建设存在的突出问题,提出了湖北进一步推进生态文明建设的路径与策略。

调查发现,湖北在生态文明建设方面,着力推进绿色发展、循环发展、低碳发展,初步形成节约资源和保护环境的空间格局、产业结构、生产方式、生活方式。湖北牢固树立人与自然和谐发展的理念,切实增强节约意识、环保意识，坚持生态文明发展道路；湖北建立了体现生态文明要求的目标体系、考核办法、奖惩机制，推动生态文明建设逐步走上规制化、法制化、制度化轨道，显示了从源头上、制度上扭转生态环境恶化趋势的决心。

湖北是党的十八大召开后第一个生态省建设试点。生态省建设是湖北生态文明建设的重要抓手。为此，湖北省委、省政府编制了《湖北生态省建设规划纲要（2014—2030）》。《湖北生态省建设规划纲要（2014—2030）》以"建成支点，走在前列"为总领，以"保底线、强基础、抓重点、补短板、树亮点、依法治"为框架的编制思路，是湖北推进生态文明建设的重要指南。保底线，即划定生态保护红线，严守生态安全底线。强基础，即用制度保护生态环境，加快生态环境管理体制改革。抓重点，即将资源和力量集中用于解决当前生态综合治理面临的突出问题。补短板，即补齐工业结构偏重、资源环境约束偏紧、单位产出能耗和资源消耗水平偏高三块短板。树亮点，即抓住特点、立足优势，做好"水文章"。依法治，即健全环境法治体系。

十八届五中全会提出了"创新、协调、绿色、开放、共享"五大发展理念。湖北省委、省政府提出了"绿色决定生死、市场决定取舍、民生决定目的"三维纲要，确立了绿色是生命色、绿色是时代发展的主色调、绿色GDP是经济发展的新亮点新方向的观念。在绿色发展理念引领下，近年来，湖北生态综合治理与生态文明建设取得了阶段性成绩。调查走访中，绝大多数受访者肯定了湖北生态文明建设的成就。80%的受访者认为，湖北生态综合治理实现了"空间格局优化、经济生态高效"；81%的受访者认为，湖北生态文明建设实现了"绿色生活普及、生态制度健全"；82%的受访者认为，湖北环境治理做到了"城乡环境宜居、资源节约利用"。调查数据显示，分别有69.5%的和19%的受访者对自己所在地区生态文明建设现状表示"满意"和"比较满意"，分别有63%的和25%的受访者对湖北生态综合治理结果表示"满意"和"比较满意"，只有7%的受访者对自己所在地区生态文明建设现状表示"不满"，只有6.9%的受访者对湖北生态综合治理效果表示"不满"。

湖北生态综合治理和生态文明建设取得的成就主要表现在两个方面。

其一，发展了生态产业。高新技术产业增速加快、贡献率提高，高耗能产业比重持续下降，产业走上了生态化发展道路。在现代生态技术基础上，注重充分合理利用和保护自然资源，追求产业的优质、高效、低耗、无公害和无污染，从重视农产品的产量转到产量、质量和效益并重，从依靠传统技术转到依靠现代技术提高科技含量和附加值，从资源消耗型的传统生产方式转到依靠保护生态环境实施产业的可持续发展。如十堰市、黄冈市、荆门市大力发展生态农业、生态旅游和庭院经济，推行"猪—沼—鱼""猪—沼—菜""猪—沼—茶"等养殖、种植循环经济发展模式，生态效益与经济效益双丰收。

其二，优化了生态环境。绿满荆楚行动效果显著。国家自然保护区和省自然保护区总数和总面积均有明显增加。石首市以创建生态家园、清洁家园、文明家园为理念，从村庄规划治理入手，引入保洁制度和评优奖励等鼓励机制，推进环境卫生整治、基础设施建设，改变农村的陈规陋习和落后生活习惯，改善了人居环境，美化了村容村貌。宜城市以"生态文明家园"创建为抓手，以政府主导、农民主建、社会参与、示范带动为办法，在全市大力开展了"净化、绿化、硬化、亮化"工程，市容村貌焕然一新，探索出了平原地区建设生态文明的新模式。

二

湖北生态综合治理和生态文明建设虽然已经取得了一定的成效，但与其他生态综合治理和生态文明建设先进省份相比还有一定的差距，与湖北人民群众的期待还有一定的差距。存在的主要问题有以下几个。

首先，生态文明建设认同度不高且不均衡。相对而言，物质文明和精神文明更受重视，而生态文明更容易被忽略。调查数据显示，51.4%的受访者认为物质文明建设与公民更相关，35.6%的受访者认为精神文明与公民更相关，只有15.2%的受访者认为生态文明与公民更相关。当问及"是否了解绿色生活和生态产业"时，回答"有所了解，正在实践"的只占15.4%，回答"知道一些，但没有实践"的占60.9%，回答"没有听说过"的占17.6%。不仅对生态文明建设认同度偏低，对绿色发展、生态生活知之甚少,而且在不同区域和不同人群当中还表现出一种不均衡。湖北省郧西县属于老、少、边、贫、库地区,课题组在郧西县调查发现,81%的受访者认为"物质文明建设重于生态文明建设",只有5%的受访者认为"物质文明建设和生态文明建设同等重要"。总体上,在老、少、边、贫、库地区,生态意识缺乏,物质文明建设更被看重,生态文明建设基本上还没有被提上议事日程。与此相反,在经济水平相对较高的武汉市,调查发现,79%的受访者认为"生态综合治理应该是城市建设的重中之重",80%的受访者认为"生态文明建设比以往任何一个时候都更紧迫、更必要"。总体上说,在经济水平较高的地区,生态文明建设被看重的程度远远超过老、少、边、贫、库地区。在访谈中还发现,越是文化程度高的人群越重视生态文明建设和生态综合治理工作,越是文化程度低的人群越会忽略生态综合治理和生态文明建设。

其次,生态综合治理意识不强。调查发现,人民群众对生态综合治理、生态文明建设在思想认识上还没有达到自觉和成熟的程度,缺少绿色文化、绿色发展理念。甚至对何谓"生态"、何谓"文明"、何谓"治理"等都没有进行认真深入的思考。正因为不能从真正意义上去理解和把握"生态""文明""治理"的意蕴,也就不会自觉地产生对生态综合治理和生态文明建设的热切期盼。调查数据显示,接近半数的受访者表示对生态综合治理和生态文明建设"没有兴趣"或"兴趣不大";即便有43.8%的受访者表示对生态综合治理和生态文明建设"有兴趣",但在生态综合治理和生态文明建设的参与频率上,选择"偶尔参与"和"很少参与"的比例之和达到80.0%。由于缺乏主动参与和内心认同生态综合治理和生态文明建设的自觉意识,生态综合治理活动成为"被活动",生态文明建设自主性严重不足。数据显示,只有25.9%的受访者表示参加过与生态综合治理和生态文明建设有关的活动。

再次,生态综合治理和生态文明建设不到位。存在治理失灵现象。在生态综合治理中,片面强调经济发展、物质文明,导致生活完整性的破裂和工业文明的异化。由于工业和城市污水灌溉及农药、化肥、农膜的过度使用,农业生产的资源环境逐年恶化。长期以来,农业生产中有机肥使用不足,占总投肥量的比重不足1/3,化肥的利用率仅为30%,湖北遭到不同农业污染的农田达到600多万亩，每年损失粮食8亿多公斤，损失10亿多元。另外，由自然力和社会力导致的耕地减少等问题也比较突出，人均耕地只有0.84亩左右。湖泊面积减少，湖泊调洪能力降低，森林覆盖率低，植被结构不合理，水土流失严重，年均丧失表土3.19亿吨，约有70%的中低产田未得到有效改造和利用。大部分污染物未经处理直接排放，加重了综合治理的压力，加剧了生态环境的恶化。很多地方更乐于享受优美环境带来的福利，而不愿意为生态治理承担必要的责任，没有环境风险防范意识，环境健康管理理念淡薄。全省范围内存在程度不等的环境污染，有的地区大气污染、土壤污染、重金属污染、持久性有机污染物污染和有毒有害化学品污染比较严重，触碰了环境安全的底线。

最后，生态文明建设体制机制不完善。生态综合治理和生态文明建设制度体系缺失，基层组织建设"虚化""脆弱"。62.5%的受访者认为生态综合治理和生态文明建设中组织机构弱化现象突出，监管督查不到位，公众诉求表达渠道不畅通。42.3%的受访者表示生态综合治理监管督查"不力"或"有名无实"。45%的受访者表示缺少关于生态文明建设的诉求表达机制或渠道，生态综合治理和生态文明建设的公共决策权和知情权得不到应有的尊重。56%的受访者表示"很少关注"或"从不关注"生态文明建设的诉求表达机制，游离于这种诉求权之外。45%的受访者表示生态文明创建工作岗位虚设、生态综合治理工作人员在编不在岗或在岗不在职等现象严重。51%的受访者认为生态文明建设活动载体"少"，生态综合治理工作多停留于形式宣传，内容枯燥，缺乏特色，没有可操作性。在访谈中了解到，实际部门工作人员普遍认为，生态综合治理工作经费"少"，生态文明建设"力不从心"。

三

下一步湖北生态综合治理和生态文明建设必须从以下几个方面推进和加强。

首先，必须创新生态文明建设体制机制。建立系统完整的生态文明建设和环境治理制度体系，坚持用系统思维、底线思维、法治思维和改革思维逐步实现管理责权一体化、环境法治刚性化、环境责任明晰化、政策措施长效化。可以考虑编制自然资源资产和环境容量负债表，实行自然资源资产和环境离任审计。完善资源有偿使用和价格政策、生态环保投融资政策。统筹和加快城乡一体化发展，完善城镇环境基础设施，提升城镇绿色化建设水平，以建设生态宜居城镇和美丽乡村为抓手，推进农村环境综合整治全省覆盖，大力开展各级生态文明示范创建工作，切实改善城乡人居环境。优化国土空间开发格局，科学构建生态安全战略格局，将重要生态功能区、生态敏感区和脆弱区、禁止开发区划为生态保护红线区域，实施最严格的管控制度。突出生态保护红线的刚性约束，维护省域生态安全。

其次，构建环境友好型产业体系。以建设长江和汉江两条生态经济带为重点，着力推进省域产业结构升级和绿色转型，打造一批节能节水节地、循环绿色高效的"两型"产业，大力发展生态农业或生态林业，发展与绿色农业相关的二、三产业，加大绿色产业链条建设的力度。强化科技创新驱动，深化产业结构调整和优化，加快加大淘汰电力、钢铁、化肥、电解铝、铁合金、水泥等行业落后和过剩产能，全面推进节能减排，提高资源产出效率，加强对小钢铁、小化肥、小造纸、小火电及城市小锅炉、小热电、小化工等专项治理，大力培育节能环保产业，维护社会利益、经济利益和生态利益的平衡。积极开发节约资源和保护环境的技术，重点推广废弃物综合利用技术、相关产业链接技术和可再生能源开发利用技术，着力推广秸秆气化、固化成型、发电、养畜等技术，实行有利于资源节约的价格和财税政策。

再次，推行绿色生活和弘扬生态文化。文明湖北既是生态湖北也是绿色湖北。生态文明建设是全体湖北人共享的过程，更是全体湖北人共建的过程。激活全体湖北人的绿色生活意愿，最大限度地发挥生态治理主体的积极性、主动性和创造性，是加快生态文明建设最有效的方式。从思想上树立"生命共同体"和"人类共同体"的理念，确立生态文化观和绿色生活观，提升人们保护自然和生态平衡的道德境界和行为自觉，是推进生态综合治理的根本。推进生态综合治理，加快生态文明建设，尤其需要倡导绿色文化，让绿色生活成为全体湖北人的热切期盼和价值选择。绿色文化不同于农业文化和工业文化，是一种全新的文化，是人与生态相亲相融的文化，是热爱自然、热爱生命的文化。绿色文化通向尊重自然、顺应自然和保护自然的生态文明发展道路。湖北应大力推行绿色、低碳、循环的生活和消费方式，建设一批生态文化教育和实践基地，树立"天人合一、生态荆楚、灵秀湖北"的生态文化品牌，加强生态文明宣传教育，改变生态文明建设"曲高和寡、不尽如人意"的局面。树立生态文明理念，提高湖北人民群众自主参与生态综合治理的意识，尤其是要加强对老、少、边、贫、库地区的生态文化普及和绿色教育，这样不仅有助于推进生态综合治理，而且有助于缓解湖北生态综合治理和生态文明建设不平衡的问题。

最后，加强重要生态系统保护与修复。实施生态保护与修复工程，加强三峡库区、梁子湖群等重点生态功能区建设和管理，提高神农架等自然保护区管护水平。开展洪湖、沉湖、梁子湖等湿地生态系统恢复示范工程。推进三峡库区、丹江口库区、大别山南麓等荒山绿化和水土流失综合治理。实施大气污染联防联控，开展土壤污染治理与修复，加强环境风险防范，强化环境健康管理，严守环境安全底线。要严格环境准入，控制新的污染源。按照水源涵养功能、洪水调蓄功能、生物多样性保护功能、水土保持功能等不同功能的保护需求，采取分类管理的措施，开展重点生态功能区保护与管理，积极构建湖北省生态屏障。水是湖北率先在全国建成环境友好型、资源节约型社会的基础性战略资源。湖北作为"千湖之省"，在生态系统保护与修复中要突出水特色，做实水文章，发挥水优势，打造水品牌。围绕重点湖库水生态保护和建设，着力解决大江大湖水污染问题，厉行节水优先，严控用水总量，优先把梁子湖、洪湖两大湖区建成人水和谐、环境保护与经济发展双赢的"两型湖区"。

Investigation Report on Further Promoting the Construction of Ecological Civilization in Hubei Province

Lin Jishan, Xu Feifei

Abstract: Promoting the comprehensive ecological management of Hubei and accelerate the construction of ecological civilization in Hubei are an important part of Hubei's civilized construction. The achievements in comprehensive ecological management and ecological civilization construction in Hubei are mainly manifested in the development of ecological industries, the optimization of the ecological environment, the establishment of a target system, assessment methods, reward and punishment mechanisms that reflect the requirements of ecological civilization, and the promotion of ecological civilization construction to gradually standardize and law. The track of institutionalization and institutionalization shows the determination to reverse the deterioration of the ecological environment from the source and the system. But there are also obvious problems. For example, the recognition ecological civilization is not high and uneven, the ecological comprehensive strength is not strong, the ecological comprehensive management and ecological civilization construction are not in place, and the ecological civilization construction system is imperfect. In the next step, comprehensive ecological management and ecological civilization situation in Hubei must break the institutional mechanism of ecological civilization construction, build an environmentally friendly industrial system, promote green living and promote ecological culture, and strengthen the protection and restoration of important ecosystems.

Keywords: Hubei; ecology; comprehensive governance; civilization construction

书评与综述

哲学、语言与意义

——读陈嘉映的《简明语言哲学》

李文倩*

【摘　要】 陈嘉映《简明语言哲学》一书在介绍 20 世纪英美语言哲学的同时，着重讨论了哲学、语言和意义的问题。哲学在根本上与科学不同，哲学家由此不同于语言学家。哲学通过概念考察的方式，穷究凝结在语言之中的关于世界的种种道理。富有意义的言说需要考虑具体的语境。富有意义的生活有其内在的规矩，同时又充满了各种各样的可能性。

【关键词】《简明语言哲学》　哲学　科学　语言　意义

2003 年，陈嘉映教授出版教材《语言哲学》①，产生了较大的学术影响。十年之后，在 2003 年版的基础上，经过增删与改写，以《简明语言哲学》为书名重出新版。作者承诺，相较于旧版而言，新版的字数和错误均有所减少，但内容并没有损失。有必要指明的是，此书虽以教材的形式出版，但从学界的反响来看，大都将其视为学术专著。

从全书的总体架构看，贯穿始终的是作者对哲学是什么、语言是什么以及富有意义的言说和生活何以可能等问题的深切思索。而且，在对具体问题进行分析性介绍的同时，作者时不时跳出此限，将具体分析接在更为

---

* 李文倩，博士，成都文理学院文学院讲师，研究方向为语言哲学、艺术哲学和政治哲学。
① 陈嘉映：《语言哲学》，北京大学出版社，2003。

一般的层次上,力求对所论诸问题有通贯的理解。

一 哲学

陈嘉映关于哲学是什么的理解,依托于两个大的思想史背景:一是近代科学的兴起,二是20世纪哲学领域内的语言转向。而且在他看来,这两个大的思想史事件,有其内在的联系。具体来说,即近代科学的兴起和成熟,使得"今天的科学家和哲学家都已经不再是以往意义上的科学家－哲学家"①。也就是说,从此之后,哲学与科学不再连为一体,而是彼此独立、相对分离了。如此,"当概念考察明确成为哲学的主要工作后,语言转向也就自然而然发生了"②。

哲学研究中的语言转向,其所带来的一项误解,是认为从此之后,哲学的大部分工作将由语言学家来承担。更肤浅的理解则认为概念考察就是查字典。针对此一趋向,陈嘉映明确指出两者之间的差别:"语言学家旨在更好地理解语言的内部机制,直到掌握这一机制,哲学家关注的则是凝结在语言中的人类理解,他通过对语言的理解来理解世界。"③ 更一般地看,陈嘉映对此差别的强调,标示出哲学与科学之间的根本不同。但哲学与科学彼此独立并不意味着它们之间没有沟通的可能。陈嘉映说:"哲学家可以从语言学汲取营养,就像从各种经验和各门学科汲取营养,不过,一,语言最系统地凝结着人类理解,哲学关注语言现象更甚于关注另一些现象,因此,无论有没有语言转向,哲学都始终会关注语言,而对(例如)地质的关注却是特殊的兴趣。二,哲学无法从高度形式化的科学汲取多少营养,语言学的一些分支如语义学,原则上不可能高度形式化,它们将始终与哲学反思密切联系。"④

谈及哲学与科学的关系,有多种不同的理解。张志林坚持认为:"对今日的哲学来说,为科学奠基乃是一项光荣而艰巨的任务,甚至可以说是一

---

① 陈嘉映:《简明语言哲学》,中国人民大学出版社,2013,第14页。
② 陈嘉映:《简明语言哲学》,中国人民大学出版社,2013,第14页。
③ 陈嘉映:《简明语言哲学》,中国人民大学出版社,2013,第17页。
④ 陈嘉映:《简明语言哲学》,中国人民大学出版社,2013,第17页。

项十分紧迫的任务。"① 而陈嘉映对此的理解,则要低调得多。他明确指出:"我一般地认为,一门独立的科学不需要从外部为自己寻找'元层次'的基础,不需要哲学或逻辑学来为自己奠基。元数学、元物理学,要么是哲学家的非分之想,要么是这门科学内部从未中断进行着的一项工作。"② 从这里我们亦可以看出,对哲学与科学之关系的不同观点,其实意味着对哲学的不同理解。

早在2007年出版的《哲学 科学 常识》一书中,陈嘉映就明确提出,哲学的主要工作,当为概念考察。③ 在2011年出版的《说理》一书中,陈嘉映进一步认为,哲学之为穷理,而概念考察则是其中的核心部分。④ 在此专门性的工作之外,哲学当有经验反省的功能,这就意味着,它在许多情况下不同于常识,甚至是对常识的反对。在《简明语言哲学》一书中,作者写道:"在我看来,哲学是对自然理解的反思,以使自然理解融会贯通,因此哲学固然倚重凝结在自然语言中的自然理解,却不等同于自然理解,哲学结论不是民意调查,相反,哲学总是反某些常识而动的。"⑤

二 语言

接着关于哲学的谈论,再来考察语言问题。陈嘉映对语言的理解,包含在其对语言与世界、语言与生活、语言与思想、日常语言与逻辑语言的关系、语言分析、语言翻译等具体问题的考察之中,立体而丰富。

将语言视为工具,是一个常见的理解。但如何理解工具,则是一个问题。在革命文化占主导地位的社会中,工具多被理解为具有改天换地的功能,作为思维工具的语言,自然也不能例外。但工具有多种,亦各有其功能。陈嘉映说:"维特根斯坦曾特别提到尺子这类工具不同于钳子这类工具,后者改变事物的状态而前者不然。就此而言,语言更接近于尺子这类

---

① 张志林:《哲学家应怎样看科学?——兼评陈嘉映在〈哲学 科学 常识〉中的有关论述》,《哲学分析》2012年第3期,第36页。
② 陈嘉映:《简明语言哲学》,中国人民大学出版社,2013,第60页。
③ 陈嘉映:《哲学 科学 常识》,东方出版社,2007。
④ 陈嘉映:《说理》,华夏出版社,2011。
⑤ 陈嘉映:《简明语言哲学》,中国人民大学出版社,2013,第150页。

工具,语言主要不是因果地改变现实的工具,而是述说现实、理解现实的工具。"① 从这个角度看,则可以说,我们通过语言理解世界,或者不如说,世界在语言的层面上成像。

我们使用工具。但使用工具本身是一项活动,它连着实际的生活。陈嘉映说:"在特定的情况下,我们会问:朋友有什么用,下棋有什么用,艺术品有什么用,哲学有什么用。但这些问题通常没什么意义,我们享用这些,而不是使用。基于同样的道理,我们使用语词,但我们通常并不使用句子。我们用语词造句,而说出句子就是说话。说话这种活动编织在实际生活之中。"② 同样的道理,我们也不说生活有什么用,因为生活以其自身为目的,而不是为了别的什么。

"说话这种活动编织在实际生活之中。"照此理解,我们学习语词、理解语言,亦是生活中一个自然而然的过程。关于理解,陈嘉映指出:"好在我们不是从怀疑一切开始的,并不需要哪种逻辑分析能够从一上来就杜绝了每一种误解的可能性。理解的过程也不是无穷无尽地消除误解并在最后达到确定性,理解是一个自然的过程。孩子自然而然学会和理解一些语词。"③ 语言与生活的内在联系,于此得以显示。

我们感受生活和世界,思索其间的种种道理,并试图有所言说。这种言说就是思想。思想在语言中成形。陈嘉映指出:"思想确实不能与语言分离,但并非由于我们必须'用语言思想',因此语言决定了思想;而是由于语言是思想的归宿,唯能达乎语言者,才是思想。瞪羚和猎豹没有语言,它们不思想。"④

陈嘉映在考察语言的过程中,对自然语言与逻辑语言的关系问题着墨尤多。这是因为自莱布尼茨,尤其是弗雷格、罗素及 20 世纪的逻辑实证主义以来,创制人工语言以置换日常语言的呼声强劲。而且这一思路,在某些专门的领域比如计算机中取得了成功。但总体而言,陈嘉映承认逻辑语言有其优势,但全盘替换自然语言的思路,则过于激进,亦不可能成功。

---

① 陈嘉映:《简明语言哲学》,中国人民大学出版社,2013,第134页。
② 陈嘉映:《简明语言哲学》,中国人民大学出版社,2013,第134页。
③ 陈嘉映:《简明语言哲学》,中国人民大学出版社,2013,第143页。
④ 陈嘉映:《简明语言哲学》,中国人民大学出版社,2013,第250页。

陈嘉映指出:"我们不妨把自然语言比作物品,把逻辑语言比作货币。物品都有或都可以有一个标价,在这个意义上,货币能够和任何物品对应,能够把物品'翻译'成货币。经过翻译之后,统计、结算等等变得方便多了,同时,在折合成货币时,不仅物品的其他性质消失了,物品之间的其他'价值关系'也消失了。因此,我们固然可以用逻辑语言来表征自然语言中的某些基本关系,但逻辑语言根本不可能取代自然语言。"①

问题在于,如果不能替代,我们应如何看待日常语言的诸多缺陷?陈嘉映提出:"日常语言哲学家并不否认日常语言经常出现歧义、含混和混乱,但他们认为,日常语言中出现的问题要通过对日常语言的分析来解决,在日常语言本身的层面上解决,而不能通过设计一种更完善的语言来解决。他们更愿意把自然语言中的语词的多义看作一种丰富性而不仅仅看作含混。"② 日常语言哲学家的思路,大致属于改良派。改良派反对激进革命,其实是反对完美主义。极权主义就是一种政治上的完美主义。而这一反对的思路,在语言层面上因转换视角而形成,陈嘉映指出:"碰上这些不尽如人意之处,有人一下子走得太远,希望全盘克服一切不便,发明出一种理想语言,把思考和说话变成一种全自动过程。其实,唯有不完美的世界才是有意思的世界,我们才有机会因改善因创新而感惊喜,因绕过陷阱、克服障碍而感庆幸。"③ 于此可见,在改进日常语言的问题上,陈嘉映是个温和派。

创制人工语言以取代日常语言的思路,完美但幼稚,并可能因其对人类经验的极端蔑视而带来严重后果。在"奥斯汀论日常语言"一节中,有如是反省:"要用我们一下午躺在摇篮里想出来的东西取代万千年千万人经验的结晶,不亦妄诞乎?"④ 而这样一种关于语言的看法,大致亦符合晚期维特根斯坦的思想。冯克利指出,维特根斯坦"常把语言比作一个有机的整体,并且认为理解这个有机体的唯一办法,就是让它自由地游荡,观察它的习性。因而他也强烈反对'私人语言'的说法,认为语言从本质上说

---

① 陈嘉映:《简明语言哲学》,中国人民大学出版社,2013,第127页。
② 陈嘉映:《简明语言哲学》,中国人民大学出版社,2013,第149页。
③ 陈嘉映:《简明语言哲学》,中国人民大学出版社,2013,第158页。
④ 陈嘉映:《简明语言哲学》,中国人民大学出版社,2013,第157页。

是社会的,没有任何人能够'创造'出一种语言。虽然我们不好把这些反映着后期维特根斯坦观点的话硬往别的领域上扯,但是假如把这里的'语言'一词换成哈耶克那个著名的概念'自发秩序'(也可以换成门格尔的'价格'),它们在认知形式上的同构性却是显而易见的"①。由此可见,有关语言的种种思考,在某种意义上有其深刻的政治意涵。

分析哲学认为哲学就是语言分析,而且主要是语言的逻辑分析。在陈嘉映看来,逻辑分析有其力量,但这并不意味着凡事都需要分析。换句话说,一些现有的东西,即使不经分析,也可能是清楚的。陈嘉映指出:"我们是在没说清楚的时候,才需要再说些什么,再提供某种解释、分析,以期事情更加清楚,并不是说得越细、分析得越多,事情就更清楚。仿佛从来没有一句话本身就是足够清楚的,仿佛'经过分析的句子'天然具有更清楚、更合乎逻辑的意思,仿佛我们并不知道自己真正在说什么,要等哲学来帮我们分析出句子的实际意义是什么。"② 这就是说,分析有其条件和限度,而不由分说的彻底分析其实并无意义。分析为理解服务,而我们的自然理解,总是在某一特定情景中,在特定的层次上。脱离周边环境的彻底分析,反有可能使本已清楚的理解,变得怪异或不可解。

有关语言分析,陈嘉映进而指出:"把蕴含的东西展开、摆到明面上说出来,就是所谓分析。被分析出来的东西,在一个基本意义上当然是在那里的,像康德所说的,它已经'隐藏在里面'(versteckt)。但它不是以分析好的形态停在那里的,分析有所取舍和重新安排。所以,分析的结果既可以说是发现,也可以说是发明。在日常生活中,我们为了一个特定的目标进行分析,例如分析当前的局势以便制定出我们这个组织的行动方案。在理论工作中,分析是为支持或否定某种理论服务的,我们可以从历史学角度、社会学角度或心理学角度对一篇古文进行分析。"③ 如果说上一段的内容,是对彻底分析有所不满的话,那么本段的要点,则在于指明本无纯粹的分析。也就是说,分析依赖于理论,为特定的目的而服务。

20世纪后期的西方哲学,对语言翻译的问题多有探讨。陈嘉映的观点,

---

① 冯克利:《维也纳人》,《读书》2000年第4期,第69页。
② 陈嘉映:《简明语言哲学》,中国人民大学出版社,2013,第143页。
③ 陈嘉映:《简明语言哲学》,中国人民大学出版社,2013,第237页。

大致在一个弱的意义上,认为翻译是可能的。但这里的翻译,不是平素意义上的一一对应,而是意味着某种新的理解,甚至就是创造。但无论如何创造,都有一个背景,一种先在的理解。陈嘉映在此书第十一章介绍"蒯因"时说:"我们从来不是悬在空中来选择并排排在地面上的各种体系,我们一开始就生在一个体系之中,我们从一个特定的体系出发来理解和'翻译'其他体系。我们的确可以在某种意义上'跳出'自己身在其中的体系,理解甚至选择异质的体系,这里,需要探讨的是我们如何'跳出',而不是从无牵无挂的境界进入哪个体系。"① 从这个角度看,陈嘉映认为彻底翻译是不可能的。

三 意义

有了如上对哲学和语言的若干理解,并不意味着问题的解决。最要紧的问题在于:我们如何恰当地理解"说"?哪些可说,哪些不可说,并非一目了然。可说的是否意味着全然说出,也是一个问题。或者还可以问:"说"有其限度吗?我们如何富有意义地言说和生活?

陈嘉映说:"人生的意义可说吗?我们当然不可能像说清楚力学公式那样单用语句就能说清楚人生的意义。教师不能在课堂上在书本里给出人生意义的清楚答案,这也许让学生失望,但稍作思忖,却实在是件幸事:如果我们在课堂上已经弄清楚了人生的意义,那么我们走出课堂后还做些什么呢?生活的意义是活出来的。只不过,人生不是无言的,言说不仅是人生的一部分,人是在语言层次上生存。"② 哦,"生活的意义是活出来的",这是不是在说:问"人生的意义可说吗?"本来就是个错误?是不是有些事情只能做不能说?

如此一来,好像有时候不说什么,反而更有意义。但这又将真理置于何地?不说就是遮遮掩掩,但真理是赤裸裸的啊。是不是有时为了富有意义,我们在一定程度上要牺牲真理?求真还是一桩有价值的事业吗?针对此类困惑,陈嘉映分析道:"求真,当然是要去除掩蔽,但五色令人目盲,

---

① 陈嘉映:《简明语言哲学》,中国人民大学出版社,2013,第184页。
② 陈嘉映:《简明语言哲学》,中国人民大学出版社,2013,第107页。

把一切都暴露在光天化日之下，我们就什么都看不见了。因此，求真者必须把奥秘作为奥秘加以荫蔽。聪明人把世情人心的隐秘莫测都晾到打谷场上，世情人心的真相却被晒干了。在这个意义上，'对不可说之事应当保持沉默'应能得到理解。在这里，不可说与不应说合二而一。哪些明说，哪些以最丰富的形态蕴含在明言之中，这是说的艺术、说的力量。"①

这样看来，认为真理是赤裸裸的反倒是个错误，因为赤裸裸的真理没有意义。故而，事实只有当以富有意义的方式说出，才呈现出真相。有关意义与真理，陈嘉映进而分析："真理不止于事实，真理是通过事实展现意义。把注意力自限于'陈述的真值'时，我们就已经错失了言说的本来面貌。真理不是一个现成句子或一个现成的可能事态和事实相符，真理总是具有揭示性的。有所言说的话语揭示出某种一向尚未得到揭示的东西，使这种东西得到呈现或曰'反映'。托尔斯泰在这个意义上是'俄罗斯的一面镜子'。"②

富有意义的生活，大致与游戏相似。陈嘉映说："游戏不是一些遵行规则进行的机械活动，游戏首先是乐趣、情趣、旨趣。它们与规则相辅相成——一方面，游戏自由自在不受功利计较的约束，另一方面，游戏一般都有规则，而恰恰由于有了这些规则约束，才有好玩的游戏。"③ 将此处对游戏的理解，与生活做一类比，我们大致可以说，过分懒散而不成形的生活，不成其为生活，或至少不能算优质生活。生活有其内在的规矩。但如果谁的生活严格遵循某一铁律，严整是严整，却不免过分刻板，而失掉了生活本来的意义。

一种充盈而丰满的心智生活，大概是生活中最有意义的部分。心智生活的魅力，在于其深度。没有深度的心智生活，可能色彩斑斓但绝不能算丰厚。心智有秘密才有趣。平铺开来的心智，只见其松弛，而失掉了张力。陈嘉映说："心智若不能隐藏秘密就无所谓心智了。如果老大哥到 2084 年变得更加能干，不仅能监视你的一举一动，而且发明了测梦仪等一系列先

---

① 陈嘉映：《简明语言哲学》，中国人民大学出版社，2013，第 238 页。
② 陈嘉映：《简明语言哲学》，中国人民大学出版社，2013，第 244～245 页。
③ 陈嘉映：《简明语言哲学》，中国人民大学出版社，2013，第 135 页。

进仪器，可以测知你的一思一念，那么，心智生活很快就会消失。"① 但并不是说心智就是"机器中的幽灵"，充满神秘色彩。陈嘉映指出："我们固然不能把心智理解为与行为举止相隔离的幽灵，但心智的确具有在行为举止中隐藏自己的能力，甚至，我们也许应该把这种能力的发展作为理解心智的主线。"② 可以看出，陈嘉映这一对赖尔行为主义的批评，其着眼点仍在于如何使心智生活富有意义。

富有意义的生活，是充满可能性的生活。如果哪个人的生活没有任何可能性了，说明这个人的生活已经死亡。个体性的生活如此，我们对现实世界的理解，亦应当如此。没有"如果"的历史及现实，根本不值得留恋。陈嘉映指出："人们说：历史没有如果。这话自有它的意思，这意思却不是说历史学家不谈'如果'——那既不合事实又不合道理。已经不可改变的事情之所以还值得研究，历史研究之所以还有意义，全在于历史事件像别的事件一样从来都被理解为由各种不同因素构成的，是各种可能结局之中的一个结局。我们人类从可能性来理解现实性。现实世界只有作为诸种可能世界之一才能得到理解，才有意义。事情必须可以是另外一个样子，人才不仅对事情作出反应，而且能够对它有所了解，有所言说；换言之，事物才能呈现其意义。"③ 从这个角度看，所谓纯粹的历史事实，我们就不知道有什么意义。

总体来看，陈嘉映关于哲学、语言及意义问题的思考，贯穿其中的是不走极端的中道精神。而这样一种精神，来源于其对理论及生活之复杂性的深刻体认，而这一体认正是生活的智慧。

Philosophy, Language and Meaning
—Reading Chen Jiaying's *Concise Philosophy of Language*

Li Wenqian

Abstract: In the book of *Concise Philosophy of Language*, Chen Jiaying intro-

---

① 陈嘉映：《简明语言哲学》，中国人民大学出版社，2013，第141页。
② 陈嘉映：《简明语言哲学》，中国人民大学出版社，2013，第155页。
③ 陈嘉映：《简明语言哲学》，中国人民大学出版社，2013，第244页。

duced the British and American philosophy of language in the twentieth Century, and focused on the issues of philosophy, language and meaning. Philosophy is fundamentally different from science. Philosophers are different from linguists. Philosophy investigates the truth of the world through the way of conceptual investigation. Meaningful words need to consider specific contexts. Meaningful life has its inner rules, and it is full of various possibilities.

Keywords: *Concise Philosophy of Language*; Philosophy; science; language; meaning

"改革开放四十年与中国当代哲学发展"高端论坛学者发言辑录

主办单位：湖北大学哲学学院、湖北大学高等人文研究院
会议时间：2018年10月14日
主持人：教育部"长江学者"特聘教授、湖北大学高等人文研究院院长　江畅

改革开放与哲学社会科学创新

吴晓明　复旦大学复旦学院院长

吴晓明：各位同人，各位老师，各位同学，大家好！我今天讲的题目是"改革开放与哲学社会科学创新"。跟昨天的题目比较接近但是重点不太一样，昨天我讲到的一个基本观点是改革开放四十年，比较明确地形成了中国道路，我们把它叫作中国特色社会主义道路，这样一个四十年历史性事件为哲学社会科学的创新奠定了实际的基础。我昨天提的一个观点是，这个实际的基础并不意味着哲学社会科学就能够创新，它只是一个基础，要真正创新，哲学社会科学自身还需要努力。我认为，在新的时代，哲学社会科学要创新，必须要经历一个决定性转折，也就是从长期以来的学徒状态摆脱出来。这个学徒状态指近代以来中国的学术对外学习的状态，其有非常积极的成绩。但是，一种学术要真正成熟，要求它在特定的阶段能

够摆脱学徒状态并且开始获得自我主张。这个自我主张最根本的标志，实际上也是中国哲学社会科学创新的一个基本前提，那就是能够研究中国问题，并且把握中国社会现实。我们原先的对外学习取得了很多积极的成果，但是它也养成了一种依赖外部反思的形式。从这个方面来讲，我认为，中国特色哲学社会科学作为一种学术，并不是说它有一点中国元素，或者有一点中国特点就可以。中国特色哲学社会科学建设需要有真正的创新，只有在这样的前提下我们才能说中国特色哲学社会科学是有中国特色、中国气派和中国风格的。如果没有自我主张，还完全处于学徒状态，那谈不上真正的中国特色、中国气派和中国风格，所以它必须要经历一个转折，从长期以来的学徒状态中摆脱出来，并且在学术上获得自我主张。这个自我主张最基本的方面就是我刚才讲到的中国现实。

如果我们只是采取外部反思的方式，将一般的原则抽象地运用到任何内容上，那么我们就不需要研究中国社会，不需要深入中国社会现实中去。所以我认为，摆脱学徒状态获得自我主张最基本的方法是真正研究中国问题，并且能够切中中国社会现实。在这个地方要特别谈谈"现实"这个词。我们现在对现实的理解很一般，好像现实是最容易把握的，好像现实是我们睁开眼睛就能看到的，这恐怕是一个严重的误解。有些人说，我是搞学术的，现实跟我无关。还有人只关注现实，认为理论这东西是没有必要的。实际上现实是一个相当高的理论要求。为什么？因为"现实"这个概念在黑格尔逻辑中不属于存在论，而是属于本质论。"现实"这个概念，意味着实层和本质的统一，意味着展开过程中的必然性。所以大家想想，如果我要接触到本质，要接触到展开过程中的必然性，就需要理论，有很高的理论要求。按我的看法，恐怕只有黑格尔和马克思主义学术才能达到这样一个高度。所以现实并不仅仅是事实，事实是经过我们直觉可以直接给予我们的东西。但是现实不是，现实有很高的理论要求。举个很简单的例子，我们要现实地把握拿破仑、现实地把握毛泽东，现实是什么意思？跟一般的事实不是一回事。比如说我们要写一个拿破仑的专集，可以说知道事实最多的人是拿破仑的仆人，因此我们叫拿破仑的仆人给拿破仑写一个专集，因为他知道的事实最多，而且知道得最清楚。但是，黑格尔在历史哲学中讲那是不行的，为什么？仆人眼中无英雄。这句话是歌德的话。黑格尔说还要补充一句,不是因为英雄不是英雄,而是因为仆人毕竟是仆人,他能够看到所有的事实,但是他不知道什么叫本质的和必然的东西。

  在这样一个过程中,有些专集,我们假定里面说的全是真的,全是事实,但是恰好就像黑格尔说的,在这个地方,他用历史细节的真实伪造了历史。什么意思?事实全是真的,但他恰好用这些事实来掩盖遮蔽了本质的东西和必然的东西。所以黑格尔在历史哲学中就要提示这个道理,仆人眼中无英雄,不是因为英雄不是英雄,而是因为仆人毕竟是仆人,他只能看到事实,看不到事实中本质和必然的东西。所以深入中国社会现实中去,恐怕根本不像我们通常讲的那样,好像睁开眼睛就能看到。它有很高的理论和学术的要求,不仅仅是政治意识形态要求,还有学术理论要求。在这一点上我认为特别需要马克思的指导。马克思、黑格尔有渊源,所以我们讲马克思主义在哲学社会科学中居于指导地位。关于这一点很重要的是,昨天陈正英教授讲,如果我们在整个哲学史中找到五大哲学家,马克思一定在里面。所以我觉得在这个方面恐怕马克思的学说与黑格尔的渊源非常重要,因为关系到所谓现实,关系到对现实的理解和把握。在关于人道主义的书信中,黑格尔说,马克思在体会到异化的时候是深入历史本质性那一部分当中去了,因此马克思历史理论比所有其他历史学更优越。在我看来,胡塞尔的现象学、萨特的存在主义都没有达到那个高度——历史本质性那个高度,只有达到那个高度才有资格和马克思主义对话。牵扯到历史本质性那个高度,体会到异化的人很多,现代资本主义异化的后果体会到的人也很多,但是马克思体会到异化的时候深入历史本质性当中去了。海德格尔的话的分量非常重,因为他提到了胡塞尔,提到了萨特。胡塞尔可不是一般人,他是海德格尔的老师。萨特是法国存在主义的领袖,当时的名声比海德格尔还大。海德格尔的看法都没有达到历史本质性那个高度。问题的焦点在哪里?历史的本质性。所以现实不仅是事实,而且是本质。1971年,海德格尔继续讲这个问题,他说现在的哲学只知道跟在知性科学后走,他们完全不理解我们这个时代的两重独特的现实,接着他说马克思懂得双重的"现实"。因为时间关系我不能多讲,所以我觉得我们现在面临的哲学社会科学的创新,不仅有对外学习的任务,而且有思想的任务。我简单地概括一下,哲学是思想的事情,而思想成为今天的当务之急!康德在《纯粹理性批判》中区分了思想本身和由思想得出的知识，也就是说知识和思想不是一回事。中国的古人也知道这个道理，孔子说："学而不思则罔，思而不学则殆。"中国自近代以来一百多年的时间，大规模地对外学习，成果丰硕，但是到今天这样一个转折点，对于中国哲学社会科学创新而言，必须开始思想，外部反思是不"思"的，基本特点是不动脑子，就是懒惰，无头脑。所以从这个意义上来讲思想的事情开始变得越来越重要。哲学社会科学创新不仅需要继续对外学习，而且需要开始积极思考。在这样一个过程中，哲学会有它的用武之地，因为哲学是思想的事情。所以当今哲学社会科学的创新，不仅需要继续对外学习，而且需要开启思想，以便使我们学来的东西成为能思的和批判的。

在这方面，我想我们会有一个非常积极的前景，我不想一般地描述它。对我们今天的中国来讲，我们的发展，我们的哲学社会科学创新必须能够占有现代文明积极成果，所以必须对外学习，但是学来的东西要成为能批判、能思的东西。在这方面，我对中国的哲学社会科学创新持非常乐观的态度。因为梁启超先生在20世纪初举国比较沮丧的情况下研究了佛教中国化，这使他备受鼓舞，因为这样一种外来思想、外来精神资源到中国以后，不仅被大规模吸收，而且被创造性地加以重建，开启出佛教中国化这一个非常重大的成果。梁启超说他研究了中国的佛教发展历史，这使他感到极大的鼓舞，他对中国未来充满了希望。梁启超说，你们仔细看看中国化的佛教就知道了。第一，中国人接受的佛教几乎全是大乘而不是小乘。第二，教下三家和教外一共四家，除了法相唯识可能有比较深厚的印度渊源，其余三家几乎完全是中国人的创造。而就算法相唯识中国人也能够走到最顶端，那就是大家所熟悉的唐僧。所以我们正在经历这样一个过程——中国特色社会主义进入新的时代。我认为我们面临一个转折点。在这个转折点上，通过摆脱长期以来的学徒状态，开始获得自我主张，以此来进行我们的哲学社会科学的创新，我想这样一个情景将会非常重要，而且实际上就像我前面讲的，并不是现成地会提供出来，恐怕需要经过几代中国哲学社会科学工作者的努力才能实现。

谢谢大家！

反思个人理想与社会共同理想的关系：
价值哲学的一个前提性问题

贺来　吉林大学哲学社会学院教授

贺来：谢谢，因为江畅老师是价值哲学方面知名的学者，所以江老师打电话邀请我参加这个会议时，我说谈一个跟价值哲学有关的话题，所以选了这个题目。现在我们谈共同理想这个问题比较多，人之所以为人，人区别于动物的很重要的一个特点是人会追求理想。但是理想这个问题很复杂，因为理想的主体不一样，既有个人追求理想，又有社会共同体追求理想。由于理想承载者或者主体不同，价值理想问题就复杂化了。而我们对这个由于价值主体的承载者不同而复杂化了的理想的理解容易进入误区，所以这个问题需要反思。因此我提出这么一个问题。共同理想会成为抽象的东西，而个人理想会呈现虚无的状态，所以我觉得我们需要反思。

由于价值理想主体的承载者既有个人又有共同体，所以不同承载者的理想是不一样的。个人理想的特点和共同体理想的特点有很大差异，这就需要分辨。个人理想的首要特征是个人理想总是打上个人烙印，代表个人价值和意义。海德格尔曾经讲过，人是向死而生的，要给生命一个安顿，所以有个人理想，这是关于私人性。个人理想的第二个特点是，与私人性相关的个人理想也是不一样的，每个人都生活在自己的社会经验中，会形成自己对人生意义的理解，对生老病死这些问题或现象会形成自己的解释，从而造成自己不同的人生际遇，所以每个人的价值理想是有差异的。与这相关的个人理想的第三个特点是，不同的人的个人理想必然存在矛盾和分歧，因为每个人的理想不一样，彼此之间会有分歧，甚至有冲突。个人理想具有异质性、私人性和冲突性。人不仅是个人的，同时也是社会的，这就意味着通过社会的互动、交往会形成共同体。作为共同体，小到家庭，大到国家和人类，会有共同的理想。这个共同理想与个人理想是不一样的。

社会共同理想的第一个特点是公共性。公共性意味着超越私人性，形成对社会共同体所有的成员都具有规范力量和有效性的普遍力量。个人理想是个人梦想，社会共同理想是社会共同梦想。

第二个特点,统一性。共同体存在共同的纽带把成员联系起来,这个共同的纽带使不同成员克服差异性,形成一个团结的整体。社会共同理想就扮演了这么一个角色。

第三个特点,整全性。社会共同理想能克服分歧和冲突,使意志多样的个人统一起来。对一个社会共同体来说,更重要的问题是共善的问题。

由此可见,个人理想具有私人性、异质性、冲突性,社会共同理想具有公共性、统一性和整全性。

对于个人理想和社会共同理想的关系,以往研究者通常从两个方面理解这个问题。第一,我们可以用个人理想代替共同理想,只要个人理想实现了共同理想就实现了。自由主义的观点就是这个,认为个人理想是构成社会共同理想的充分必要条件。第二,社会共同理想是个人理想的充分必要条件,只要社会共同理想实现了,那么个人理想也就实现了。这是西方的社会主义。我个人觉得这两个方面都是有问题的。如果以个人理想取代社会共同理想,那么社会共同理想本身所具有的超越个体引导社会规范的力量可能会丧失。如果以社会共同理想取代个人理想,那么个人理想可能就会被社会共同理想所掩蔽,个人理想的伸展空间受到限制。这是以往理解的个人理想和社会共同理想的关系,由于从一个极端到另一个极端,最后结果是,个人理想得不到伸展,同时社会共同理想变成一个形式化甚至强势性的教程。所以,正确处理个人理想和社会共同理想的关系,无论对个人来说还是对社会共同体来说都是非常重要的问题。

我个人的看法是,一方面对二者关系要有必要的边界意识,一方面要承认二者的独立性。个人理想以个人作为承载者,目的是安顿个人的生命,个人构建意义的系统。这个地方讲的有生命的个体有不完全被社会共同体所取代的私人空间,这个需要去尊重和承认。当代很多哲学家对这点做了很深刻的阐述。比如英国哲学家伯林讲消极自由论,尊重个人理想,允许每一个人追求个人理想。正因为这样,才有了追求自己生命价值的鲜活的生命,有了无数色彩斑斓的像诗歌一样不可重复的人生。这个主要讲对个人理想的尊重。同时我认为社会共同理想的独立地位和价值也不能被个人理想所取代,因为我们生活在社会中,与他人共在,社会共同体对每个人都有非常重要的作用。社会共同目标可能会遇到很多问题,所以社会共同理想对个人幸福、社会稳定和谐发展都具有重要的意义。社会共同理想是怎么形成的？很重要的一点应该是在尊重个人理想的前提下，去寻求每个社会成员都能够接受的重叠的共识。社会共同理想应该是一个以个人理想为前提的共同的目标，如人与人相互承认和友爱，人与自然关系和谐等。在我们承认个人理想的前提下形成了社会共同理想，社会共同理想又超越了个人理想，被社会成员所共同认同。有关个人理想与社会共同理想的关系问题，我的一个基本的看法是，要为个人理想提供空间，同时要为社会共同理想的实现寻找一个真实的基础。这样既能够使个人理想得到伸展，同时又能使社会共同理想成为一个真实的理想，而不至于成为一个空洞的东西。

谢谢大家！

改革开放四十年中国伦理学的得与失

李建华　浙江师范大学马克思主义学院院长、教授

李建华：各位老师、各位同学大家好，非常感谢江畅教授的邀请，那天打电话说要报题目，我就报了这个题目——"改革开放四十年中国伦理学的得与失"，报完以后我就有些后悔，因为这个题目不但有学术风险，甚至还有人际关系的风险，因为对四十年伦理学得失简单地进行判断，怎么都不客观，怎么都不全面。好在湖北大学哲学学院以伦理学研究为主，全当是家里人聊天，不算做什么报告。我们大家来聊一聊，四十年里伦理学都做了什么，还有什么需要注意的。因为我自己是1979年从大学本科就开始学伦理学的，所以可以说与改革开放四十年伦理学的发展同步。如果要概括中国改革开放四十年伦理学成就的话，我认为主要有六个方面。

第一，在苏联伦理学基础上我们初步形成了马克思主义伦理学体系，这个理论体系由三大部分组成，分别是道德基本理论体系、道德规范体系和道德实践体系。四十年来，国内也出现了很多伦理学体系，包括所谓的人道主义伦理学体系和江畅教授的幸福伦理学等，但是基本上还是以马克思主义伦理学体系为主。所以这个问题很值得我们研究。1980年恢复伦理学后高校开始上伦理学课程，直接学的就是马克思主义伦理学，这是主流。

第二，形成了与社会主义市场经济相适应的社会主义道德规范体系。

第三，对伦理学基本问题展开讨论。最初关于道德的定义，突破了过去的道德规范论，道德规范包括道德意识、道德行为、道德实践。道德定义的范畴是伦理学的基本问题，20世纪80年代初对其讨论特别多，然后在80年代末和90年代初开始关于道德本质问题的讨论，实际上80年代还有一个关于人道主义和人的异化问题的讨论，很多学者都参与了讨论。我记得伦理学还对国家一些重大理论问题进行了回应，对一些有争论的问题进行讨论。

第四，对社会现实问题进行了理论上的回应。80年代改革开放初期伦理学最早遇到的问题就是人生价值问题的大讨论。人生的路为什么越走越窄，这是伦理问题最早进入现实讨论的。还有一个是市场经济与道德进步的关系，讨论到现在还没有终止，一直在讨论。再一个是社会诚信问题，王淑琴教授这几年一直在关注这个问题。还有社会主义核心价值观，从社会主义价值体系提出来到社会主义核心价值观，一直到后来的社会主义核心价值观的传播，伦理学做了大量的工作，包括社会主义核心价值观讲坛，是光明日报和中国伦理学会举办的，现在已经有快100场了。

第五，改革开放四十年伦理学得到长足的进步。这表现在两个方面。第一，伦理学几乎涵盖了社会生活的全部领域，什么领域都有伦理学的声音，如会计行业等，主要涉及加强职业道德等，属于应用伦理学领域。第二，国内应用伦理学和国际接轨比较紧，或者基本是同步的，特别是生命伦理学很多东西基本是国际化的东西。

第六，个性化研究产生了一定学术影响力。现代西方哲学研究有江畅的西方德性思想史，其他研究还有很多，如中国道德史，有一大批学者基于个性化研究做了一些原创性的工作。

四十年的主要成就，如果说有什么不足的话，那就是，从整体上来看，中国伦理学学科状况和知识状况一个最大的问题是和社会现实有一定的差距。我觉得不足主要表现在三个方面。第一，伦理学基础理论没有取得突破，具有影响力的原创性成果比较少。第二，这些年对中国传统伦理思想的研究不够。早些年，青年学生因为外语好，大部分在研究西方伦理，对中国本土传统伦理思想的研究比较少。但是近两年要好一些，研究中国哲学的比研究西方的多,所以这个导向很重要。第三,对社会生活的干预不够,面对一些重大的道德事件,伦理学往往是沉默的。很多重大公共道德事件,伦理学几乎没有参与,基本上是法学界或者社会学界在参与,伦理学一直不愿意参与。我觉得伦理学和别的学科不一样,它以实践理性为基础,不干预社会生活,就比较奇怪了,别人会慢慢觉得你这个学科没有用。

未来伦理学应该怎么做,我有一个基本的想法,那就是重写当代伦理学。下个礼拜华中师大也要开这么一个会——"做中国伦理学理论与方法"。为什么提出做?实际上就是重写。我问朱老师,你这个主题为什么是做?他说我的想法跟你一样,也是重写当代中国伦理学,我们重新反思一下改革开放四十年来的中国伦理学。我觉得有两个核心的东西。

第一,我们要重新让中国当代伦理学回归到伦理学基础。其有三个核心问题:一是人是什么,二是人应该是什么,三是人可以成为什么。我们现在所有的伦理学都是理想主义,这些规则到底有多少能做得到?我们有没有可能完成有效的道德设计?我们从来没有考虑过这些问题。历史上的圣人实在太少了,大多数人都达不到伦理学的要求。

第二,怎么写伦理学,以什么样的话语写伦理学。现在的伦理学概念,既不姓中,又不姓马,也不姓西。我主张以中国传统伦理概念来构造中国当代伦理学。

改革开放四十年中国道路的哲学表达

汪信砚　武汉大学马克思主义哲学研究所所长、哲学学院教授

汪信砚:我这个题目和昨天的发言有密切的关系,昨天讲了马克思主义哲学中国化的五个维度,今天实际上是就其中一个维度展开来讲。改革开放四十年中国道路的哲学表达,我谈的这个问题有一个根本的理论前提,即中国走什么道路是近现代中国的中心问题,也因此成为近现代中国哲学的中心问题。五四运动以后,马克思主义哲学化是一个不断探索的历史进程,因此作为马克思主义哲学中国化的理论成果,中国马克思主义哲学就成为中国道路的哲学表达。最初是五四运动以后中国早期马克思主义者在中国紧密结合中国实际传播马克思主义哲学,开启了马克思主义哲学中国

化的进程,在这样一个过程中对中国道路做了最初的哲学表达。他们应用马克思主义哲学考察中国社会现实,回答了中国革命的任务、对象、动力等一系列问题,对中国道路做了最初的哲学表达。作为马克思主义哲学中国化的标志性成果、中国马克思主义哲学第一个理论形态,毛泽东思想深刻总结了中国革命的经验,对中国革命和新中国成立初期的中国建设发挥了根本的哲学引领作用,因此成为中国民主革命时期和新中国成立初期中国道路的哲学表达。改革开放以来,中国马克思主义哲学研究继续推进马克思主义哲学中国化,可以说成为新时期中国道路的哲学表达。具体来说,近四十年来,中国的马克思主义哲学研究从以下几个方面对中国特色社会主义道路进行了哲学探索,并由此成为新的历史时期中国道路的哲学表达。

首先,通过对中国社会主义发展历史的哲学反思,特别是通过对中国社会主义建设实践历史经验的哲学总结,为中国特色社会主义道路开辟和不断拓展提供了根本的思想前提,提供了哲学方法论指引。

1978年关于真理标准问题的大讨论是改革开放新时期马克思主义哲学中国化的标志性起点,可以说它吹响了新时期思想解放运动的号角,通过"时间是检验真理的唯一标准"这一马克思主义哲学最基本的原则,破除了"两个凡是"的教条主义的束缚,重新确定了党的实事求是的思想路线,为中国特色社会主义道路的开创扫清了主要的思想障碍。中国马克思主义哲学研究先后开展的一系列讨论,如关于人道主义和异化问题的讨论、关于生产力标准的讨论、关于哲学教科书体系改革的讨论,以及延续至今的关于实践唯物主义的讨论,不断推进新时期思想解放运动发展,对中国特色社会主义道路拓展发挥了重要的哲学引领作用。其中,即使是关于哲学教科书体系改革和实践唯物主义的讨论这样一些表面上看来只是一些学理性、哲学性质的学术讨论,也与对中国社会主义建设实践历史经验的总结和新时期中国道路的探索有深沉的理论关联。比如说,关于哲学教科书体系改革的讨论的实质,是如何看待那种为高度集中的政治经济体系服务的马克思主义哲学教科书体系,而进一步深化关于实践唯物主义的讨论,则关系到如何把握马克思主义哲学的精神实质和破除数量模式的哲学教科书体系。我最近看到一种说法,认为80年代以来关于哲学教科书体系改革和实践唯物主义的讨论意义非常有限,不过是在重复二三十年代的一些观点。我觉得不能这样看。因为如果这样说的话，那么李达先生在 30 年代中期就已经提出了马克思主义哲学是实践的唯物论，并且构建了一个实践的唯物论的马克思主义哲学体系。按照这种说法，八九十年代以来我们马克思主义哲学研究的水平还不如 30 年代李达先生所达到的高度。我们关于哲学教科书体系改革的讨论以及关于实践唯物主义的讨论要放到特定的历史背景下来评估它的历史意义。

全方位破除数量模式，包括改革哲学教科书体系，构建中国特色哲学社会科学的学科体系和话语体系，正是新时期吸取中国社会主义建设实践的历史经验，探索中国道路的内在要求。

其次，紧密结合中国特色社会主义实践的需要，融汇各种哲学资源，为中国特色社会主义道路的探索不断地注入新的哲学理念。新时期中国马克思主义研究立足于中国特色社会主义实践，不仅对马克思主义哲学各个领域的问题展开了深入的研究，而且也以开放包容的姿态广泛地吸纳了世界上各种古今哲学思想资源，特别是注重对中国传统文化的哲学智慧进行创造性的发展，取得了多方面的理论成就。当代中国马克思主义哲学研究的许多理论成果，通过中国共产党的理论创新，已经转化为中国共产党领导中国特色社会主义建设、拓展中国特色社会主义道路的执政理念。比如说，进入 21 世纪以来，促进人的全面发展被作为价值目标写入了党的历次代表大会报告中，以人为本成为科学发展观的核心内容，而作为对唯物史观的创造性应用和发展，"坚持以人民为中心"的思想构成了习近平新时代中国特色社会主义思想的灵魂和主线。再比如说，在新时期中国马克思主义政治学研究中，人们比较充分地探讨的民主、自由、平等、公正、法治等观念逐渐成为我们国家的价值共识，已经被提炼为社会主义核心价值观的重要内容。可以说，如果没有对马克思主义哲学中国化的不断推进，就不可能有新时期党的系列理论创新，也不可能有那些被注入中国特色社会主义道路的探索，使中国特色社会主义道路越走越宽广的哲学理念。

最后，通过对中国特色社会主义发展中各种重大问题的哲学分析，我国对中国特色社会主义道路的前进轨迹进行了哲学筹划和哲学建构。我觉得这一点突出地体现在习近平新时代中国特色社会主义思想中。习近平新时代中国特色社会主义思想应用唯物史观的基本原理分析党的十八大以来中国特色社会主义新的发展，提出了我国社会主要矛盾已经转化为人民日益增长的美好生活需要和不平衡不充分的发展之间的矛盾的重大问题，可以说把马克思主义哲学中国化推进到一个新高度，也对中国特色社会主义道路的前进方向进行了整体性的哲学筹划。正是依据这种对中国特色社会主义发展阶段性特征，也就是当前我国社会主要矛盾已经发生转化的哲学分析，党的十九大做出中国特色社会主义进入了新时代的重大论断，系统地阐述了新时代中国特色社会主义思想和基本方略。可以说，党的十九大报告所阐述的新时代中国特色社会主义思想和基本方略，就是解决新时代我国社会主要矛盾，也就是人民日益增长的美好生活需要和不平衡不充分的发展之间的矛盾的思想和基本方略。新时代中国特色社会主义思想和基本方略，是以马克思主义哲学中国化引领中国特色社会主义道路的一个典范。

我的发言完毕，谢谢大家！

当代中国哲学研究的几个重要维度

王中江　北京大学哲学系教授

王中江：各位老师，各位同学，大家好。非常高兴来和大家讨论"当代中国哲学研究的几个重要维度"这个问题。中国哲学的概念有两个，一个是广义的，一个是狭义的。广义的实际上是中国现代的哲学状态，或者说是中国哲学整体情况。狭义的指历史上中国哲学研究的两个维度，或者说两个定义。本来想比较狭义地讲中国哲学理念当代研究转向的几个维度。这里首先对广义的中国哲学的现状做一点反思和回顾，问题非常多。当代中国哲学研究取得了很多成就，但是也面临各种各样的问题，包括内在的和外在的、主观的和客观的问题。客观方面的情况我不讲，我想强调的是中国哲学自身的问题其实也有很多，我们要做各种各样的反思和检讨。我称之为哲学的体检，我们要诊断哲学究竟发生了什么问题。中国哲学分科的问题导致哲学问题的研究处于一个比较薄弱的状态，这一点可能是大家的共识。伦理学、逻辑学，可能还包括马列主义，对其的研究多一点。但是，逻辑学我不知道，逻辑哲学要怎么创新很难说。中国美学基本没有什么声音，一个简单的现象是北京大学美学做艺术去了。有一个很有意思的现象，我们每年有一个哲学学科的评审，去评审的人是中国哲学院的教授，有一个美学研究去参加评审，我觉得很滑稽，哲学领域里没有做美学哲学的人，这个现象是很特别的。

第一，中国哲学跟现代各个领域的发展脱离开了，处于隔离甚至孤立的状态，用我们现在的语言来表达，就是说哲学的交叉性是最弱的。我发现伦理学在这方面做得比较好。科学世界最有活力的都是交叉学科。你不能封闭在一个狭隘的世界里，那样活力是非常有限的。我们需要改变，因为只有交叉才能产生冲击力，只有交叉才能产生有创造性的成果。反过来说，中国历史上有没有创造性？历史上的中国人哲学智慧很高。隋唐有一个转变，即佛学的兴起。宋明理学兴起又是哲学一大转变。现代以来又产生了第三个大转变，即和西方文化融合之后产生的转变。

非常不幸，我们大家都知道，20世纪50~80年代中国哲学研究中断了。80年代开始恢复和重建，80年代的话语、90年代的话语到现在的话语，其实变化非常大。我想这是一个很大的问题，我想强调的是，我们必须找到问题的根源，找到内在的问题和困境。我们要努力想办法去克服它和突破它，这是我讲的第一点。

第二，回到狭义的中国历史上的哲学概念，四十年来变化确实非常大。简单地讲，狭义的当代中国哲学确实发生了很多变化，这个变化是从政治性话语学术变成了脱离政治性话语的学术，开始在内在的思想传统脉络里寻找中国哲学内在的东西。但是80年代还有一种很强的反弹性，这是一个非常鲜明的特点。90年代以后，中国哲学从传统的立场转向文化认同，甚至通过文化认同建立文化自信。这个非常明显。从学术转变来看，有几个特点，比如从政治性话语转变成真正的学术性内部话语，对中国文化甚至重建中国文化的信仰。

第三，对儒家进行研究和重新认识的时候，中国人的价值与信仰的关系发生转变，这个转变也非常明显。最具体的表现是儒家和中道是什么关系，儒家是不是中道，这三十年来我们一直在讨论这个问题。我们在有意识地去寻找中国哲学真正的问题，然后去建立问题的出发点。我现在也在做这个工作。我想强调的是，在中国古代学术思想文化转变中，一个非常重要的转变是，由于出土文献大量的发现，我们对中国早期的认识发生了很大的转变，比如经典重建、思想体系重建和信仰重建。新文化运动时期基本上把中国的经典挖掘光了。儒家就剩下一个空洞的《论语》；《老子》也被看成汉代的作品，甚至于战国作品；《孙子兵法》只有一种，没有《孙膑兵法》。这个结果是非常可怕的。现在大量的出土文献的出现，让我们知道，我们的错误多么严重。

汉语哲学的优势与劣势

孙周兴　同济大学欧洲思想文化研究院院长

孙周兴：我讲的题目是《汉语哲学的劣势与优势》。首先我想讨论一下中国哲学，好像外国人只研究外国哲学，对中国哲学没有贡献似的，好像中国哲学只研究古代哲学，可以脱离现实和宇宙似的，这肯定不对。据统计，当代中国哲学的语汇90%以上是翻译过来的，如果照这样发展，那不就只有外国哲学家能研究中国哲学了吗？这是一个问题。所以，汉语哲学的名字可能比中国哲学更贴切，至少更合乎事实本身——我们用汉语研究哲学。中国传统思想虽然没有发展形式科学，但也有自己的总体化观念构造方式，否则我们无法理解中国传统文化。总体化与形式化之间有一个断裂，这个断裂可以称为中西差异根本点，主要是因为语言的限制，汉语思想文化终究不能突破这个瓶颈，这当然是我们汉语思想文化的一个弱项，我叫作劣势。

好，说了劣势再说优势。汉语哲学第一个优势是其表达方式。汉语是一种神奇的语言，过去一百多年中，吸收了西方的哲学、科学、宗教、艺术等，使用汉语进行表达，而我们汉语的常用字才2300个字。汉语文化的伟大在于它对外来文化内容强大的吸收能力和抵抗能力。我只想说，只要汉语在，汉语思想和汉语文化就在。汉语哲学的第二个优势是文人的关系性思维。汉语传统思想注重物与物、事与物、人与物之间的关系。我们生活的世界就是由这样一些关系构成的，请注意传统思维也讲关系。

在今天多元文化交融和冲突的世界文明中，除了依然占据主导地位和统治地位的科学技术文化之外，包括中国传统文化在内的科技文明也获得了重新升华的可能性。我们可以看到,前面我们讲的汉语哲学的劣势和优势是不可拆分的。

谢谢大家!

当代中国哲学的诸形上学形态及中国哲学的前景

吴根友　武汉大学哲学学院院长

吴根友:我这个讲话正好是接着吴晓明老师和孙周兴老师讲的,有一些很契合。中国哲学从20世纪接受了西方哲学以来,一边当学徒,一边慢慢改变学徒状态,20世纪前期,至少尝试着摆脱学徒状态和用西方哲学的一套思维方式对中国传统的哲学进行了系统性的阐述。50~70年代中国哲学在相当长的时期处于停滞状态,80年代以后有一个非常好的状态,至少是自90年代开始到今天,按照我的理解,中国哲学界其实已经出现了一些带有理论体系建构的作品和人物。

第一,张世英先生晚年的研究成果我觉得非常好,因为他是这方面的专家,特别是黑格尔哲学专家,对西方哲学把经验事实抽象的概念称为纵向超越,他觉得整个纵向超越的哲学有它的优势,但有一个很大的缺点是把哲学变得脱离现实,变得非常干瘪,非常抽象化、形式化,所以针对西方哲学从布拉格到黑格尔纵向的超越提出了横向超越这样一个概念。横向强调事物的在场和不在场的联系、过去和现在的联系,在整个超越过程中哲学想象思维起到了巨大的作用。在讲横向超越的时候,要把中国古代哲学的阴阳两个概念结合在一起。所以张世英先生把西方现代哲学的研究与中国固有的传统相结合,讲横向超越,讲事物之间的重重无尽的联系。所以我觉得他其实在学习西方哲学,也在批评西方哲学,努力摆脱学徒状态。张先生这个哲学体系能不能得到学界的认可,我觉得需要时间来检验,至少现在我读的时候很受启发,觉得他非常值得我们关注。

第二,大家都知道李泽厚,他提出了"情本体"的思想。他的"情本体"思想在建构体系,在语言表述的明晰性、逻辑的一贯性上跟张先生不太一样,他的说法很多,比较多变,有时候讲历史本体论等,他讲的"情本体"也无非是超越纯粹的抽象理性的形式,要把整个本体建立在具体感性的生活上。他这种理论能不能成立，我们也可以讨论，但是他能够进入这样一个"情本体"论哲学的构想本身，而且用非常浅白的语言来表达，这是他的一个优势。

第三，杨国容老师做中国哲学研究，近几年提出了具体的形上学。形上学是具体的，这好像是矛盾的。他尝试着用西方哲学家能听懂的语言来讲哲学，所以他的形上学不是抽象的、干瘪的，他希望把存在于概念和思想之间的分离、各个学科之间的分离等打通整合，建立一个所谓具体的形上学，他也参加了学术研讨会，具体能不能成立，大家也可以讨论，也可以看他的书。

我举了三个比较典型的例子。我觉得，这四十年来的中国哲学，除了向西方哲学学习，大量吸取和翻译西方经典外，至少也有一些学者在尝试用哲学的方式表达中国哲学的思想，至于这些思想能不能经得起国际学术专家的检验，我们用时间来说话，而不是用个人来评价。

我就简单讲这么多，谢谢大家！

现代道德的制度特征

王淑芹　首都师范大学马克思主义学院院长

王淑芹：各位老师，各位同学大家好！今天我想谈一个问题，即现代道德的存在形式问题。因为我们现代社会，如果从伦理学角度来说，发生了一个很大的变化，特别是近代以来，由德性伦理转向了规范伦理，制度伦理应该更加凸显。为什么会发生这样一种变化？这种变化的主要特征是什么？我认为我们对这个问题应该有所思考，所以我基于这样一个考虑，定了这么一个题目。我们大家都知道，各种伦理学科其实都基于对人性的理解，应对的是人类社会生存和发展中的问题，是一种道德智慧。所以到了近代社会以后，伴随着社会利益关系的复杂化和善德观念多元化，在应对社会挑战的过程中，原有的德性伦理难以解决更多现实问题，这个时候就产生了一种普遍的对制度伦理的要求。具体来说，我个人认为有三个方面的理由。

第一，我们都知道，人作为道德主体，人性是道德的基础，人为何有德，以及能够有德的求解，其实基于对人性的思考。考虑伦理学问题的时候考虑三个方面——人性是什么、人应该是什么、人可以成为什么，其实就基于这种思考。所以任何一种伦理学体系建构的时候都不能离开人性的理论，关于人性是什么，其实哲学家们众说纷纭，我们在座的各位哲学领域的专家，其实对人性也都有自己的思想和看法。我个人认为，其实人性本身有两大构成要素，一个是感性，一个是理性。比如我们伦理学的美德论、契约论、义务论，乃至于公益论这样的理论有不同的追求，这种不同的追求从某种程度来说源于人性论的理论基础不同。到了近代社会以后，霍布思的人性自私论基本占据主导地位，整个社会治理的理念更多偏重于对人的生命、财产的保护，所以近代社会以后，契约论盛行，主要从人的趋利避害出发，提出了平等互利的原则，认为基于大家的自主、自愿、平等的契约才是公平的，是合乎双方利益诉求的。在这种情况下，人们只是遵守一种互不伤害的原则，来保证各自的合理利益的实现。人性的底线与高线之分，决定了人的这种道德层次的不同，所以我们说，在我们今天的社会中，美德是存在的，但一定是社会中卓越与优秀品格的表现，我们可以倡导，但是难以普遍化。一定要清醒地认识到，在今天注重权利的法治社会时代，需要的是一种普遍主义伦理学对整个社会道德兜底，所以更加强调道德精神和道德要求如何融入相关制度尤其是法律制度中，这应该成为一种必然。

第二，传统社会和现代社会是两种不同的社会类型，一个是礼俗社会，一个是法理社会。传统礼俗社会转向现代法理社会，基于两个重要方式。一个是社会成员的结合方式，另一个是社会秩序的差异性。礼俗社会的社会成员因血缘地缘而结合，是一种有机的团结，这种团结具有同质性，所以社会秩序和社会利益关系可以靠风俗习惯、乡规民约、道德教化等非强制手段来加以调节。但是到了我们现在的法理社会之后，社会成员为了完成任务而结合，在这种结合中，每个人都追求自己的利益，但是又必须处在一定的共同体之中，具有异质性。在这种异质性社会中，人们要完成任务，又要追求自己的个人利益，利益协调就成了必须要解决的问题。所以，在以利益关系为纽带的现代社会中，传统社会的整合和协调利益关系的软约束力开始弱化，人类开始寻求另一种协调利益的方式，寻求契约、合同、法律等制度的外力来促进社会的有序发展。

我们经常说的契约和制度成为各个利益主体之间相互尊重和共处的媒介，这样我们才能够成为分散的、独立的个体。在追求自己利益的时候，一定要有界限，这样人们才能够和平共处。

第三，市场经济的趋利性。市场经济社会抛开的是作为神的一种上帝，迎来的却是资本的上帝。所以我们现在必须要面临现代性物质化和工具化的挑战问题。在这种情况之下，市场经济资源配置方式的市场化、利益关系契约化必然形成一定的社会价值取向，再加上社会利益主体的价值文化的多元化，就需要建立一种普遍的规范来整合人的多价值取向以及小混乱，约束或引导社会成员的趋利行为。所以我们说德性伦理研究具有抽象性、向上的倡导性和自主性。当今社会难以应对多元文化下的道德标准多重性、模糊性和价值排斥的矛盾性。在这种情况下，面对复杂尖锐的利益关系和利益矛盾，社会就需要一种更加有利的伦理冲突解决方式，这就是具有规范性、强制性的法律法规。所以我们说市场经济社会，一方面强调个人利益，另一方面强调个人权利，在强调个人利益和权利的社会中，从某种程度来说，培养的多数人应该是守法的。从社会人群划分而言，这种遵守法制、遵守基本道德的人应该是多数。但也应该看到，市场经济也有损人利己的行为，用制度加以约束，这些行为会减少，但是不能完全杜绝。

实践标准讨论与中国哲学的当代发展

仰海峰　北京大学哲学系主任

仰海峰：谢谢江老师，今天很开心能够到湖北大学来，刚才几个老师都讲到我们张世英先生跟湖北大学深层次的渊源。张世英先生今年已经98岁了，我们经常说哲学系是长寿系，他是我们哲学系长寿的标志。我有一次跑他家去跟他开玩笑，我说现代人能活到150岁以上，您还早得很。张世英先生有一次说，他自己的研究是在改革开放之后，这也就凸显了我们改革开放本身对当代学术的影响，所以江畅老师让我参加这次会议，我就报了一个题目——《实践标准讨论与中国哲学的当代发展》，这个中国哲学当然是一个广义的或者中国的哲学。实践标准讨论在两个不同的维度展开：

一是历史的维度；二是学术和思想的维度，我聚焦在哲学的维度。从历史的维度来看，当时到一个转折点，这个转折点当然也有一些历史机缘，它决定了我们必须要转折，对于我们习惯日常生活的人来说，我们是到走不通的时候才会改，当然会有哲人，会有伟大的政治家看到这样一个先机，所以这个标准讨论在历史上开启了中国发展之路，在哲学意义上，我的理解是开启了当代中国这样一条发展之路，这怎么讲都不为过，至少有以下几条。

第一，这个讨论提出了一个问题，过去的命题我们是可以重新讨论的，这是非常重要的。因为实践是检验真理的唯一标准，大家都知道，这是熟得不能再熟的命题，但是这个命题被重新提出来的时候就变成陌生的命题，实际上是通过这个命题告诉我们，我们过去所有的命题知识体系、思想的构型是可以重新审视的。我觉得这非常重要，因为这一点赋予我们研究这种反思的维度，没有这个维度，我们今天讨论的所有的研究、学术的展开都是不可能的。所以我想这个讨论本身注入了当代中国学术研究，特别是哲学研究的反思的精神。

第二，我觉得它开启了新的哲学研究的空间，也就是说在这个讨论之后，我们所有的学术，特别是哲学界研究不再以过去的框架和标准面对自己的问题。比如中国哲学，我们不再用简单的唯物唯心这些概念去讨论中国哲学，我们会讨论我们自己的东西到底应该怎么展现。对马哲来说特别明显，我经常说马哲研究从1978年以后形成了自己的逻辑。从实践标准的讨论到人道主义和异化问题，再到实践唯物主义的讨论，又到今天资本论的研究，每个时期我们的逻辑都非常清晰。而且每个时期所要面对的中国的现实问题也很清晰。

第三，也是非常重要的，这几天几位老师都谈到的，改革开放给了我们学术界不断开创的视野，不断提升内在要求，更重要的是让我们想到学术自身的自主性。我们今天有西方哲学大家在这边，我经常开玩笑，同样是理性的概念，在德国法国英国是不一样的，但是我们如果不加区分的话，我们就会觉得西方哲学好像都是一样的。实际上每个国家用这个概念的时候，把自己国家的内容都赋予进去了，但是它赋予内容的时候总是要去批评其他国家的解释。这个讨论我觉得非常重要，这就是我们的学术自主性在何种意义上通过开放的方式和整合的方式提出来，但我觉得这个是学术发展过程中自己给自己提出来的问题。但这个问题解决了我们才能解决中国社会发展到底应该走什么样道路的问题。改革开放这样一个讨论，至少对我而言，这三个方面的走向是非常重要的，今天的研究尤其是马哲的研究，至少有两条可以讨论。其一，马克思给予我们的关注历史和思想之间的一种内在建构关系，是非常重要的。因为哲学研究很容易流于概念逻辑推演，但实际上概念的推演是哲学研究的第一步。最重要的是逻辑和历史之间内在的关联，这种关联我们有时候会忽略。其二，认知性或者思想性，在每个时代，不同学科有一些共同的认知性，只不过这个认知性在不同方向上会展现不同的路径，以劳动概念为例，经济学是劳动价值论，政治学是所有权，哲学讲的是自我意识的建构。那这个东西其实用的都是同一个概念，但是不同领域里可以展开不同的维度，我们今天研究怎么面对中国现实，这也是这几天几个老师反复强调的，这个面对现实已经不再是哪一个人可以做的。我们若能把这种认知形态说清楚了，大概就能够从面对一个认知性出发，然后面对其他认知性。我们做马克思的经常把哲学政治学经济学合起来做，这个不是简单的学科交叉，而是看看这三种思维背后有没有共同的认知性。

谢谢大家！

自然法与自由法：理解黑格尔法哲学的关键

邓安庆　复旦大学哲学学院教授

邓安庆：我尽量少讲一点时间，我今天是用汉语来解释黑格尔的概念，因此按照周兴教授的说法，是用汉语做中国哲学。改革开放四十年以及湖北大学哲学四十年的发展，虽然中国哲学的起点都在黑格尔哲学，但我也同意吴晓明老师提出的，中国哲学自我主张一定要消化马克思、黑格尔哲学遗产才有真正意义上哲学的自我主张。黑格尔遗产最大的一部分是法哲学原理，现在理解起来有一些困难，一个重要原因是黑格尔法哲学的书名，原来第一版书名就叫作《自然法与国家学》，副标题是"法哲学基本路线"。他这个法哲学书名因为是上课，他一直上这个课的课名是"自然法与国家学"。这个是欧洲近代以来最核心的问题，基督教兴起，神圣罗马帝国解体，民主国家兴起，欧洲经过三十年战争，各个民主国家建立起一种现代的秩序，这种秩序又是以国家形式确定起来的，所以这个是欧洲当时最核心最现实的问题。所以他们当时的法哲学都是这样一种题目，要找到国家秩序合法性基础在哪里。所以就重新启用以前的自然法传统，但是黑格尔对自然法的解读怎么体现在他的法哲学原理中，现在很多人由于它的书名没有提出自然法，所以大家以为他的法哲学和自然法没有关系，其实黑格尔1802年写过一篇论文，我们简称为"自然法论文"，对近代以来自然法传统进行批判，在这个批判基础上确定他的自然法理想。他对近代自然法的批判把近代以来的自然法分为两类：一类是经验主义自然法；另一类是形式主义自然法。他认为无论是经验主义还是形式主义的自然法，都没有把握自然法的实质。就像吴老师说的"仆人眼里无英雄"，黑格尔也是用这样的思路评判其他哲学的。

形式主义自然法为什么理解不了自然法实质呢？形式主义自然法按知性思维思考，依然是把自然作为一个概念，知性思维最大的好处就在于它有科学性，有严格的界限规定性，但是它的不足是没有把自然里面本质性的规定揭示出来，使"知性"的概念像本质这样形成并流动起来，所以黑格尔认为两种自然法都没有把自然法真正的实质揭示出来，所以他采取一种新的方式。法的本质就是一种自然正当的理性的规定，来自自然，但是又是对自然本质的一种理性规定，这个东西才是法。因此他认为自然这个本质一定是自然东西的一个完成形态，人作为人，人是什么？人作为人，我们把人之为人，人的本性当作本质这个理性规定揭示出来，因此他认为自然就是自然而然，按照自身固有的规律在运动，再形成自己的本质，因此由自然的本性到本质这个形成过程。

国外马克思主义研究四十年：回顾与展望

张　亮　南京大学哲学系副主任

张亮：谢谢江老师的邀请，我报告的题目是《国外马克思主义研究四十年：回顾与展望》。我由于年龄的原因并没有全程参与四十年，所以今天有幸到来特别希望得到前辈的一些指点,由于时间原因我简要地把基本观点报告一下,不再展开。

第一,关于过去四十年我认为可以分为四个阶段。第一个阶段是从1978年前后到80年代末期,哲学为什么会进入中国,其实是因为偶然和必然的政治原因,当时我们国家重要代表团在欧洲,和欧洲代表团接触的时候,人家问了两个问题:一是中国共产党怎么看当时欧洲正在中南欧兴起的共产主义运动,二是怎么看当时的马克思主义。当时我们的代表一无所知,所以回来之后做了一个内部的政策性东西来展开。在这个背景下,国内的一些学者开始对这个进行研究。第一次世界大战结束以后,中欧和西欧兴起的马克思主义思潮主流,大体上来说是这样一个传统。老一辈的学者在关注西方马克思主义的时候很清楚,就是要解决两个问题。基于中国共产党人的角度,怎么看马克思主义和怎么办。这个结论是,这不是一种符合我们党的传统的马克思主义,所以批判是这个时期的主流。但是我想,西方马克思主义以被批判的方式进入中国之后,和当时的现代西方哲学一样,对青年一代的研究者产生了极大的影响。所以这个时代后期我们看到了什么呢?国内很多学者开始编译西方马克思主义经典著作。到了1990年以后进入第二个阶段。由于有大量青年马哲人员介入,开始出现了较多的文本研究依据,所以在这个十年,尽管整个马克思主义研究处于整体下滑的状态,但是国外马克思主义研究处于相对蓬勃的状态,这个十年国内学界基本上对经典的西马实现了有效完整的覆盖。我特别要强调的是,这一时期引领国外马哲研究的前辈学者们,他们研究西马的目的很清楚,似乎是希望借助西马来表达对当代中国那个时候正在发生的很多事情的一种理解和看法。这是第二个阶段。进入21世纪后,我们的研究进入第三个阶段。这一阶段的问题是:1980年以来,国外马克思主义是不是还在发展?在中西欧之外马克思主义是不是就没有别的发展?我想这是我们开始关注1980年以来当代马克思主义新的进展,同时在经典西马之外开始关注发达国家之外,或者说欧美之外的一些新的国家的马克思主义传统,所以日本的、韩国、拉美的我们都开始关注。在这个十年,国外马克思主义研究大体上胜过了马哲史研究,成为比较著名的学科。这是成就非常大的十年。第四个阶段,近七八年,随着国力发展,我们看到一个非常喜人的局面,越来越来越多的青年学者加入这个行业,每次开国外马哲会的时候人都非常多,这个时期最突出的特点是,中国学术界对西方最近一段时间的思想的吸收消化能力达到一种令人震惊的程度。我们对国外思潮的接受程度、吸纳程度都很高,过去如果说民国时期我们和人家有一个世纪的代沟,到今天几乎已经看不到什么差别,前两天在欧洲看到的事情可能过两天就在中国出现。说一下我的亲身经历,2016年想买一本书的版权,是2016年9月出版的,结果2016年11月人民出版社去买就告诉我版权已经被买走了,由此可以看到,我们学术界对当代部分西方思想的吸纳是空前的,最新的思潮、最新的人物、最新的观点可以说是迅速进入国内。但是怎么看这个状况呢?接下来谈谈对当前国外马克思主义学说研究基本的忧虑,以及自己的想法。

第一,面对这样一种几乎不加选择的激进的引进,我们首先要思考,学术界的鉴赏力和判断力是否在衰退。国外所有东西,新出的观点都是好的、对的、值得我们关注的?我确实也很感慨,近年来,1976年的学者已经成为若干硕士甚至博士研究的对象,我们是不是要有一个基本的判断,我感觉似乎并没有上升。

第二,对中国持续发展判断力的丧失。1840年以来,我们和欧洲是一个时代的断裂,我们和欧洲是一个代差,到了21世纪之后的中国,我们和西方社会的发展、西方学术的发展,是不是还存在代沟,是不是我们还只是西方学术的追随者和学习者呢?我想,这个值得思考,可能在马克思领域我们彻底摆脱了过去的学徒状态,达到了可以基本上和西方平等对话,甚至在某些领域可以说走出了自己新的状态。我们似乎对自己没有清晰的认识。

第三,初心的丧失。尽管在第一阶段政治批判占据主导地位,但是四十年来,中国这样一些前辈学者研究马克思主义的时候,再去关注国外发生的故事,初心很清楚,就是要服务于中国社会建构和理论建构。然而现在我看到的是,我们的初心似乎已经丧失。关于未来的阶段怎么去看?我自己的一个粗浅的想法是,未来的国外马克思主义哲学研究要继续保持这样一个态势的话,可能有几个方面值得关注。

其一,要找到自己的初心。我们作为一个传统国家,对西方的态度要明确,我们绝对不能当西方马克思主义永远的追随者,要找回自己的初心。

其二，对国外马克思主义的研究更多需要回到经典时代。1923 年以后的半个世纪是西方哲学的经典时代，我们要从经典时代吸取资源找到自由。回归经典时代是值得关注的一个方面。

其三，最终要摆脱现有理论的束缚，形成自己的观点体系，乃至于形成我们自己的当代的马克思主义理论体系，这可能是时代赋予中国的马克思主义研究者们的历史使命。

《价值论与伦理学研究》稿约

《价值论与伦理学研究》于 2002 年创刊，已经连续出版至今。本刊系湖北大学哲学学院、中华文化发展湖北省协同创新中心、国际价值研究学会（ISVI）联合主办的哲学学术集刊，主要刊登价值论、伦理学及相关领域论文，主要栏目包括"专题研究""传统价值与伦理""西方价值与伦理""理论前沿""问题聚焦""书评综述"等。

现向广大专家学者征稿：

学科领域：价值论、伦理学及相关领域研究（不限哲学类）。

论文要求：选题新颖，结构清晰，论证严谨，语言流畅。

格式编排：

中英文标题、摘要、关键词（摘要字数在 300 字以内）、正文（字数控制在 10000 字以内）。作者简介与基金项目采用脚注（与一般论文发表格式同），注释亦采用脚注（每页重新编号，编号数字采用①、②、③……），引用著作（包括《论语》等中国古代典籍）须加以详细注释。引用报刊文章格式与此类比。行距 1.25。脚注格式举例：〔德〕伊曼努尔·康德：《道德形而上学原理》，苗力田译，上海人民出版社，2005，第 72 页。

文末请附详细通信地址、联系方式、个人简介，便于联系。

论文重复率不能超过 20%，严禁一稿两投。本刊不收取版面费（一经采用即奉稿酬）。入选论文将在社科文献出版社结集出版，每年出版两卷。

本刊接受 word 文件投稿，投稿信箱：xujin430062@163.com

联系人：湖北大学哲学学院　徐瑾

联系电话：15927151100

联系 QQ：188884977

办公地址：430062 湖北省武汉市武昌区友谊大道 368 号湖北大学哲学学院

办公电话：027 - 88663046/88661421

《价值论与伦理学研究》编辑部

图书在版编目(CIP)数据

价值论与伦理学研究.2018下半年卷/江畅等主编
. -- 北京：社会科学文献出版社，2019.7
ISBN 978 - 7 - 5201 - 4991 - 4

Ⅰ.①价… Ⅱ.①江… Ⅲ.①价值论(哲学) - 文集②伦理学 - 文集 Ⅳ.①B018 - 53②B82 - 53

中国版本图书馆 CIP 数据核字(2019)第 104855 号

价值论与伦理学研究（2018下半年卷）

主　　编 / 江　畅　戴茂堂
　　　　　[美] G. John M. Abbarno　[美] Thomas Magnell

出 版 人 / 谢寿光
责任编辑 / 周　琼
文稿编辑 / 程丽霞

出　　版 / 社会科学文献出版社·社会政法分社 (010) 59367156
　　　　　地址：北京市北三环中路甲29号院华龙大厦　邮编：100029
　　　　　网址：www.ssap.com.cn
发　　行 / 市场营销中心 (010) 59367081　59367083
印　　装 / 三河市东方印刷有限公司

规　　格 / 开本：787mm × 1092mm　1/16
　　　　　印 张：16.75　字 数：264千字
版　　次 / 2019年7月第1版　2019年7月第1次印刷
书　　号 / ISBN 978 - 7 - 5201 - 4991 - 4
定　　价 / 89.00元

本书如有印装质量问题，请与读者服务中心 (010 - 59367028) 联系

版权所有 翻印必究